U0724773

学前教育学

学习指要

主 编 刘桂玲 郝结林
副主编 胡若雪 刘 洋

重庆大学出版社

图书在版编目（CIP）数据

学前教育学学习指要 / 刘桂玲，郝结林主编. -- 重
庆：重庆大学出版社，2024.2
ISBN 978-7-5689-4226-3

Ⅰ.①学… Ⅱ.①刘… ②郝… Ⅲ.①学前教育—教
育理论—高等学校—教材 Ⅳ.①G610

中国国家版本馆 CIP 数据核字（2023）第 240736 号

学前教育学学习指要

XUEQIAN JIAOYUXUE XUEXI ZHIYAO

主 编 刘桂玲 郝结林
策划编辑:唐启秀
责任编辑:李桂英 版式设计:唐启秀
责任校对:谢 芳 责任印制:张 策

＊

重庆大学出版社出版发行
出版人:陈晓阳
社址:重庆市沙坪坝区大学城西路 21 号
邮编:401331
电话:(023) 88617190 88617185(中小学)
传真:(023) 88617186 88617166
网址:http://www.cqup.com.cn
邮箱:fxk@ cqup.com.cn(营销中心)
全国新华书店经销
重庆愚人科技有限公司印刷

＊

开本:787mm×1092mm 1/16 印张:13.5 字数:306 千
2024 年 2 月第 1 版 2024 年 2 月第 1 次印刷
ISBN 978-7-5689-4226-3 定价:39.80 元

本书如有印刷、装订等质量问题,本社负责调换
版权所有,请勿擅自翻印和用本书
制作各类出版物及配套用书,违者必究

前　言

党的二十大报告第一次把教育、科技、人才三大战略摆在一起，推动教育高质量发展成为党的二十大报告的关键词，而高质量的学前教育有赖于高素质的幼儿教师。党的十九大报告和十九届历次全会精神，要求全面贯彻党的教育方针，落实立德树人根本任务，坚持把教师队伍建设作为基础工作来抓。强调遵循教师成长发展规律，以高素质教师人才培养为引领，以高水平教师教育体系建设为支撑，以提升教师思想政治素质、师德师风水平和教育教学能力为重点，全面提高教师培养培训质量。2022年4月，教育部等八部门印发《新时代基础教育强师计划》，着力推动教师教育振兴发展，努力造就新时代高素质专业化创新型教师队伍。可见，提高幼儿教师职前培养质量也是学前教育发展的重中之重。

教材建设是幼儿教师教育教学改革创新的重要抓手，是提高人才培养质量的关键环节，直接影响着未来幼儿教师的专业素养。我们立足于学前教育师资培养的实际，着眼于夯实学生的基本理论和基本能力，培养符合时代要求、具有良好专业素养的新型幼儿教师，力求体现时代性、科学性和实践性，组织编写了本书。本书的编写理念及原则主要体现在以下几个方面。

一、编写理念

本书从学生和教师的实际需要出发，结合教师资格国考、师范专业认证以及1+X证书制度的背景，编写理念主要体现在两个方面。

1.学生中心理念：本书最大的特点是密切结合中高职院校学生的认知规律和学习特点，坚持理论联系实际、讲学做结合的原则，内容注重真实性、实用性和时代性，力求贯彻能力为本、学生为本的精神。每章开头部分的"学习目标""本章导学/含考纲要点简要说明""本章思维导图"以及后面的"本章小结""本章思考与练习"，有利于学生更好地预习、巩固和实践操作。本书围绕岗位需要、专业人才培养目标、毕业要求来定位课程目标、课程内容、课程实施以及课程评价，关注学生通过课程学习获得了什么，能做什么。学生中心是本书编写的出发点和归宿。

2.岗课证赛融合理念：本书将课程教学的知识点与教师资格考试、国家职业技能大赛的考点相融合，很好地服务于岗课证赛的需要，从岗位出发，为课程学习提供支架，体现岗课证赛的融通。

二、编写原则

1.针对性原则：针对性原则体现在读者对象的针对性上，本书主要针对学前教育专业中、高职层次的学生,其主要目的在于让其掌握学前教育的基本知识与基本技能,因而在编写时特别强调根据学科知识结构、国家教师资格考试大纲、1+X证书及职业技能大赛等的相关内容梳理呈现知识要点解析等内容。最终目的在于帮助学生既能学习到相应的知识与技能,又能获得教师资格证、1+X职业证书等,提升学生就业、创业的竞争力。

2.实用性原则:教辅是供师生教与学的材料。在编写时应根据教与学的基本规律选择与组织材料,如体例中包含思维导图、要点解析、真题链接、国赛链接等,既有助于老师教,又有利于学生学。

3.实践性原则:实践性是高职教育的重要特征。本书的实践性主要体现在:一是结合幼儿园教育教学实践,二是结合教师资格、1+X职业证书的实践。首先,本书结合幼儿园的实践要求对基础知识作一个系统的介绍,帮助老师和学生很好地将理论与实践相结合。其次,本书编写时注意结合教师资格证、1+X职业证书的实践,关注各类题型的设计,即将素质教育与资格考试、技能大赛融为一体。

4.灵活性原则:在整合课程设计的基础上,在某些章节上给编写者留有一定的余地。

本书主要由来自重庆高职及本科院校的教师共同创作完成。编写人员主要有重庆幼儿师范高等专科学校刘桂玲,重庆轻工职业学院郝结林,重庆机电职业技术大学刘洋,重庆文化艺术职业学院胡若雪。具体分工如下:专题一、专题六、专题八、专题九(刘桂玲),专题二、专题三(刘洋),专题四、专题五、专题七(郝结林),专题十、专题十一(胡若雪)。本书在编写过程中得到了重庆大学出版社各位领导和编辑的大力支持,在此真诚地表示感谢。本书虽然本着遵循学生的学习规律和未来职业特点,力求体现科学性和实用性,但是由于编者水平有限,书中不足之处,恳请广大读者批评指正。

目　录

学前教育与学前教育学

■ 学习目标

1.理解教育、学前教育的本质;了解学前教育产生发展的基本观点和基本知识。

2.了解学前教育学的研究对象、产生与发展历史以及中外主要学前教育家的教育思想和教育贡献。

3.能运用相关原理分析学前教育的实践。

4.激发学生热爱教育事业、立德树人的教育情怀。

■ 本章导学/含考纲要点简要说明

本专题包含两个模块,模块一介绍教育、学前教育的产生与发展,学习重点是理解教育的本质、教育起源的几种观点以及教育发展阶段的特点,识记相关的知识点。模块二简述学前教育学的产生与发展,学习重点是理解并识记各阶段特点及主要教育家的学前教育思想,并能用相关的理论分析学前教育的实践。

从历年幼儿园教师资格考试真题及国家职业技能大赛试题来看,本章涉及的重点在于中外著名教育家的学前教育思想,所涉及的题型包括选择题、简答题,主要侧重于知识的识记和简单运用。

■ **本章思维导图**

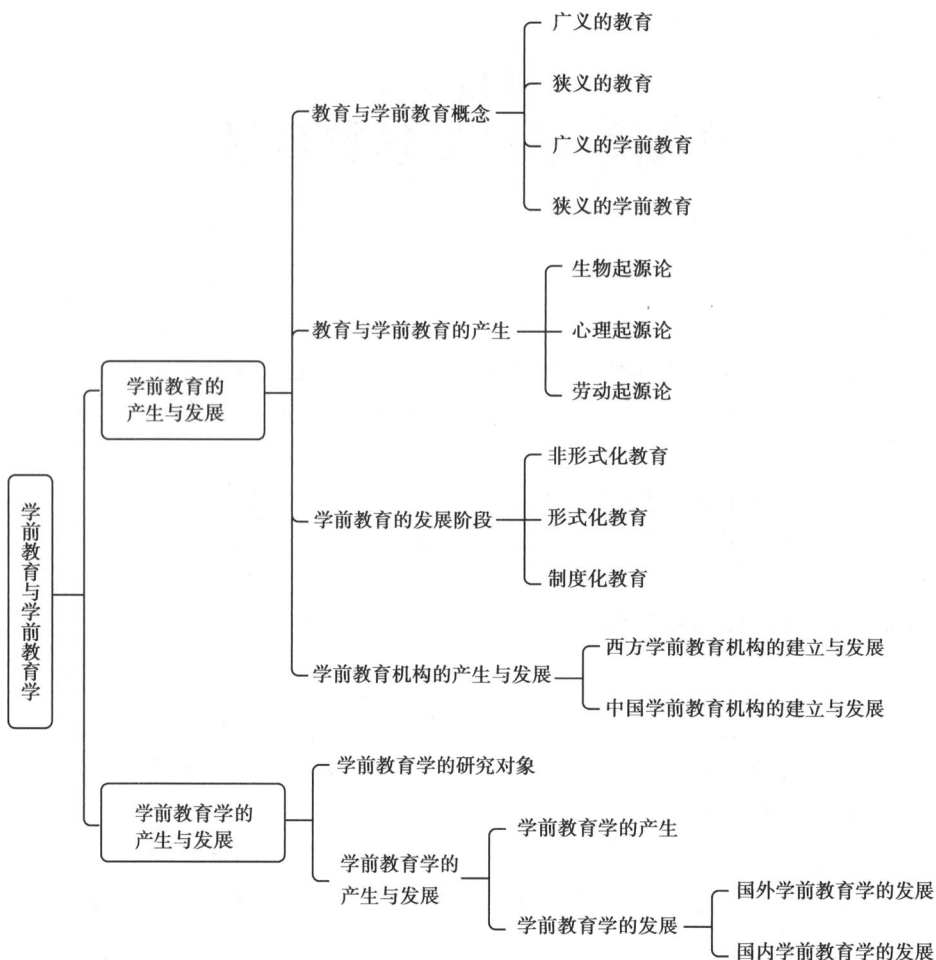

```
                                                           ┌─ 广义的教育
                                                           │
                                          ┌─ 教育与学前教育概念 ┤─ 狭义的教育
                                          │                │─ 广义的学前教育
                                          │                └─ 狭义的学前教育
                                          │
                                          │                ┌─ 生物起源论
                           ┌─ 学前教育的    ┤─ 教育与学前教育的产生 ┤─ 心理起源论
                           │   产生与发展    │                └─ 劳动起源论
                           │                │
                           │                │                ┌─ 非形式化教育
        学                 │                ├─ 学前教育的发展阶段 ┤─ 形式化教育
        前                 │                │                └─ 制度化教育
        教                 │                │
        育─┤                │                │                ┌─ 西方学前教育机构的建立与发展
        与 │                └─ 学前教育机构的产生与发展 ┤
        学 │                                                └─ 中国学前教育机构的建立与发展
        前 │
        教 │                ┌─ 学前教育学的研究对象
        育 └─ 学前教育学的    ┤                        ┌─ 学前教育学的产生
        学     产生与发展     └─ 学前教育学的          ┤              ┌─ 国外学前教育学的发展
                               产生与发展   └─ 学前教育学的发展 ┤
                                                              └─ 国内学前教育学的发展
```

知识要点解析

模块一　学前教育的产生与发展

一、教育与学前教育概念

1.广义的教育

凡是**有目的**地对人的身心施加影响，促进人向社会要求的方向发展的活动，都是教育。**广义的教育包括家庭教育、学校教育、社会教育。**

2.狭义的教育

狭义的教育主要指学校教育。是指教育者根据社会的要求,有目的、有计划、有组织地对受教育者的身心施加影响,把受教育者培养成为社会所需要的人的活动。

可见,不论是广义的教育还是狭义的教育,教育的本质都是一种有目的的培养人的活动。

3.广义的学前教育

广义的学前教育是指对0~6岁儿童所实施的教育。它包括学前家庭教育、学前社会教育两种形式。

4.狭义的学前教育

狭义的学前教育是幼儿教师根据社会的要求,有目的、有计划、有组织地对0~6岁学前儿童施加的影响。它主要指托儿所教育和幼儿园教育(占主要地位)。

二、教育与学前教育的产生(起源)

1.生物起源论

代表人物:法国的社会学家利托尔诺和英国教育家沛西·能。

主要观点:教育起源于动物界的生物本能。他们认为教育是动物界教育的继承、改善和发展。沛西·能认为"教育从它的起源来说,是一个生物学过程,生物的冲动是教育的主要力量"。也就是说,教育是一种生物现象,它的产生完全来自动物的本能,是种族发展的本能需要,而不是人类所特有的社会现象。

评价:生物起源说是第一个被正式提出的教育起源学说,标志着在教育的起源问题上开始从神话解释转向科学解释。但它的根本错误在于没有把握人类教育的目的性和社会性,没能区分出人类的教育行为与动物类的养育行为的差异,因而是错误的。

2.心理起源论

代表人物:美国的心理学家孟禄。

观点:教育是儿童对成人无意识的模仿,这种无意识的模仿不是习得性的,是遗传性的。

评价:心理起源说批判了"教育生物起源说"不区分人类教育和动物本能的庸俗观点。它将动物排除在外了,具有一定的进步意义,但是它认为的"无意识模仿"仍然是先天的,不是后天的,是本能的,因而是错误的。

3.劳动起源论

代表人物:苏联的教育学者米丁斯基、凯洛夫。

观点:教育起源于劳动,与人类社会同时产生,是人类社会所特有的社会现象。教育是人类特有的有意识地传递经验的活动。

评价:教育的劳动起源论源于恩格斯的"劳动创造了人本身"的论断,认为人与动物的根本区别在于劳动(制造、使用工具),人在劳动中使脑器官以及语言等发展起来,为教育的产生提供了可能的前提条件;同时,在人类的群体劳动生产过程中,为了使人类自身和社会不断延续和发展,需要把个体和群体逐步积累起来的劳动生产知识、经验和技能,<u>有意识和有目的地传授给下一代。可以说教育起源于劳动过程中社会生产需要和人的发展的需要的辩证统一。</u>

▲【真题链接】

"教育从它的起源来看,生物的冲动是教育的主要力量。"持这种观点的教育起源论是( )。

A.生物起源论　　　　B.心理起源论　　　　C.劳动起源论　　　　D.神话起源论

答案:A。【解析】法国的社会学家利托尔诺和英国教育家沛西·能是生物起源论的主要代表人物。沛西·能认为"教育从它的起源来说,是一个生物学过程,生物的冲动是教育的主要力量"。

三、学前教育的发展阶段

按人类社会发展阶段来看,**自从有了人类社会就有了教育,教育与人类社会同时产生,随着社会的发展而发展。**从形式上看,学前教育经历了从非形式化教育到形式化教育再到制度化教育的过程。

发展阶段	社会基本特征	教育基本特征
非形式化教育 (原始社会的 学前教育)	✓石器时代,生产力水平极其低下 ✓生产资料公有、产品平均分配 ✓没有国家、没有阶级	✓教育直接在生产劳动、社会生活中进行 ✓没有学校 ✓教育内容贫乏、形式简单 ✓教育平等
形式化教育 (古代社会的 学前教育)	✓金属工具出现,生产力水平相对提高 ✓生产资料私有、出现剩余产品 ✓国家、阶级出现	✓学校产生,但学前教育社会机构幼儿园还没有产生 ✓教育与劳动严重脱节 ✓教育内容丰富多彩 ✓教育具有阶级性和等级性
制度化教育 (现代社会的 学前教育)	✓机器生产,生产力水平高度发达 ✓生产资料所有制 ✓国家、阶级仍然存在	✓学校教育制度(简称学制)建立 ✓学前社会教育机构幼儿园产生了 ✓教育与劳动结合(教育生产性日益突出) ✓教育内容无所不包

1.非形式化教育(人类社会诞生到原始社会解体)

原始社会,生产力水平极其低下,生产资料公有,没有国家、没有阶级,教育与生产劳动、社会生活融为一体。其特征主要表现在:教育主体与教育对象具有不稳定性;没有专门开设的学前教育机构;教育内容与社会生活和生产劳动密切相关;教育方法主要是言传身教、口耳相传、观察模仿。

2.形式化教育（奴隶制和封建制时期）

在奴隶社会和封建社会时期，生产力水平相对提高，剩余产品的出现，生产力的发展，为学校的产生提供了前提条件，社会知识积累不断丰富呼唤学校的产生，体脑分工、文字的产生，为学校教育的产生提供了必要的条件。教育逐渐成为社会分工中的一个部门，教育进入了形式化阶段。形式化阶段教育的特点体现在：教育主体确定；教育对象相对稳定；有固定的活动场所；形成系列的文化传播活动并逐步规范化；儿童教育成为一种独立的社会活动形态。

3.制度化教育（约在 19 世纪下半期至今）

大约在 19 世纪下半期，严格意义上的教育系统已经基本形成，教育从此进入制度化教育阶段。学校教育制度(学制)的建立是制度化教育的典型表征，学前儿童教育逐步纳入学制系统。学前教育机构的产生和发展以及学校教育制度的颁布呈现出幼儿园化、标准化的重要特征。

四、学前教育机构的产生与发展

1.西方学前教育机构的建立与发展

18 世纪末 19 世纪初，机器大生产的产生和发展产生了一系列的社会问题。由于社会的需要，一些慈善家、工业家开始创办幼儿公共教育，从而开创了幼儿社会教育的历史。

学前教育机构的产生与发展一览表

西方学前教育机构的建立与发展	
代表人物	创办的学前教育机构
欧文	1816 年，欧文在英国新兰纳克创办"幼儿学校"（"性格形成学院"）。这是世界上第一所专门为工人阶级及其子女创办的学前教育机构
福禄贝尔	1837 年，福禄贝尔在勃兰根堡创办"儿童活动学校"，1840 年更名为"幼儿园"，这是世界上第一所真正意义上的幼儿园
蒙台梭利	1907 年，蒙台梭利在罗马贫民区建立"儿童之家"

2.中国学前教育机构的建立与发展

清朝末年，民族危机深重，救亡图存的呼声响遍神州大地，一些先进人物纷纷向西方寻求救国的真理。西方的教育制度成为重要的学习内容。在戊戌维新运动的推动下，"效法西洋、倡办西学"成为潮流，对幼儿实行"公教公养"的主张也随之被提了出来，为了满足民众变革的要求以维护封建统治，清政府湖广总督筹划建立了"湖北幼稚园"。之后又在长沙、北京、上海相继成立了蒙养院。为了进行文化侵略，一些外国教会也在中国办了大量的慈幼院和蒙养院。但当时的这些幼儿教育机构显示出了鲜明的半殖民半封建教育的特点。陈鹤琴、陶行知、张雪门等老一辈教育家开始了中国教育中国化、科学化的积极探索，也创办了中国自己的学前教育机构。

中国学前教育机构的建立与发展	
代表人物	**创办的学前教育机构**
端方	1903 年,湖北巡抚端方在湖北武昌创办中国第一所学前教育机构:湖北幼稚园
陈鹤琴	1923 年,陈鹤琴在南京创办我国第一所幼教实验中心:南京鼓楼幼稚园
陶行知	1927 年,陶行知在南京创办中国第一所乡村幼儿园:南京燕子矶幼稚园

▲【国赛链接】

(2019 年)1903 年我国创办的第一所学前教育机构,其所在地是(　　)。

A.南京　　　　　B.上海　　　　　C.福州　　　　　D.武昌

答案:D。【解析】1903 年,湖北巡抚端方在湖北武昌创办中国第一所学前教育机构:湖北幼稚园。

模块二　学前教育学的产生与发展

一、学前教育学的研究对象

教育学是研究教育现象,揭示教育规律的科学。学前教育学是研究 0~6 岁学前儿童教育现象,揭示教育规律的一门社会科学,属于教育学的一个分支学科。学前教育学研究学前儿童教育的一般原理和幼儿园教育的任务、原则、内容和方法等。

二、学前教育学的产生与发展

(一)学前教育学的产生

学前教育学,是人们从学前教育实践中总结提炼出来的教育理论。

(二)学前教育学的发展

学前教育学的产生和发展经历了一个从无到有、从不完善到完善的过程。学前教育学大致经历了三个阶段:孕育阶段、独立阶段、繁荣发展阶段。

发展阶段	特征	代表人物
孕育阶段 (15 世纪以前)	学前教育思想同哲学、政治、伦理思想混杂在一起,散见于各种著作之中	中国:孔子 西方:柏拉图、亚里士多德、昆体良

发展阶段	特征	代表人物
独立阶段 （16世纪以后）	教育学已从哲学中分离出来,成为一门独立的科学	中国:贾谊、颜之推 西方:夸美纽斯、洛克、裴斯泰洛奇、卢梭等
繁荣发展阶段 （18世纪至今）	**学前教育学成为一门独立的科学;** 教育学形成庞大理论体系,分支较多	中国:康有为、蔡元培 西方:福禄贝尔、蒙台梭利、皮亚杰、维果斯基等

1.国外学前教育学的发展

（1）孕育阶段

发展阶段	主要代表人物、代表作	学前教育思想(贡献)
孕育阶段 （15世纪以前）	代表人物:柏拉图 代表作:《理想国》	✓是世界上第一个论及学前教育重要性的人,也标志着学前教育思想的诞生; ✓认为儿童越早教育越好,甚至主张胎教; ✓在世界上第一次提出了公共学前教育的主张; ✓教科书审查制度; ✓主张对学前儿童采用游戏的教学方式
	代表人物:亚里士多德 代表作:《政治学》《伦理学》	✓提出胎教; ✓主张婴儿出生后喂母乳,从小多运动,并习惯寒冷; ✓是世界上第一个提出要进行儿童年龄分期教育的教育家; ✓主张"教育遵循自然"
	代表人物:昆体良 代表作:《雄辩术原理》(论演说家的教育)	✓提出人的教育要从摇篮开始; ✓他的重大贡献是在教学法上的成就,提出因材施教、反对体罚、启发诱导、量力而行和劳逸结合等

（2）独立阶段

发展阶段	主要代表人物、代表作	学前教育思想（贡献）
萌芽阶段 （16世纪以后）	代表人物：夸美纽斯 代表作：《大教学论》《母育学校》《世界图解》	✓ 被称为"教育史上的哥白尼"和"现代教育之父"； ✓ 1632年出版《大教学论》，标志着教育学成为一门独立学科； ✓ 编写了世界上第一本儿童教育手册——《母育学校》，是历史上第一部论述学前教育的专著； ✓ 编写了世界上第一本图文并茂的儿童读物——《世界图解》； ✓ 提倡人文主义的儿童观； ✓ 是世界上最早提出班级授课制的人
	代表人物：卢梭 代表作：《爱弥儿》	✓ 主张"性善论"； ✓ 主张自然教育论，提倡教育要遵循儿童内在的自然法则； ✓ 提出重视儿童年龄分期教育的思想； ✓ 在西方教育史上，卢梭是第一位详细地论述如何训练儿童感官的教育家

（3）繁荣发展阶段

发展阶段	主要代表人物、代表作	学前教育思想（贡献）
繁荣发展阶段 （18世纪至今）	代表人物：福禄贝尔 代表作：《幼儿园教育学》《人的教育》	✓ 福禄贝尔是幼儿园创始人，被誉为幼儿园之父，创立了幼儿教育体系，标志着学前教育机构的作用由"看管"转向"教育"； ✓ 他是近代学前教育理论的奠基人，论述了幼儿园工作的体系、内容和方法，使学前教育成为教育领域中一门独立的科学； ✓ 他阐明了游戏的教育价值，并为孩子们的游戏制造了一系列的玩具，叫作"恩物"； ✓ 他的儿童教育观成为19世纪末叶以后儿童中心主义教育思潮的思想渊源之一，大力推动了欧美各国幼儿教育的发展
	代表人物：杜威 代表作：《民主主义与教育》	✓ 提出了儿童中心论； ✓ 提出生活教育理论，主张"教育即生活""学校即社会""做中学"； ✓ 论述教育的本质就是教育即生活、教育即生长、教育即经验的改造

续表

发展阶段	主要代表人物、代表作	学前教育思想(贡献)
繁荣发展阶段 (18世纪至今)	代表人物:蒙台梭利 代表作:《童年的秘密》《蒙台梭利教育法》	✓创办了举世闻名的"儿童之家"; ✓创立了科学的幼儿教育方法,撰写了幼儿教育理论著作; ✓开办了国际培训班,极大地推动了现代幼儿教育的改革和发展,被誉为"幼儿园改革家"
	代表人物:马拉古兹 代表作:《儿童的一百种语言》	✓主张儿童是主动的学习者,他们拥有自己独特的学习方式; ✓认为儿童会通过"一百种语言"来进行学习,将开放的环境作为学校的第三位教师; ✓教师是儿童的伙伴、儿童的合作者、儿童的指导者,起着重要的作用; ✓瑞吉欧提倡幼儿教育是全社会的教育,需要社会支持和家长的参与
	代表人物:加德纳 代表作:《心智再架构——21世纪的多元智力》	✓认为每个人都有多种智力,每种智力都应得到相应的发展; ✓主张教育者用多元的标准评价学生,并为学生创造适合其智力优势的学习环境

🔺【国赛链接】

1.(2019年)下列属于意大利教育家蒙台梭利的代表性教育著作是(　　)。

A.《爱弥儿》　　　　　　　　　B.《大教学论》

C.《童年的秘密》　　　　　　　D.《人的教育》

答案:C。【解析】意大利教育家蒙台梭利的代表性教育著作有《童年的秘密》《蒙台梭利教育法》《发现孩子》等。《爱弥儿》是卢梭的代表作;《大教学论》是夸美纽斯的代表作;《人的教育》是福禄贝尔的代表作。

2.(2019年)(　　)创办了世界上第一所幼儿园,被誉为(　　)。

A.蒙台梭利、教育改革家　　　　B.蒙台梭利、幼儿园之父

C.福禄贝尔、教育改革家　　　　D.福禄贝尔、幼儿园之父

答案:D。【解析】福禄贝尔是幼儿园创始人,1840年,他创办了世界上第一所幼儿园,被誉为幼儿园之父。

3.(2019年)系列玩具"恩物"的开发者是(　　)。

A.卢梭　　　　　　　　　　　　B.皮亚杰

C.福禄贝尔　　　　　　　　　　D.夸美纽斯

答案:C。【解析】福禄贝尔阐明了游戏的教育价值,并为孩子们的游戏制造了一系列的玩具,叫作"恩物"。

▲【真题链接】

1.(2013年上)/(2019年职业技能大赛)提出"教育即生活"的教育家是(　　)。

  A.卢梭　　　　　　　　　　　　B.蒙台梭利

  C.福禄贝尔　　　　　　　　　　D.杜威

答案:D。【解析】杜威关于教育本质的论述即他认为教育即生长,教育即生活,教育即经验的改造。

2.(2014年下)杜威认为:学校生活的组织中心是(　　)。

  A.教材　　　　　　　　　　　　B.家长

  C.教师　　　　　　　　　　　　D.儿童

答案:D。【解析】杜威提出"以儿童为中心"的理论。他认为,学校生活组织应该以儿童为中心,一切需要的措施都应该是为着促进儿童的生长。因为是儿童,而不是教学大纲决定教育的质和量,所以教学内容、计划和方法以及一切教育活动都要服从儿童的兴趣和经验的需要,也就是我们现在所说的以儿童为中心。

3.(2015年上)从科学知识取向转向儿童经验取向的代表性教育著作是(　　)。

  A.《理想国》　　　　　　　　　B.《爱弥儿》

  C.《大教学论》　　　　　　　　D.《林哈德与葛笃德》

答案:B。【解析】从学科知识取向转向儿童经验取向是现代儿童教育的立场,该立场在夸美纽斯的《大教学论》中初露端倪,在卢梭的《爱弥儿》中孕育成型并诞生,在杜威的教学中发育成熟。

4.(2017年上)对杜威"教育即生长"的正确理解是(　　)。

  A.教育以儿童的本能和能力为依据

  B.儿童的生长以教育目标为依据

  C.教育以促进教师的专业成长为基础

  D.教育应促进儿童的身体发育

答案:A。【解析】杜威认为,教育即生长,即教育的本质就是促进儿童本能生长。他还指出,教育即生活,儿童生长总是在生活过程中展开的。同时他还指出,教育即经验的改造。

5.(2018年下)下列说法中属于蒙台梭利教育观点的是(　　)。

  A.注重感官教育　　　　　　　　B.注重集体教学作用

  C.重视实物使用　　　　　　　　D.通过游戏使自由与纪律相协调

答案:A。【解析】蒙台梭利受卢梭自然主义教育思想的影响,特别注重感官教育。她认为幼儿正处于各种感觉发展的敏感期,感官训练是形成认知能力的第一道大门,为幼儿设计了系列感官训练教具。

2.国内学前教育学的发展

（1）萌芽阶段

发展阶段	主要代表人物、代表作	学前教育思想（贡献）
萌芽阶段 （先秦— 鸦片战争）	代表人物:贾谊 代表作:《新书》	✓提倡胎教,是古代胎教学说的奠基人之一; ✓学前教育应从婴儿初生开始,"心未滥而先谕教,则化易成也"; ✓主张教养结合,教育内容是多方面的; ✓慎选左右,提出师、保、傅的选择标准为"天下之端士,孝悌博闻有术者"
	代表人物:颜之推 代表作:《颜氏家训》	✓及早施教,推崇胎教; ✓主张慈严结合:有教有爱、反对溺爱、提倡体罚; ✓主张均爱勿偏; ✓风化陶染; ✓德艺同行、博习致用; ✓《颜氏家训》是我国最早最完整的家庭教育著作

（2）初创阶段

发展阶段	主要代表人物、代表作	学前教育思想（贡献）
初创阶段 （鸦片战争— 新中国成立）	代表人物:康有为 代表作:《大同书》	✓主张儿童的教育应由公立政府"公养人而公教之"; ✓设想了一个从人本院到育婴院完整的儿童公育体系; ✓提出的婴幼儿的教育宗旨是养儿体、乐儿魂、开儿知识
	代表人物:陈鹤琴 代表作:《儿童心理之研究》《家庭教育》	✓被誉为中国幼儿教育之父,"中国福禄贝尔"; ✓ 1923 年创办了我国第一所实验幼儿园——南京鼓楼幼稚园;1939 年创建我国第一所公立幼稚师范学校——江西实验幼稚师范学校; ✓提出了"活教育"理论。"活教育"的目的论:"做人、做中国人、做现代的中国人";"活教育"的课程论:大自然、大社会都是活教材,提出了五指活动;"活教育"的方法即做中教,做中学,做中求进步

续表

发展阶段	主要代表人物、代表作	学前教育思想(贡献)
初创阶段(鸦片战争—新中国成立)	代表人物:张雪门代表作:《幼稚教育概论》《幼稚园行为课程》	✓张雪门和陈鹤琴先生有"南陈北张"之称;✓提出了"行为课程理论",主张"生活即教育,行为即课程";✓强调儿童实际行动,获得直接经验;✓主张采取单元设计的方法,打破学科界限;✓强调幼师生实习实践的重要性
	代表人物:陶行知代表作:《幼稚园应有之改革及进行方法》《创造的儿童教育》	✓陶行知创办了我国第一所乡村幼稚园和劳工幼稚园;✓提出了"生活教育理论",主张"生活即教育""社会即学校""教学做合一";✓在发展儿童创造力方面,提出了著名的六大解放:"头脑""双手""眼睛""嘴""空间""时间"
	代表人物:张宗麟代表作:《幼稚教育概论》《给小朋友的信》《幼稚园社会》	✓是我国的第一位男性幼稚园教师;✓提出了"社会化课程理论",主张设计幼稚园课程的社会科目,需要了解幼稚生的社会;✓明确了社会化课程的7大内容

▲【真题链接】

1.(2014年上)陶行知的教育理论注重"教学做合一",强调(　　)。

　　A.做是中心　　　　B.学是中心　　　　C.教与学是中心　　　　D.教是中心

答案:A。【解析】陶行知认为教与学都是为了生活实践的需要,教与学都必须以"做"为中心,"一面做,一面学,一面教"。在幼儿教与学的过程中要"教学做合一"就要以"做"为中心。

2.(2015年下)陶行知提出的"六大解放"指向的是(　　)。

　　A.解放儿童的观察力　　　　　　　　B.解放儿童的体力

　　C.解放儿童的智力　　　　　　　　　D.解放儿童的创造力

答案:D。【解析】陶行知认为教育要启发及解放幼儿的创造力,为他们提供手脑并用的条件,具体包括六个方面:(1)解放儿童头脑;(2)解放儿童双手;(3)解放儿童嘴巴;(4)解放儿童眼睛;(5)解放儿童空间;(6)解放儿童时间。

3.(2018年上)陶行知创立的培养幼教师资的方法是(　　)。

　　A.讲授制　　　　　B.五指活动　　　　　C.感官教育　　　　　D.艺友制

答案:D。【解析】为了幼儿教育的普及,改变当时师资不足的状况,陶行知领导实行了"艺友制师范教育理论"。艺友制是指学生(称艺友)与有经验的教师(称导师),在实践中学习当教师,边干边学。

4.(2012年上)我国第一所公立幼稚师范学校——江西实验幼师的创办者是(　　)。

　　A.陈鹤琴　　　　　　B.陶行知　　　　　　C.黄炎培　　　　　　D.张雪门

答案:A。【解析】陈鹤琴在抗战时期创办我国第一所公立幼稚师范学校,即江西实验幼师。

5.创建"活教育"体系的教育家是(　　)。

　　A.陈鹤琴　　　　　　B.福禄贝尔　　　　　　C.杜威　　　　　　D.蒙台梭利

答案 A。【解析】陈鹤琴,现代教育家、儿童心理学家和儿童教育专家,中国现代幼儿教育的奠基人。他毕生致力于中国化新教育的研究和探索,创建了"活教育"理论体系。

(3)繁荣发展阶段

发展阶段	主要代表人物、代表作	学前教育思想(贡献)
发展阶段 (新中国成立以来)		✓颁布了系列关于学前教育的政策文件:《中国儿童发展纲要(2001—2010年)》、《国家中长期教育改革和发展规划纲要(2010—2020年)》、《国务院关于当前发展学前教育的若干意见》国发〔2010〕、《中共中央国务院关于学前教育深化改革规范发展的若干意见》(2018)、《"十四五"学前教育发展提升行动计划》(2021) ✓将学前教育学发展推向深入

◇【本章小结】

教育作为一种社会现象,源远流长,与人类社会同时产生。研究教育现象的教育学作为专门的学问,它的产生要晚得多。也就是说,先有教育这种人类社会活动,然后才有关于这一活动的理论,即教育学。但它一旦形成,又指导着教育实践活动,对教育事业的发展起着巨大的推动作用。同时,它又随着教育实践活动的发展和社会的进步而不断地得到充实和完善。

◇【本章思考与练习】

一、单项选择题(识记)

1.世界上第一部教育学专著是(　　)。

　　A.《学记》　　　　B.《大教学论》　　　　C.《雄辩术原理》　　　　D.《母育学校》

2.近代最早的一部教育学著作是(　　)。

　　A.《学记》　　　　　　　　　　B.《普通教育学》

　　C.《大教学论》　　　　　　　　D.《民本主义与教育》

3.世界上第一部论述学前教育的专著是(　　　)。

　　A.《母育学校》　　　B.《爱弥儿》　　　　C.《大教学论》　　　　D.《学记》

4.17世纪捷克教育家夸美纽斯在(　　　)中对班级授课制给予了系统的理论阐述。

　　A.《教学与发展》　　　　　　　　B.《爱弥儿》

　　C.《普通教育学》　　　　　　　　D.《大教学论》

5.教育学作为一个学科独立的标志是(　　　)。

　　A.夸美纽斯的《大教学论》　　　　B.康德的《论教育》

　　C.赫尔巴特的《普通教育学》　　　D.杜威的《民主主义与教育》

6.第一次提出学前社会教育主张的人是(　　　)。

　　A.柏拉图　　　　B.康有为　　　　　C.亚里士多德　　　D.欧文

7.被称为"教育史上的哥白尼"和"现代教育之父"的教育家是(　　　)。

　　A.杜威　　　　　B.蒙台梭利　　　　C.福禄贝尔　　　　D.夸美纽斯

8.英国幼儿学校的创始人是(　　　)。

　　A.欧文　　　　　B.洛克　　　　　　C.卢梭　　　　　　D.福禄贝尔

9.世界上第一所幼儿园的创办者是(　　　)。

　　A.福禄贝尔　　　B.蒙台梭利　　　　C.欧文　　　　　　D.麦克米伦姐妹

10.创办了世界上第一所幼儿园,被世人誉为"幼儿教育之父"的人是(　　　)。

　　A.裴斯泰洛齐　　B.福禄贝尔　　　　C.卢梭　　　　　　D.洛克

11.第一个阐明游戏教育价值的教育家是(　　　)。

　　A.蒙台梭利　　　B.洛克　　　　　　C.卢梭　　　　　　D.福禄贝尔

12.福禄贝尔为儿童设计的一系列活动材料被称作(　　　)。

　　A.思物　　　　　B.恩物　　　　　　C.念物　　　　　　D.宠物

13.被誉为20世纪初的"幼儿园改革家"的是(　　　)。

　　A.杜威　　　　　B.卢梭　　　　　　C.蒙台梭利　　　　D.洛克

14.建立"儿童之家"的教育家是(　　　)。

　　A.福禄贝尔　　　B.蒙台梭利　　　　C.欧文　　　　　　D.卢梭

15.重视儿童的感官教育,并设计了一整套发展儿童感官的教学材料的幼儿教育家是(　　　)。

　　A.福禄贝尔　　　B.蒙台梭利　　　　C.欧文　　　　　　D.卢梭

16."出自造物主之手的东西,都是好的,而一旦到了人的手里,就全变坏了。"所以教育应顺应儿童的天性,使其得到自然的发展。持这一观点的理论属于(　　　)。

　　A.感官教育说　　B.社会生活说　　　C.自然教育论　　　D.环境适宜说

17."白板说"的代表人物是(　　　)。

　　A.华生　　　　　B.杜威　　　　　　C.布鲁纳　　　　　D.洛克

18."我们敢说日常所见的人中,十分之九都是由教育所决定的。"这一观点出自(　　　)。

　　A.《大教学论》　B.《教育漫话》　　C.《普通教育学》　D.《爱弥儿》

19.我国创办的第一个幼儿教育机构是（　　）。

A.南京乡村幼儿园　　　　　　　　　B.湖北武昌的湖北幼稚园

C.北平香山幼稚园　　　　　　　　　D.上海正蒙书院的蒙养院

20.建立我国第一个幼儿教育研究中心,并亲自主持幼稚园研究工作,提出"活教育"思想的是（　　）。

A.陶行知　　　　　B.陈鹤琴　　　　　C.张宗麟　　　　　D.张雪门

21.我国最早的幼儿教育实验中心——南京鼓楼幼稚园创办于（　　）。

A.1915 年　　　　　B.1923 年　　　　　C.1934 年　　　　　D.1936 年

22.提出"做中教、做中学、做中求进步"教育思想的教育家是（　　）。

A.陶行知　　　　　B.张雪门　　　　　C.陈鹤琴　　　　　D.杜威

23.陈鹤琴提出的"五指活动"指的是（　　）。

A.儿童健康活动、儿童社会活动、儿童科学活动、儿童艺术活动、儿童文学活动

B.儿童语言活动、儿童社会活动、儿童科学活动、儿童美术活动、儿童音乐活动

C.儿童常识活动、儿童社会活动、儿童科学活动、儿童艺术活动、儿童文学活动

D.儿童体育活动、儿童语言活动、儿童科学活动、儿童艺术活动、儿童文学活动

24.主张"生活教育"理念,创办中国化平民化的幼稚园,建立生活教育课程理论体系的是（　　）。

A.陈鹤琴　　　　　B.张宗麟　　　　　C.张雪门　　　　　D.陶行知

25.陶行知提出的"六大解放"指的是（　　）。

A.解放儿童的观察力　　　　　　　　B.解放儿童的体力

C.解放儿童的智力　　　　　　　　　D.解放儿童的创造力

26.我国第一位男性幼稚园教师是（　　）。

A.陶行知　　　　　B.陈鹤琴　　　　　C.张雪门　　　　　D.张宗麟

二、简答题（简单运用）

1.列举五位西方著名的学前教育家及其代表作。

2.列举五位我国著名的学前教育家及其代表作。

3.简述陈鹤琴的学前教育思想。

4.简述张雪门的学前教育思想。

5.简述杜威关于教育本质的理论。

三、论述题（综合运用）

1.结合实际论述陈鹤琴的"活教育"理论的现代意义。

2.试论述陶行知的幼儿教育思想。

专题二
学前教育与社会发展

■ **学习目标**

1.了解学前教育的经济、政治、文化、人口的功能,初步感知社会因素对学前教育的制约作用。

2.形成"只有遵循社会发展规律,教育才能推动(促进)社会发展"的观点。

3.了解教育对社会发展的重要价值,引导学生从社会大系统的角度去思考教育的重要价值,形成"教育强国"的价值观,萌发学生的职业光荣感、自豪感。

■ **本章导学/含考纲要点简要说明**

本专题包含两个模块,模块一介绍学前教育对社会发展的促进作用,学习着重理解学前教育对社会政治、经济、文化等因素的促进作用,识记相关的知识点。模块二简述社会发展对学前教育的制约,理解记忆社会各因素对学前教育的制约作用。

从历年幼儿园教师资格考试真题及国家职业技能大赛试题来看,本章涉及的重点在于学前教育与社会因素的关系,所涉及的题型包括选择题、简答题,主要侧重于知识的识记和简单运用。

■ 本章思维导图

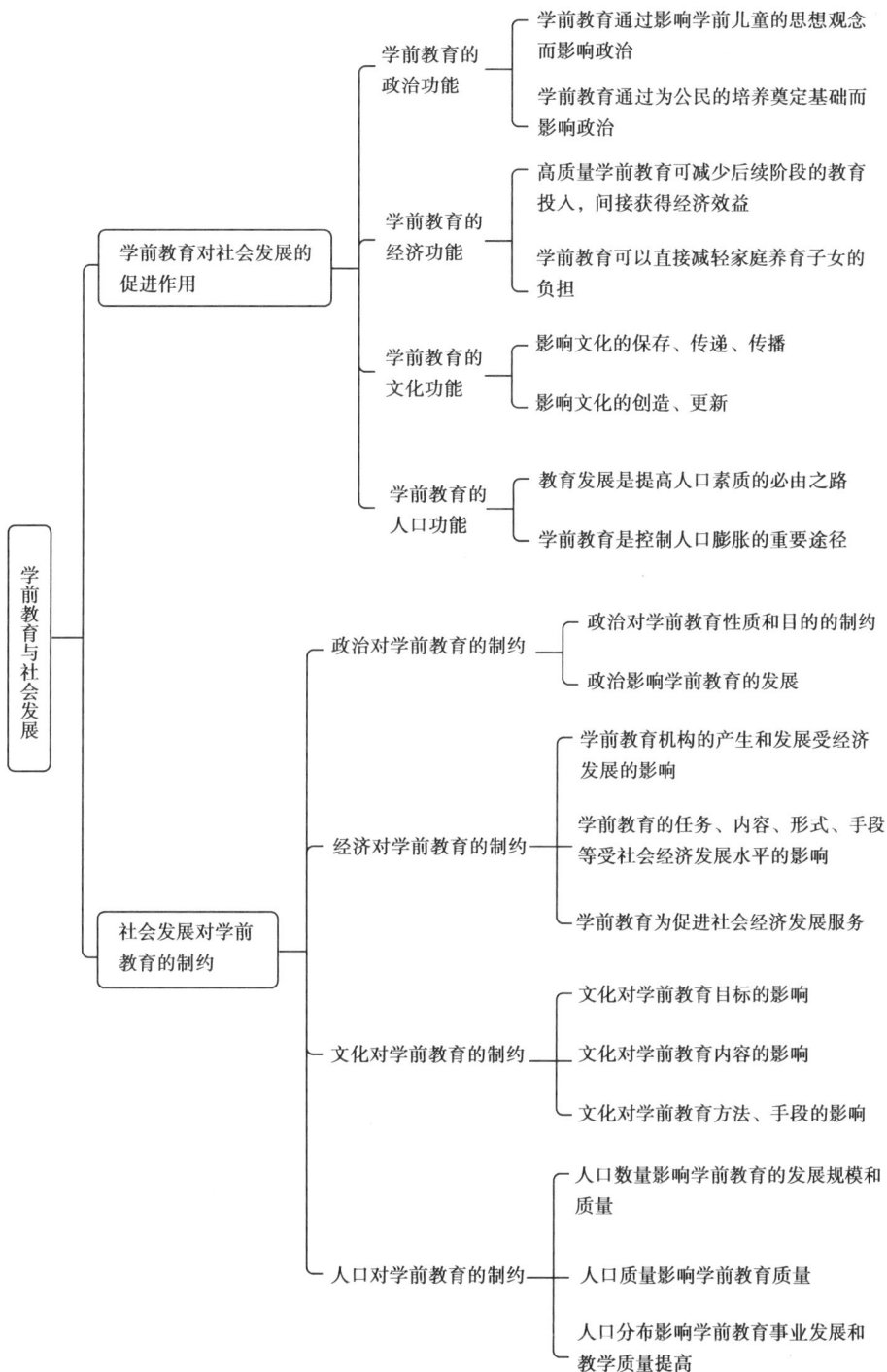

学前教育与社会发展

学前教育对社会发展的促进作用
- 学前教育的政治功能
  - 学前教育通过影响学前儿童的思想观念而影响政治
  - 学前教育通过为公民的培养奠定基础而影响政治
- 学前教育的经济功能
  - 高质量学前教育可减少后续阶段的教育投入，间接获得经济效益
  - 学前教育可以直接减轻家庭养育子女的负担
- 学前教育的文化功能
  - 影响文化的保存、传递、传播
  - 影响文化的创造、更新
- 学前教育的人口功能
  - 教育发展是提高人口素质的必由之路
  - 学前教育是控制人口膨胀的重要途径

社会发展对学前教育的制约
- 政治对学前教育的制约
  - 政治对学前教育性质和目的的制约
  - 政治影响学前教育的发展
- 经济对学前教育的制约
  - 学前教育机构的产生和发展受经济发展的影响
  - 学前教育的任务、内容、形式、手段等受社会经济发展水平的影响
  - 学前教育为促进社会经济发展服务
- 文化对学前教育的制约
  - 文化对学前教育目标的影响
  - 文化对学前教育内容的影响
  - 文化对学前教育方法、手段的影响
- 人口对学前教育的制约
  - 人口数量影响学前教育的发展规模和质量
  - 人口质量影响学前教育质量
  - 人口分布影响学前教育事业发展和教学质量提高

知识要点解析

模块一　学前教育对社会发展的促进作用

一、学前教育的政治功能

(一)学前教育通过影响学前儿童的思想观念而影响政治

学前教育机构向儿童传授体现统治阶级意志的政治观念和思想意识,使新生一代认同、服从现有的政治关系格局,维系和巩固原有的政治制度。

(二)学前教育通过为公民的培养奠定基础而影响政治

一方面,学前教育通过对幼儿社会领域的教育,使他们初步了解作为一个公民应有的基本行为规则,为今后成为合格的公民奠定基础。另一方面,学前教育也为未来政治人才的成长提供了充足的锻炼场所,为政治人才的成长打下了基础。

具体到我国的学前教育,其对政治的影响表现在:

第一,学前教育机构从国家利益和民族前途出发,对幼儿实施爱国主义、集体主义教育,用先进的思想和进步的意识形态影响幼儿。

第二,引导幼儿体验社会状态和所处的生活环境,奠定其树立正确的人生观和世界观的基础,为培养未来社会主义接班人奠基。

第三,学前教育为贫困和落后地区的幼儿提供公平的学前教育机会,有利于社会的稳定与和谐。

二、学前教育的经济功能

(一)高质量学前教育可减少后续阶段的教育投入,间接获得经济效益

学前教育对经济发展的积极影响主要是以培养合格人才来实现的。从小培养幼儿健康的身体、动手动脑的能力、广泛的兴趣、活泼开朗的性格、良好的品德和习惯,能为他一生的发展奠定良好的基础。20 世纪 60 年代以来,心理学、脑科学、教育学和社会学等方面的众多研究,揭示了学前教育在人一生发展中的重要作用以及经济价值和社会效益。在家长普遍重视孩子发展和早期教育的今天,学前教育质量更成为家长能否放心工作、安心学习的重要条件。

(二)学前教育可以直接减轻家庭养育子女的负担

学前教育机构的兴起与发展,减轻了家庭养育幼小子女的负担,保证家长们能够有

充沛的精力投入到生产劳动与培训中,以一种特有的方式支持了社会的经济发展,体现出自己应有的社会价值。

三、学前教育的文化功能

(一)影响文化的保存、传递、传播

学前教育有选择地继承文化遗产,保存现有文化模式,并借助课程形式,向受教育者提供适应社会生活的知识、技能、行为规范和价值观。现代学前教育还通过引导幼儿对多元文化的体验与了解,直接促进不同社会或地区文化的传播。

(二)影响文化的创造、更新

学前教育实践的发展,不断促进为幼儿开发的课程、教材、玩具、图书等用品的更新、变化,这本身就是文化的创新。而学前教育中的科研以及对受教育者个性和创造力的培养,都直接或间接地促进文化创新。

四、学前教育的人口功能

(一)教育发展是提高人口素质的必由之路

目前提高人口素质,主要有两条途径:一是大力推广优生学,提高人口先天素质,要把优生学纳入教育内容,使人们认识优生优育,懂得优生优育的重要意义,自觉地做到优生优育。二是大力发展教育,加强后天培养,提高各级各类教育质量是提高未来人口素质的关键。

(二)学前教育是控制人口膨胀的重要途径

受教育程度的高低与人口出生率的高低成反比。人口平均受教育程度越高,出生率越低。反之,受教育程度越低,出生率越高。

模块二 社会发展对学前教育的制约

一、政治对学前教育的制约

政治主要指国家性质,各阶级和阶层在政治生活中的地位,国家管理的原则和组织形态等,它包括政治观念和权力机构。这些构成要素都会对学前教育及其发展产生不同程度的影响和制约。

(一)政治对学前教育性质和目的的制约

政治对学前教育的性质、目的的影响,具体表现在以下几个方面。

第一,掌握政权者利用其拥有的立法权,通过颁布有关学前教育法律、法规政策和规章制度,决定学前教育的性质,实现其学前教育的目的。

第二,掌握政权者利用其拥有的组织和人事权力主导学前教育公职人员的选拔、任用以及他们的行为导向。

第三,统治者通过经济杠杆控制学前教育的发展方向,对办学权力进行严格控制。

(二)政治影响学前教育的发展

1.政府对学前教育的重视与领导,是学前教育发展的先决条件

纵观各国学前教育的发展,我们可以看到,一个国家学前教育的发展状况与政府权力机关和职能部门的重视与否息息相关。新中国成立后,特别是近些年,党和政府更加重视学前教育的发展,相继颁布了《国家中长期教育改革和发展规划纲要(2010—2020年)》和《国务院关于当前发展学前教育的若干意见》,提出一系列加快教育发展的建议和措施。

2.政治影响学前教育的财政

一方面,政治决定教育经费份额的多少。另一方面,政治决定教育经费的筹措。

学前教育的稳健发展是与政府在经济上的投入成正比的。西方发达国家家庭承担学前教育费用占学前教育费用的 20%~40%,政府承担了大部分的学前教育经费。我国部分地区在经济发展的同时,保证了学前教育的相应发展,甚至是更快的发展。

为了确保学前教育经费,国务院《关于当前发展学前教育的若干意见》(国发〔2010〕41号)明确提出:各级政府要将学前教育经费列入财政预算,新增教育经费向学前教育倾斜,财政性学前教育经费要在同级财政性教育经费中占合理比例。

二、经济对学前教育的制约

(一)学前教育机构的产生和发展受经济发展的影响

1.经济发展促进社会学前教育机构的产生

没有社会化学前教育发展的经济动因,学前教育一直处于家庭学前教育的状态。18世纪60年代第一次工业革命的到来,一方面,使得生产力提高,社会物质财富增加,为专门的社会学前教育机构的产生提供了物质基础。另一方面,工厂的发展使得女工数量急剧增加,儿童无人照料,学前教育机构应运而生。英、法、德、美等国相继建立了儿童学校、保育学校、母育学校等学前教育机构。

2.学前教育机构的发展受经济发展制约

学前教育机构的设置和发展,需要一定的人力、物力和财力,这与经济发展的水平直

接相关。另外,经济发展水平影响社会对学前教育的需要。一般而言,经济水平较高的国家和地区,儿童入园率较高。

(二)学前教育的任务、内容、形式、手段等受社会经济发展水平的影响

学前教育的发展以经济发展为物质基础,受经济发展水平的制约。经济的发展能够创造更多的物质财富,为丰富教育内容、更新教育手段提供条件。内容方面,扩大了认识社会环境和自然环境的内容和要求;注重儿童想象力、创造力的培养;进行了儿童学习音乐、绘画、阅读和外语的实验。在教育手段方面,寓教育于一日生活中,丰富了儿童的游戏种类和内容;运用了录音、幻灯片、多媒体教学系统等现代化手段。

(三)学前教育为促进社会经济发展服务

学前教育是整个国民教育的基础阶段。学前教育在提高劳动力的素质方面的作用,促进社会经济发展的作用越来越为人们所重视。学前教育不仅可以从提高劳动力素质、培养人才的角度促进经济发展,而且还有自己独特的作用。学前教育关系到千家万户的生活和工作,减轻家长养育幼小子女的负担和后顾之忧,使他们精力充沛地投入工作和学习。这是通过保护和解放劳动力,直接为发展经济服务。

▲【真题链接】

(2019 年下)简述经济发展和学前教育发展的关系。

【答案】

(1)社会经济发展促进学前机构教育的产生。

(2)社会经济发展水平决定着学前教育发展的规模和速度。

(3)社会经济发展水平制约着学前教育发展的结构和布局。

(4)社会经济发展水平制约着学前教育的任务、内容、手段和教学组织形式。

(5)学前教育为社会经济发展服务。

三、文化对学前教育的制约

一个民族或国家所培养的人才便是这种文化塑造出来的理想角色,不同文化对角色有着不同的要求,这就决定了文化对教育目标的影响和制约。

(一)文化对学前教育目标的影响

学前教育的目标既受制于社会政治经济的影响,又受到文化的影响。一定的文化传统,具有自己独特的伦理道德、风俗习惯、精神品格等,对该文化之下学前教育的目标的定位会产生直接影响。

(二)文化对学前教育内容的影响

教育的内容来自对文化的选择。在中国历史上,长期作为儿童读物的《三字经》《百

家姓》《千字文》等蒙学作品,所反映的主要是儒家的文化思想、伦理道德。另外,受"万般皆下品,唯有读书高"思想的影响,中国教育历来重视道德教育,重视知识的传授,而忽视儿童自身对外部世界的主动探究。

(三)文化对学前教育方法、手段的影响

文化影响学前教育的方法和手段。在西方中世纪的宗教文化中,儿童是生而有罪的,肉体是罪恶的渊源。只有实行严格的禁欲,对肉体进行惩罚和摧残才能摆脱罪恶。因此,戒尺、棍棒是那时教育儿童所必需的。文艺复兴和启蒙运动对人性和人权的呼唤,在教育界掀起了一股发现儿童、尊重儿童、理解儿童的思潮,儿童的存在价值及其不同于成人的独特的身心发展特点和规律得到认可和尊重,学前教育的方法、手段也发生了翻天覆地的变化。近、现代教育家们,都主张学前教育要顺应儿童的发展,教育方法由原来直接传递的"填鸭式"逐渐向启发引导式转变,儿童不再是被动地接受知识,"做中学"的方法在学前教育领域逐步普及开来。

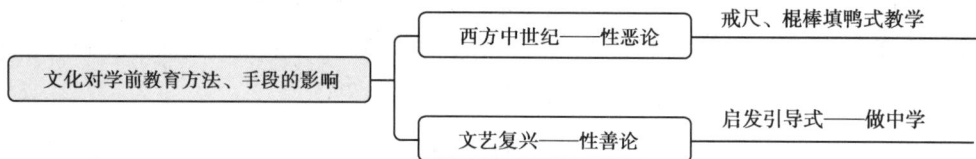

```
                                      ┌─ 西方中世纪——性恶论 ──── 戒尺、棍棒填鸭式教学
文化对学前教育方法、手段的影响 ──┤
                                      └─ 文艺复兴——性善论 ───── 启发引导式——做中学
```

四、人口对学前教育的制约

(一)人口数量影响学前教育的发展规模和质量

一定数量的人口是构成教育事业和教育活动的前提和基础,特别是学龄人口直接制约着教育发展的规模。当儿童出生率高,增长数量过多时,人口对教育的需求也就大,教育规模也会相应地扩大,反之就会出现拥挤现象。

(二)人口质量影响学前教育质量

人口质量对学前教育质量的影响表现为间接和直接两个方面:直接影响是指入学者已有的水平对教育质量的影响;间接影响是指年长一代的人口质量影响新生代的人口质量,从而影响以新生一代为对象的学校的教育质量。

(三)人口分布影响学前教育事业发展和教学质量提高

人口分布影响学前教育事业发展和教学质量提高,人口过密容易造成教育中的拥挤现象,由此容易导致教学秩序混乱,学生质量下降。

人口过稀,容易造成教育人口分散在一些人烟稀少的边远地区,那里学生上学非常困难,接受学前教育的概率是极低的。

◇【本章小结】

学前教育与政治、经济、文化、人口等社会要素之间，存在着千丝万缕的联系，从社会生态学的角度看，学前教育只是社会这个大丛林中的一株树木，学前教育这株树木的发展，必然会受到社会这个丛林的制约和影响，所以脱离社会因素去看学前教育，就是一叶障目不见泰山。学前教育是一种社会实践活动，是社会系统的组成部分，学前教育是在特定的社会环境中产生和运作的，它的发展便要受经济、政治、文化等社会其他子系统的影响和制约。本章包括两个内容：学前教育的社会制约性和学前教育的社会功能，首先从社会子系统的维度阐述了学前教育对社会发展的促进作用，包括学前教育的经济、政治、文化、人口的功能；而后阐述了社会发展对学前教育的制约。

◇【本章思考与练习】

一、选择题（识记）

1.教育对政治经济制度的变化起（　　　）作用。

A.决定　　　　　　B.促进　　　　　　C.加速和延缓　　　D.阻碍

2.学前教育提高劳动力的素质，反映的是学前教育的社会功能中的（　　　）功能。

A.人口　　　　　　B.经济　　　　　　C.政治　　　　　　D.文化

3. 决定学前教育领导权的是（　　　）。

A.生产力　　　　　　　　　　　B.科学技术

C.政治经济制度　　　　　　　　D.文化

4.决定学前教育发展速度与规模的是（　　　）。

A.社会政治　　　　　　　　　　B.社会经济

C.社会文化　　　　　　　　　　D.社会民主程度

5.下列（　　　）因素会影响学前教育目的。

A.经济　　　　　　B.政治　　　　　　C.文化　　　　　　D.人口

6.决定着教育的性质和教育的发展的主要社会因素是（　　　）。

A.经济　　　　　　B.政治　　　　　　C.文化　　　　　　D.人口

7.经济政治作用于教育的中介是（　　　）。

A.语言　　　　　　B.制度　　　　　　C.人口　　　　　　D.文化

8.下列说法错误的是（　　　）。（多项选择题）

A.学前教育对经济发展的影响主要是通过培养人才，提高劳动者的素质实现的。

B.为了不让幼儿输在起跑线上，很多幼儿园都开设了小学课程，这样的学前教育才能为幼儿的小学学习打下基础。

C.学前教育对经济发展的价值主要体现在办园的经济效益上。

D.学前教育要服务于幼儿家长，所以一切工作都要以家长的要求为风向标。

9.英国有宗教传统，其学前教育内容就有宗教课程和活动。这句话说明了（　　　）。（多项选择题）

A.学前教育与政治的关系 　　　　　B.学前教育与文化的关系

C.文化影响学前教育的目标 　　　　D.文化影响学前教育的内容

10.学前教育的发展取决于下列哪些因素？（　　）（多项选择题）

A.经济发展 　　　B.政治 　　　　C.文化 　　　　D.人口

二、简答题（简单运用）

1.简述政治对学前教育的影响。

2.简述经济对学前教育的影响。

3.简述文化对学前教育的影响。

4.简述人口对学前教育的影响。

三、论述题（综合运用）

1.论述影响和制约学前教育的社会因素。

2.论述学前教育的社会功能。

3.请从学前教育功能的角度论述学前教育的重要性。

四、材料分析题（综合运用）

华东师范大学的朱家雄教授在《幼儿园课程改革的文化诉求》中谈道："在幼儿园课程改革中，在我国广大的学前教育理论与实践工作者中，许多人似乎都习惯于认同某种或某些'正确的教育理念'，特别是某种或某些外来的幼儿发展理论，如维果斯基的最近发展区理论、加德纳的多元智能理论，以及时下流行的建构主义理论等，并力图将这些理论贯彻落实到幼儿教育实践中，以为这样就可以搞好幼儿园课程。我认为这是一个认识上的误区。其实，世界上并不存在一种超然的、所有人都必须认同的'正确的教育理念'。换言之，在不同国家、不同文化、不同地域和不同时代的背景下，人们的教育价值取向是不尽相同的。在这种情况下，如果要求所有的人都走同一条路，认定和接受同一种理论，将它看作先进的、正确的理论，恐怕是有问题的，在现实中也是行不通的……在文化交融、交汇的过程中，我们要充分认识到'文化适应性'的问题。在一定意义上，没有最好的课程，只有最适合的课程；没有最好的理论，只有最适合的理论；没有最好的文化，只有最适合的文化。"

请围绕学前教育与文化的关系，谈谈你对上面这段话的理解。

学前教育与儿童发展

■ 学习目标

1.了解儿童身心发展的理论和学前儿童身心发展的一般规律;理解教育和其他因素在儿童发展中的作用。

2.理解学前教育与儿童身心发展之间的相互关系,形成"只有遵循儿童身心发展规律,教育才能促进儿童发展"这一重要观点。

3.理解幼儿园全面发展教育和幼儿德育、智育、体育、美育的含义;掌握各育的目标、内容和途径,能对幼儿园全面发展教育的落实情况正确分析。

4.理解儿童身心发展特点对教育的制约作用,形成学生"尊重儿童发展的客观规律、科学施教"的教育观以及全面发展的教育观。

■ 本章导学/含考纲要点简要说明

本专题包含三个模块,模块一介绍教育对学前儿童发展的促进作用,学习着重理解影响学前儿童身心发展的因素,学前教育对儿童个体的意义,学前教育发挥促进(主导)作用的条件,识记相关的知识点。模块二简述学前儿童发展对教育的制约,学习重点是理解并识记学前儿童发展的一般规律,并能应用相关的理论遵循儿童发展规律,科学施教。模块三介绍了学前儿童的全面发展教育,了解幼儿德、智、体、美等方面全面发展的含义、目标、内容及实施途径。

从历年幼儿园教师资格考试真题及国家职业技能大赛试题来看,本章涉及的重点在于影响学前儿童身心发展的因素、学前儿童发展的一般规律,所涉及的题型包括选择题、简答题和材料分析题,主要侧重于知识的理解运用。

■ **本章思维导图**

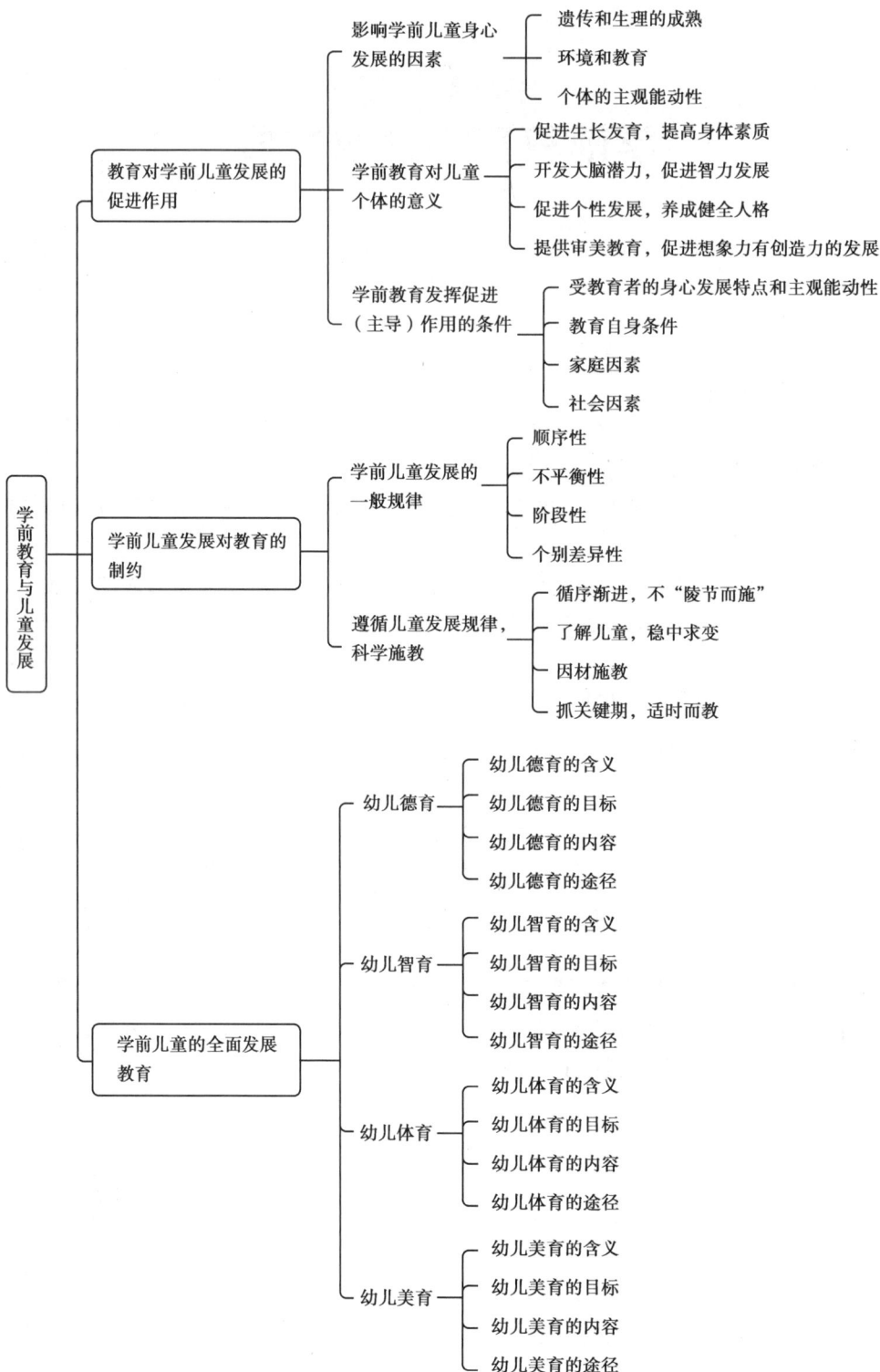

学前教育与儿童发展

├─ 教育对学前儿童发展的促进作用
│   ├─ 影响学前儿童身心发展的因素
│   │   ├─ 遗传和生理的成熟
│   │   ├─ 环境和教育
│   │   └─ 个体的主观能动性
│   ├─ 学前教育对儿童个体的意义
│   │   ├─ 促进生长发育，提高身体素质
│   │   ├─ 开发大脑潜力，促进智力发展
│   │   ├─ 促进个性发展，养成健全人格
│   │   └─ 提供审美教育，促进想象力有创造力的发展
│   └─ 学前教育发挥促进（主导）作用的条件
│   ├─ 受教育者的身心发展特点和主观能动性
│   ├─ 教育自身条件
│   ├─ 家庭因素
│   └─ 社会因素
│
├─ 学前儿童发展对教育的制约
│   ├─ 学前儿童发展的一般规律
│   │   ├─ 顺序性
│   │   ├─ 不平衡性
│   │   ├─ 阶段性
│   │   └─ 个别差异性
│   └─ 遵循儿童发展规律，科学施教
│   ├─ 循序渐进，不"陵节而施"
│   ├─ 了解儿童，稳中求变
│   ├─ 因材施教
│   └─ 抓关键期，适时而教
│
└─ 学前儿童的全面发展教育
    ├─ 幼儿德育
    │   ├─ 幼儿德育的含义
    │   ├─ 幼儿德育的目标
    │   ├─ 幼儿德育的内容
    │   └─ 幼儿德育的途径
    ├─ 幼儿智育
    │   ├─ 幼儿智育的含义
    │   ├─ 幼儿智育的目标
    │   ├─ 幼儿智育的内容
    │   └─ 幼儿智育的途径
    ├─ 幼儿体育
    │   ├─ 幼儿体育的含义
    │   ├─ 幼儿体育的目标
    │   ├─ 幼儿体育的内容
    │   └─ 幼儿体育的途径
    └─ 幼儿美育
        ├─ 幼儿美育的含义
        ├─ 幼儿美育的目标
        ├─ 幼儿美育的内容
        └─ 幼儿美育的途径

知识要点解析

模块一　教育对学前儿童发展的促进作用

一、影响学前儿童身心发展的因素

(一)遗传和生理的成熟

1.遗传素质为儿童的发展提供了物质前提

遗传素质是儿童身心发展的物质前提,人在感知以前,必须有各种感知器官,人们为了思维,必须有特殊组织的物质——脑的存在。不然人就无从感知,无从思维。所以遗传素质为儿童的发展提供了可能性。

2.遗传素质的个别差异为儿童发展的个别差异提供了可能性

正常的儿童都具有人类的遗传素质,但由于不同的个体在高级神经活动类型、感受器官的结构和机能上的遗传素质存在差异,使有的幼儿易于发展成为一个安静的人,有的易于发展成为一个活泼好动的人,有的易于发展成为一个有才能的音乐家,有的则易于发展成为一个优秀的体育运动员。

3.生理成熟在儿童发展中的制约作用

由于遗传素质是不断成熟的,遗传素质的成熟影响着儿童身心发展的过程及阶段。儿童的生理和心理的发展是按照特定的顺序有规则有次序进行的。对于儿童来说,成熟是推动发展的重要动力,没有足够的成熟,就没有真正的发展,脱离了成熟的条件,学习本身并不能推动发展。

▲【真题链接】

(2017年上)生活在不同环境中的同卵双胞胎的智商测试分数很接近,这说明(　　)。

A.遗传和后天环境对儿童的影响是平行的

B.后天环境对智商的影响较大

C.遗传对智商的影响较大

D.遗传和后天环境对智商的影响相当

答案:C。【解析】遗传提供发展人类心理的最基本的自然物质前提,题干中的双胞胎虽然生活的环境不一样,但是智商测试分数很接近,说明遗传对智商的影响较大。

▲【国赛链接】

1.(2021年)格塞尔的双生子爬楼梯的实验说明(　　)在一定程度上制约儿童的心理和行为的发展。

A.遗传素质　　　　B.生理成熟　　　　C.环境和教育　　　　D.实践活动

答案:B。【解析】美国心理学家格塞尔提出"成熟势力说",强调成熟机制对人的身心发展的决定作用,并通过双生子的爬梯实验来证明他的观点。

2.狼孩阿玛拉的经历主要反映了(　　)对儿童心理的影响。

A.遗传素质　　　　B.生理成熟　　　　C.环境　　　　　　D.实践活动

答案:C。【解析】狼孩说明了环境因素对人发展的重要影响。

(二)环境和教育

1.环境使遗传所提供的心理发展的可能变为现实

尽管遗传提供了心理发展的可能性,但如果不生活在社会环境里,这种可能性也不会变成现实。野兽抚养大的孩子虽然具有人类的遗传素质,却不具备人类的正常心理。

2.环境制约个体心理发展的水平和方向

从宏观上来看,社会生产的发展水平影响国民经济生活,影响科学文化和教育水平,从而影响个体心理的发展水平。社会生产越发达,需要掌握的知识越多,教育对个体心理发展的促进作用越明显。

(三)个体的主观能动性

主观能动性又称自觉能动性、意识的能动性,是指个体在认识世界和改造世界中有目的、有计划、积极主动的、有意识的活动能力。儿童的心理是在一定的活动中形成、发展的,并通过活动表现出来。儿童的活动主要是日常生活、游戏及早期的学习与劳动。

二、学前教育对儿童个体的意义

(一)促进生长发育,提高身体素质

幼儿教育根据幼儿生长发育的特点,着眼于幼儿身体素质的提高,合理地安排营养保健和一日生活,科学地组织体育锻炼,培养幼儿良好的生活卫生习惯,增强其对疾病的抵抗能力和对环境变化的适应能力等,帮助幼儿增强体质,健康地成长。

(二)开发大脑潜力,促进智力发展

幼儿期是智力发展的关键时期。研究证明,幼儿期是语言、形状知觉、音感等发展的敏感期,在这一时期施以适宜的教育,将收到事半功倍的效果。幼儿教育的这一功能是人生其他任何阶段的教育都无法取代的。

（三）促进个性发展，养成健全人格

人的个性、性格、思想道德和行为习惯都是在一定的教育影响下逐渐形成和发展起来的。人在幼儿时期受到的教育和影响，常常会在一生中留下印记。而如果在幼儿时期受到良好的教育，就能促进人们形成好的习惯，如爱清洁、懂礼貌、热爱学习、热爱劳动等，形成良好的性格、个性和符合社会要求的行为规范。

（四）提供审美教育，促进想象力、创造力的发展

由于幼儿思维、情感的特点，他们喜欢用形象、声音、色彩、身体动作等来思考和表达。从这一特点出发，幼儿教育以美熏陶、感染幼儿，满足其爱美的天性，萌发其美感和审美情趣，激发他们表现美、创造美的欲望，发展他们艺术的想象力、创造力，促进健全人格的形成。

三、学前教育发挥促进（主导）作用的条件

（一）受教育者的身心发展特点和主观能动性

教育主导作用的发挥受人的主观能动性的制约。人的主观能动性是人发展的直接动力。外在的教育影响只有借助学生的主观能动性这一内因，才能更好地发挥主导作用。

（二）教育的自身条件

教育的自身条件是教育发挥主导作用的基础和前提，它包括物质条件、教师队伍、教育管理等方面。

1.物质条件

它是指校舍、图书资料、教育仪器设备、运动场地及其他设施。充足、配套、先进的物质条件，为教育主导作用的发挥提供了可能性。

2.教师队伍

教师既是教育活动的参与者，又是教育活动的设计者和领导者，在教育活动中居于主导地位。因此，建立一支数量足、结构合理、队伍稳、素质高的教师队伍是教育主导作用发挥的关键因素。

3.教育管理

科学有效的管理是教育主导作用发挥的有力保证。现代学校是一个多层次、多结构、多系列、多因素的有机集合体，是一个复杂系统。只有充分运用管理的决策计划、组织实施、评价总结等环节实行科学的、民主的、现代的、规范的管理，切实做到管理目标明确、管理组织有序、管理过程优化、管理效果最佳，才能充分调动师生员工的积极性、主动性和创造性，使教育资源发挥最大效益。

(三)家庭因素

家庭环境的影响因素归结起来可分为客观因素(即家长的职业、文化程度、家庭结构、经济条件等)和主观因素(即家庭教育方式、家长教育态度、家庭气氛、家长期望等)两类。主观因素是可以人为调节的,客观因素从能动的意义上说,也可以从其他方面得到一定的补偿。教育只有充分认识家庭影响的差异性,并采取一定的有效措施去争取和改善家庭环境的影响,才能充分发挥其主导作用。

(四)社会因素

教育主导作用的发挥还受社会发展状况,如生产力水平、科技发展、社会环境、社会文化传统与民族心态以及公民整体素质等的影响。

1.生产力水平

不同的生产力发展水平既给教育提供了不同力度的物质保障,又向教育提出了不同程度的发展要求,教育主导作用的发挥离不开生产力提供的双重前提。

2.科技发展

科学技术的每一次重大进步,不仅带动着教育内容的改革与更新,而且还推动着教育技术的现代化。教育内容的选择和教育技术利用的状况又直接影响着教育主导作用发挥的程度,影响着教育的质量和效益。

3.社会环境

在和平、民主、开放、发展的社会大环境下,教育的主导作用一般能得到较充分的发挥。当社会面临战乱动荡、经济萧条、政治黑暗、民不聊生的境遇时,教育的主导作用便会削弱甚至丧失。

4.社会文化传统和民族心态

教育只有利用优秀的文化传统,利用积极、健康的民族心态影响学生,才能更好地发挥主导作用。

5.公民整体素质

公民整体素质的高低,直接影响社会的文化氛围。

模块二　学前儿童发展对教育的制约

一、学前儿童发展的一般规律

(一)顺序性

儿童的生理发展和心理发展,都表现出一种相对稳定的次序、序列。例如,儿童身体发展方面,就整体结构而言,其顺序是头部先发展,其次是躯干和四肢的发展。"三翻六坐七滚八爬……"儿童的认知和思维能力的发展,遵循先具体后抽象的顺序。

(二)不平衡性

儿童身心各个方面呈现出不匀速、不均衡的发展状态。一般认为,新生儿期(即出生第一年)与青春期(即 13~16 岁)是儿童身心发展的两个高速发展阶段。就儿童发展的整体而言,生理成熟是先于心理成熟的。

(三)阶段性

又称儿童发展的年龄特征,是指在儿童身心发展的连续性过程中,不同年龄阶段会表现出某些稳定的、共同的典型特点。例如,在学龄前的幼儿阶段,儿童认识事物的能力主要是易于形成与实物相对的、单个的概念。而到了儿童时期,儿童的认识能力已发展到了可以了解和掌握事物间联系的程度,但是这种联系的建立,在一定程度上还要依赖于具体事物的帮助。

(四)个别差异性

儿童发展在具有整体共同特征的前提下, 个体发展的表现形式、内容和水平等方面存在独特之处。例如,同年龄的儿童,在身高方面有明显的高矮之分;同年龄的儿童,也会由于他们各自神经过程灵活性的差别,在学习中表现出注意力的持久性、知觉的广度方面的差异。

▲【真题链接】

(2013 年下)根据幼儿园教育的特点和幼儿身心发展的规律,论述幼儿园为什么不能"小学化"。

答案要点:首先,幼儿园教育有其自身特点。

幼儿园教育是基础教育的重要组成部分,是我国学校教育和终身教育的奠基阶段。城乡各类幼儿园都应该从实际出发,因地制宜地实施素质教育,为幼儿一生的发展打好基础。幼儿园应为幼儿提供健康、丰富的生活与活动环境,满足他们多方面发展的需要,使他们在快乐的童年生活中获得有益于身心发展的经验。

其次,幼儿有其自身的身心发展规律。

(1)顺序性。个体身心发展在整体上具有一定的顺序,身心发展的个别过程和特点的出现也具有一定的顺序。要求教育活动必须遵循循序渐进的原则,无论是知识的学习、能力的培养还是品德的养成,都应该由简入繁、由易到难,由具体到抽象,逐步推进。

(2)阶段性。个体在不同年龄阶段表现出身心发展不同的总体特征及主要矛盾,面临着不同的发展任务,这就是身心发展的阶段性特点,这一特点要求教育要有针对性,对处于不同发展阶段的儿童,要制定不同的教育目标,采取不同的教育方法,有的放矢。

(3)不平衡性。个体身心发展的不平衡性表现在两个方面,一是发展速度的不平衡,在不同年龄阶段的变化发展是不平衡的,二是不同方面的发展具有不平衡性。个体身心的某些方面在较早的年龄就已达到较高的发展水平,而有一些方面则需要到较晚的年龄阶段才能达到成熟的水平。这一特点要求教育活动要分析个体各方面发展的最佳时期,"对症下药",才能取得最好的教育效果。

因此,"小学化"倾向不利于幼儿未来的学习,严重干扰了小学正常秩序的开展,不利于幼儿身心的发展,不利于幼儿的全面发展。

二、遵循儿童发展规律,科学施教

(一)循序渐进,不"陵节而施"

儿童的发展总体来讲是按照一定的顺序进行的,教育工作者应按照儿童发展的序列进行施教,做到循序渐进,"拔苗助长""陵节而施"都是有违身心发展顺序性规律的。

(二)了解儿童,稳中求变

儿童在不同的年龄阶段有不同的身心特点,教育要遵照儿童不同发展阶段的身心特点,教育内容、教育方法要依据儿童的身心特点进行适当调整。

(三)因材施教

儿童发展具有个体差异性,教育必须因材施教,充分发挥每个儿童的潜能和积极因素,有的放矢地进行教学,使每个儿童都得到最大的发展。

▲【真题链接】

(2013年上)某教师针对不同发展水平的幼儿提供了不同难度的操作材料,这遵循了( )。

A.活动性原则   B.直观性原则

C.整体性原则   D.因材施教原则

答案:D。【解析】儿童发展具有个体差异性,教育必须因材施教,充分发挥每个儿童的潜能和积极因素,有的放矢地进行教学,使每个儿童都得到最大的发展。针对不同发展水平的幼儿提供不同难度的操作材料,遵循了因材施教原则。

(四)抓关键期,适时而教

不同儿童的发展在总体一致的基础上又有各自的特殊性,同一儿童在发展的不同阶段也有不同的发展特点。

比如1~2岁及青春期是儿童快速发展的时期,儿童身心的发展速度要远高于其他时期。教育要遵循儿童身心发展的不均衡性,要适时而教,即要在儿童发展的关键期或最佳期因时施教。

模块三 学前儿童的全面发展教育

一、幼儿德育

(一)幼儿德育的含义

德育就其内容来说,包括政治教育、思想教育和道德品质教育。幼儿德育主要是指道德品质教育。幼儿德育是发展幼儿社会性、培养幼儿道德品质的教育活动。

(二)幼儿德育的目标

幼儿园品德教育应以情感教育和行为习惯培养为主要目标。也就是说,教师应通过各种教育活动,使幼儿在思想、行为、品德等方面受到教育和影响,培养幼儿基本的道德观念和社会责任意识,使其建构和提升自己的价值理解、情感体验和品德行为,养成自觉遵守社会公德和行为规范的良好品质与行为习惯。

(三)幼儿德育的内容

广义的德育教育包括爱国主义教育、理想主义教育、集体主义教育、人道主义教育、社会公德教育、劳动教育、自觉纪律教育、民主与法治观念教育、科学的世界观和人生观教育等几个方面的内容。幼儿德育的内容具体体现在以下几个方面:

1.培养幼儿的文明行为

培养幼儿待人热情礼貌,能主动、有礼貌地称呼人和正确使用礼貌用语,如"请您""早""好""谢谢""对不起""没关系";当别人对自己讲话时要注意倾听,并能有礼貌地回答别人的问题;别人说话时不要随便打断,不乱插嘴,富有同情心;遵守本班和幼儿园以及公共场所的各项规则和纪律;爱清洁,讲卫生,保持环境整洁有序,不随地吐痰和乱扔果皮;不乱折花草,不到处乱涂乱抹,不随便拿别人的东西。

2.培养幼儿对同伴友爱互助

培养幼儿能和小朋友愉快地在一起生活,有和同伴交往的能力,友好地相处,爱自己的同伴,说话和气,不打人、不骂人。在游戏和日常生活中做到友爱、互助、互相谦让,不争夺、不独占玩具和图片等,关心同伴,愿意帮助同伴做事,能帮助有困难的同伴。初步学会评价自己和别人的行为,愿意学习同伴的优点,不讥笑别人的缺点或缺陷;自己有了进步不骄傲,愿意克服缺点。学习同伴好的行为,不学、不模仿不良的行为。意见不同时,要讲道理,不动手、不争吵,逐步学会自己解决彼此间的纠纷,不欺负同伴。

3.培养幼儿爱父母、爱老师、爱幼儿园

培养幼儿爱父母。知道有好吃的东西与父母分享;帮助父母做些力所能及的家务

事,比如擦桌椅等;知道当父母和家人在学习、做事和休息时,不要去影响他们。向幼儿讲述父母的职业,使他们初步了解父母工作的意义,培养幼儿尊敬父母,使他们愿意听父母的话。

培养幼儿爱老师。教师通过日常与幼儿的直接交往,关心、了解和爱护班上的每一个幼儿,培养幼儿对教师的情感。让幼儿具体知道教师工作的一些内容及其意义,进一步培养幼儿关心和尊重老师,使他们愿意接受老师的教育。

培养幼儿爱幼儿园。幼儿刚从家庭进入幼儿园时,对他们而言是一种重大的生活转变,教师要关心、爱护每个幼儿,通过实施一系列的教育,使幼儿逐步适应幼儿园的新环境。教师组织起良好的班集体,有秩序的生活制度,有趣的活动内容,要有愉快、友好、轻松的气氛,使幼儿喜欢参加班上的活动,喜欢上幼儿园,爱幼儿园,并在这一过程中,逐步培养幼儿爱集体的思想。

4.培养幼儿爱劳动、爱劳动人民

组织幼儿认识劳动和幼儿常接近的一些劳动者,是培养幼儿爱劳动和尊敬劳动人民的重要途径。开始时先向幼儿介绍他们生活中最熟悉的、与其生活有最直接关系的劳动,以后再逐渐扩大认识劳动的范围。

5.培养幼儿诚实、勇敢的品质

诚实的品质必须从小开始培养。对幼儿合理的愿望与要求,教师应给予满足或者满意的答复,过分严格限制,容易造成幼儿说谎。应经常了解幼儿情况,对某些问题进行仔细调查。

6.培养幼儿初步热爱祖国的情感

培养幼儿初步热爱祖国的情感,主要是要培养幼儿热爱周围生活、热爱人民的情感。培养幼儿热爱周围生活,由近及远,逐步扩大范围。比如,爱家庭、爱幼儿园、爱自己的家乡、爱祖国首都。培养幼儿热爱祖国美好的大自然和丰富多彩的社会生活。

7.培养幼儿活泼、主动、开朗的性格

幼儿积极愉快的情绪与活泼开朗的性格和健康的身体有着十分密切的联系。因此,要关怀和保证幼儿的健康,为幼儿创设合理的生活制度,保证充足的睡眠,安排适当的体育活动和游戏等,这些对幼儿的身心健康和神经系统的健康发展是非常重要的。

(四)幼儿德育的途径

为实现德育的任务,并取得良好的效果,还需要研究和选择正确的德育方法,为幼儿更好地接受德育创造条件。

1.范例法

范例法是以别人的好思想、好行为来影响幼儿的一种教育方法。幼儿园常用的范例是故事中拟人化的形象,或者真人真事。幼儿掌握行为准则是从模仿周围人们的行为和听到人们对行为的评价开始的。幼儿好模仿,但常从兴趣出发,往往带有很大的盲目性,教师必须为幼儿选择和确立积极的范例。

2.说服法

说服法是通过讲解、谈话、讨论等方式向幼儿讲清一些简单的道理,帮助幼儿分清是非、辨别好坏,使幼儿具有正确的道德观念,并能用这些道德观念来指导自己的行动的一种方法。说服是正面引导原则的具体体现。说服的方式,一种是讲解,即结合具体事例,以简明、生动、形象的语言,向幼儿讲清道理,进而掌握正确的行为标准。第二种是谈话,即以师生对话的形式,针对幼儿品德教育的具体问题,诱导幼儿自己得出结论的一种教育方式。

3.行为评价法

行为评价法是指对幼儿道德行为表现给予评价的一种方法。这是幼儿德育的一种辅助方法,它能起到控制幼儿品德发展方向的作用。行为评价的方式有表扬与奖励,批评与惩罚。表扬与奖励是对幼儿良好的道德行为表现的肯定。通过表扬与奖励能使幼儿明白自己的优点和长处,并使优点和长处得到巩固和发扬。

4.陶冶教育法

陶冶教育法是自觉地运用环境条件、生活气质及教育者自身的言行举止等教育因素,对受教育者进行积极影响的方法。

二、幼儿智育

(一)幼儿智育的含义

智育是全面发展教育的组成部分,是有目的、有计划地使受教育者掌握系统的科学基础知识和基本技能,促进受教育者智力发展的教育。幼儿智育是依据幼儿认知的特点,促使幼儿学习粗浅的知识和技能,发展幼儿智力,培养幼儿良好学习习惯和求知兴趣的教育活动。

(二)幼儿智育的目标

幼儿智育的目标是培养幼儿的学习兴趣,培养幼儿正确运用多种感官的能力、运用语言交往的基本能力以及初步的动手能力。

(三)幼儿智育的内容

1.发展幼儿的智力

发展幼儿智力的内容包括:促进幼儿认知能力的发展,如发展幼儿的感知觉、观察能力、语言能力、思维能力、想象能力和创造能力等;培养幼儿良好的智力品质,如思维活动的速度、灵活性,观察事物的准确性、敏锐性等;帮助幼儿尝试使用智力活动的方法和技能,如观察事物或现象的方法、分析解决问题的方法、操作的方法和技能等。

2.引导幼儿获得粗浅的知识

幼儿学习的知识包括与他们生活密切相关的生活常识、社会常识、自然常识以及幼儿能够理解的科学技术知识、与国家政治有关的初步知识等。

3.培养幼儿的求知兴趣和欲望以及良好的学习习惯

好奇心是幼儿求知兴趣和欲望的最初表现,保护幼儿的好奇心,将之进一步发展为学习兴趣和欲望是幼儿智育的重要内容。学习兴趣是幼儿获得知识、发展智力以及今后继续学习的重要条件,它包括幼儿学习时能否集中注意力,能否积极克服困难、能否爱护文具、能否认真完成学习任务等。

(四)幼儿智育的途径

1.组织多种形式的智育活动,发展幼儿智力

幼儿园的教育活动是发展幼儿智力的有效途径。幼儿亲自动手、动脑的实践活动是进行智育的主要途径。作业课的教授方式虽然能传授给幼儿不少知识,但是,由于幼儿对语言的理解有限,又是间接知识,所以较难被幼儿掌握。因此,上课应与幼儿动手操作活动相结合,尽量游戏化,防止教师"满堂灌",以提高效率。幼儿园不宜以上课作为智育的主要手段。此外,日常生活活动也是对幼儿实施智育的重要途径。

2.创设宽松、自由的环境,让幼儿自主活动

幼儿智力的发展与环境关系密切。只有在一个宽松、自由的环境里,幼儿才能够自由思考,自由活动,自由表达自己的意见和要求,自由地想象和创造,从而自己选择、自己探索,智力才能得到发展。在一个压抑的环境里,幼儿只是被动地接受知识,被动地进行活动,他们将失去学习的兴趣和欲望,丧失自信心,懒于思考,变得唯唯诺诺,不能发展自己的能力。

三、幼儿体育

(一)幼儿体育的含义

体育是促进人的身体健康成长和增强体质的教育。体育对年轻一代有着重要意义,强壮的体魄、健康的身体是学习、工作的物质基础。幼儿体育是遵循幼儿身体生长发育规律,以增强体质、提高健康水平为目的所进行的一系列教育活动。

(二)幼儿体育的目标

促进幼儿身体正常发育和机能协调发展,增强体质,增进健康,培养良好的生活、卫生习惯和参加体育活动的兴趣。

(三)幼儿体育的内容

(1)促进幼儿健康成长。在锻炼幼儿身体的同时,做好卫生保健工作。
(2)发展幼儿的基本动作,包括走、跑、跳、攀登等基本技能。
(3)培养幼儿良好的生活、卫生习惯。培养幼儿合理严格的保健制度。

（4）增强幼儿的自我保护意识。针对幼儿自我保护意识差，进行相应的安全知识教育。

(四)幼儿体育的途径

1.为幼儿创设良好的生活环境，科学护理幼儿的生活

良好的生活条件，对幼儿科学、精心的护理是幼儿健康发展的必要条件。幼儿园应充分利用现有的经济条件，因地制宜，为幼儿的健康成长创设良好的物理和心理环境。

2.精心组织各项体育活动，提高幼儿健康水平

体育活动是幼儿体育的重要组成部分。体育活动形式多样，主要有广播体操、体育课、体育游戏、户内户外体育活动等。幼儿园要重视各种体育活动，特别是户外体育活动，每天应保证幼儿至少有2小时的户外体育活动时间。

四、幼儿美育

(一)幼儿美育的含义

幼儿美育是美育的一部分，它是根据幼儿身心特点，利用美的事物和丰富的审美活动来培养幼儿感受美、表现美的情趣和能力的教育。

(二)幼儿美育的目标

1.培养幼儿的审美情感

给幼儿提供美的事物，让他们能够理解美的形式所包含的意义，就能激发他们的情感体验，让他们从直觉开始，产生最初的审美情感，并将此情感一直贯穿于整个审美活动过程中。

2.培养幼儿的审美感知

培养幼儿的审美感知，就是积极引导幼儿去亲身感受和体验现实生活和周围自然环境中的美，使其对美变得敏感起来，能在平常的事物中、生活中发现美、感受美。

3.培养幼儿的审美想象力和创造力

幼儿在感受美的基础上，在情感的驱动下，产生表现美的欲望和行动。幼儿表现美的核心是幼儿的想象力和创造力，即幼儿以自己的方式、带有自己的特点，表现自己对美的独特体验和理解，创造出新的形象、新的想法。

▲【国赛链接】

（2021年）幼儿美育的主要目标是（　　）。

A.培养幼儿初步感受美和表现美的情趣和能力

B.培养幼儿美术方面的技能和技艺

C.培养幼儿欣赏美的能力

D.培养幼儿创造美的能力

答案:A。【解析】幼儿美育是美育的一部分,它是根据幼儿身心特点,利用美的事物和丰富的审美活动来培养幼儿感受美、表现美的情趣和能力的教育。

(三)幼儿美育的内容

1.教授幼儿关于音乐、舞蹈、美术、文学等方面的粗浅知识和技能。

2.培养幼儿对艺术的兴趣。

3.初步发展幼儿对周围生活、大自然、文学、艺术美的感受力、表现力和创造力。

(四)幼儿美育的途径

1.艺术教育是对幼儿进行美育的主要内容

在幼儿美育内容中,艺术教育居于主要地位。艺术美以它的直观性、鲜明性和富于表现力,使幼儿易于接受,引起情感上的共鸣,对发展幼儿审美能力有极其重要的作用。通过艺术教育还可以使幼儿更深刻地认识现实、陶冶情操、发展智力。

2.大自然是对幼儿进行美育的丰富源泉

自然界的美是真实的美,它具有具体、直观、生动、形象的特点,很容易被幼儿感知。自然界蕴藏的美又是绚丽多彩的,不仅表现为美丽的画面,而且有悦耳的声响、诱人的馨香,大自然本身就是动态美和静态美的统一,形、声、色、味的结合,能形成幼儿的各种美感。

3.社会生活是对幼儿进行美育的广阔天地

(1)创设并利用美的生活环境

幼儿的审美情趣是在环境的影响下逐步形成的。美好的环境可以给幼儿以最经常和持久的美的享受,使幼儿在潜移默化中形成健康的审美情趣。因此,为幼儿提供美的环境,是美育最基本的内容之一。

(2)利用社会生活中的美好事物

社会生活是以人的活动为中心的。社会主义现实生活到处充满着美好的事物,要选择其中能为幼儿所理解的事物,引导幼儿去认识、去感受,从而培养幼儿对社会生活中美的感受力、鉴别力,激发幼儿对美好生活的热爱和追求。

(3)教育幼儿注意仪表美、行为美、语言美

幼儿期是人的行为习惯初步形成的时期,应当把培养他们文明的举止、有教养的行为作为美育的内容;同时,要引导他们在与周围人的接触中学会分辨人们行为的美与丑,培养他们举止大方、尊重别人、谦逊有礼、爱清洁讲卫生、友好热情、姿态端庄等美的行为习惯。

▲【真题链接】

(2018年下)简述幼儿园美育的意义。

答案要点:(1)对幼儿个体发展的意义

①美育通过艺术形象的魅力潜移默化地感染和熏陶幼儿的心灵,使幼儿在感受美的同时,发展积极向上的精神和活泼开朗的性格,产生美好的情感和情绪体验。

②美育帮助幼儿开阔视野、增长知识、发展智力。幼儿在艺术活动中,实现着内在的认识活动、情感和外在表现活动的统一。

③美育通过艺术活动,帮助幼儿借助形象化的方式认识世界,弥补了用语言和判断推理的方式进行学习的不足之处,有利于促进幼儿大脑左右半球的均衡发展。

(2)对社会的意义

①美育是培养人的精神面貌的总体系中的一部分,人的高尚的道德情操和道德行为与对美的追求常常是统一在一起的,美育是建立一个文明、美好的社会不可缺少的部分。

②对幼儿实施美育,促进幼儿形成健全的人格,这就为提高全民族的素质打下了基础,因此,幼儿美育是社会精神文明建设的组成部分。

◇【本章小结】

学前教育是一种社会实践活动,其实践对象是学龄前儿童,其科学依据则是儿童生理、心理发育和发展的规律。其中,学前教育与儿童发展之间的规律性关系,就是学前教育学首先要面对的一个基本问题。学前教育与儿童发展之间存在一个相当复杂的相互依赖、相互制约的、动态的互动过程。儿童在生理或心理发展上的进步,既是以往学前教育实践活动的结果,也为更进一步的学前教育活动提供了前提条件。简言之,学前教育工作者只有在了解了儿童身心发展的特点之后,才可能选择最适当的教育方法,对儿童进行有的放矢的教育,而适当的教育又可以进一步地促进儿童身心的发展。

◇【本章思考与练习】

一、单项选择题(识记)

1."揠苗助长"违背了人的身心发展的(　　　)。

    A.阶段性　　　　　　B.顺序性　　　　　　C.不均衡性　　　　　　D.差异性

2."因材施教"的教育原则依据的是人的身心发展的(　　　)。

    A.阶段性　　　　　　B.个别差异性　　　　　C.顺序性　　　　　　D.不均衡性

3.儿童身心发展有高速发展期,某一时期特别迅速而其他阶段相对平稳,这一现象体现了儿童身心发展的(　　　)特征。

    A.不平衡性　　　　　　　　　　　　B.顺序性

    C.阶段性　　　　　　　　　　　　　D.个别差异性

4.心理学家提出了发展的关键期或最佳期的概念,其依据是身心发展的(　　　)。

    A.顺序性　　　　　　B.阶段性　　　　　　C.不平衡性　　　　　　D.互补性

5.个体在不同的年龄阶段表现出身心发展不同的总体特征及主要矛盾,面临着不同的发展任务,这就是身心发展的(　　　)。

    A.顺序性　　　　　　B.不平衡性　　　　　　C.互补性　　　　　　D.阶段性

6.适合幼儿发展的内涵是指(　　　)。

    A.追随幼儿的发展　　　　　　　　　　B.适合幼儿发展规律与特点

    C.任其自由发展　　　　　　　　　　　D.跟随幼儿的发展

7.当今社会的教育,有进一步将对青少年儿童的教育"成人化"的趋势,这一现象违背了个体身心发展的(　　　)的规律。

    A.顺序性　　　　　　B.不平衡性　　　　　　C.阶段性　　　　　　D.个别差异性

8.下列说法不正确的有(　　　)。

    A.皮亚杰提出了早期经验与智力发展的科学假设

    B.4~5岁是幼儿开始学习书面语言的关键期

    C.学前教育有利于幼儿社会性的发展

    D.动作和运动在幼儿早期发展与教育中具有重要作用

9.我国的幼儿园通常不要求在学前阶段教育幼儿学习写字,这是遵循了学前教育的(　　　)原则。

    A.顺序性　　　　　　B.不平衡性　　　　　　C.阶段性　　　　　　D.个别差异性

10."玉不琢,不成器"说的是(　　　)对心理发展的作用。

    A.遗传因素　　　　　　　　　　　　　B.自然环境

    C.社会环境和教育　　　　　　　　　　D.生理成熟

11."给我一打健全的儿童,我可以用特殊的方法任意地加以改变,或者使他们成为医生、律师或者使他们成为乞丐和盗贼。"这种片面的观点突出强调的是(　　　)对儿童心理发展的作用。

    A.遗传因素　　　　B.生理成熟　　　　C.环境和教育　　　　D.先天因素

12.有的儿童3岁就能很好地辨别左右方位,而有的儿童直到6岁才能正确辨别出左右方位,这说明不同儿童之间(　　　)。

    A.是有智力超常和弱智之分的

    B.有的儿童的某些心理能够发展,有的儿童则不能

    C.在发展速度上存在个别差异

    D.心理水平存在本质的不同

13.遗传素质对儿童心理发展的作用是(　　　)。

    A.物质前提　　　　B.决定　　　　　　C.主导　　　　　　D.后天影响

14.格塞尔的"成熟势力学说"倡导(　　　)。

    A.先天决定论　　　　B.遗传决定论　　　　C.后天决定论　　　　D.环境决定论

15.儿童个体发展遵循(　　　)。

    A.从脚到头的顺序　　　　　　　　　　B.由特殊到一般的过程

    C.从复杂到简单的过程　　　　　　　　D.由一般到特殊的过程

16."揠苗助长"违背了人身心发展的(　　　)。

　　A.阶段性　　　　　B.顺序性　　　　　C.不均衡性　　　　D.差异性

17.儿童身心发展有两个高速发展期:新生儿与青春期,这是身心发展(　　　)的反映。

　　A.顺序性　　　　　B.不平衡性　　　　C.阶段性　　　　　D.个别差异性

18."因材施教"的教育原则是根据人身心发展的(　　　)提出来的。

　　A.分化与互补的协调性　　　　　　　B.阶段性

　　C.不平衡性　　　　　　　　　　　　D.个别差异性

19.(　　　)是指遗传的生物特征,即天生的解剖生理特点,如身体的构造、形态、感官器官和神经系统的特征等。

　　A.遗传　　　　　　B.遗传素质　　　　C.生理成熟　　　　D.生理特征

20."南人善泳,北人善骑"主要说明了(　　　)对发展的影响。

　　A.遗传因素　　　　B.环境　　　　　　C.生理成熟　　　　D.先天因素

二、简答题(简单运用)

1.简述幼儿身心发展规律为学前教育提供了哪些科学基础?

2.幼儿德育包括哪些内容,简述实施幼儿德育的途径。

3.幼儿智育包括哪些内容,简述实施幼儿智育的途径。

4.幼儿体育包括哪些内容,简述实施幼儿体育的途径。

5.幼儿美育包括哪些内容,简述实施幼儿美育的途径。

三、论述题(综合运用)

1.论述如何结合学前儿童发展的一般规律进行科学施教。

2.论述影响学前儿童身心发展的因素。

四、案例分析题(综合运用)

　　一个幼儿早上来园,看见班里的图书角书籍凌乱,就动手收拾整齐;一会儿又去把小凳子排好。教师知道后,将这个幼儿的事迹画出来,让全班幼儿猜猜这是谁。小朋友们猜到后,纷纷为这个幼儿鼓掌。做好事的幼儿心里很高兴、很自豪,脸上红扑扑的。其他幼儿也抢着为集体做好事了。

　　请问:教师使用的是什么教育方法? 这种方法对幼儿的品德教育有什么积极意义?

幼儿园教育目标、任务和原则

■ 学习目标

1.理解教育目的和教育目标的重要性,识记、理解我国的教育目的与幼儿园教育的目标,树立坚定的幼儿园教育目标观。

2.理解我国幼儿园教育目标的结构,能层层分解幼儿园教育目标。

3.识记和理解幼儿园的双重任务。

4.识记理解并运用幼儿园教育原则来分析幼儿教育的现状和问题。

■ 本章导学/含考纲要点简要说明

本专题包含三个模块,模块一介绍幼儿园教育目标的内涵、幼儿园教育目标确定的依据和结构,制定幼儿园具体教育目标的基本要求,识记相关的知识点。模块二简述幼儿园的任务及新时期幼儿园任务的特点。模块三介绍了幼儿园教师在教育活动中必须遵循的教育原则,即幼儿园教育一般教育原则和特殊原则。

从历年幼儿园教师资格考试真题及国家职业技能大赛试题来看,本章涉及的知识包括幼儿园教育的目标、任务和教育原则,其中幼儿园教育的原则为常考知识点。在历年的考试中,这部分内容多以简答题的形式出题考查。考生在复习时需要在理解的基础上记忆幼儿园教育的原则。

■ 本章思维导图

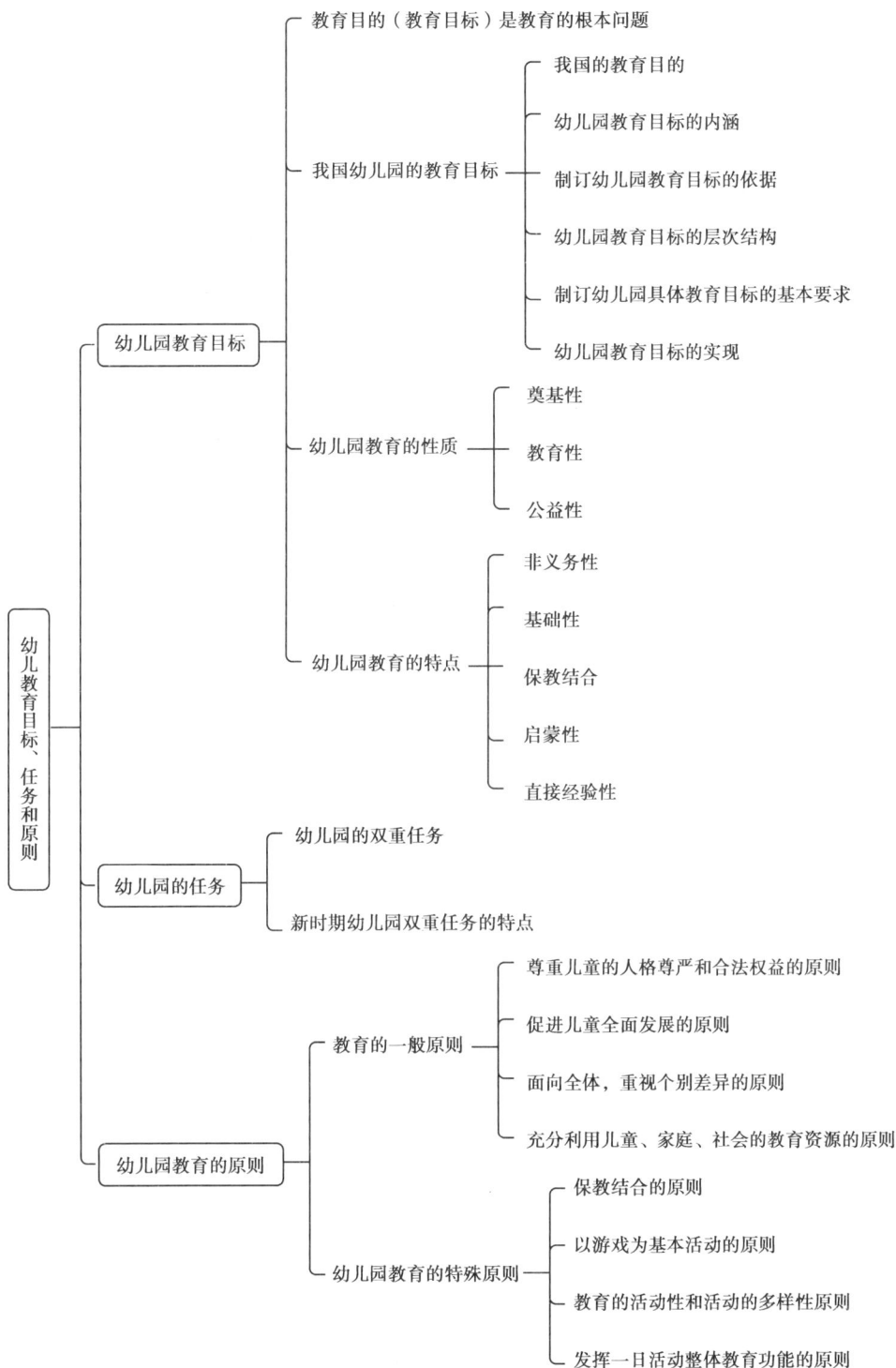

```
                              ┌─ 教育目的（教育目标）是教育的根本问题
                              │                        ┌─ 我国的教育目的
                              │                        ├─ 幼儿园教育目标的内涵
                              │                        ├─ 制订幼儿园教育目标的依据
                              ├─ 我国幼儿园的教育目标 ──┤
                              │                        ├─ 幼儿园教育目标的层次结构
                              │                        ├─ 制订幼儿园具体教育目标的基本要求
              ┌─ 幼儿园教育目标 ┤                        └─ 幼儿园教育目标的实现
              │               │                        ┌─ 奠基性
              │               ├─ 幼儿园教育的性质 ──────┼─ 教育性
              │               │                        └─ 公益性
              │               │                        ┌─ 非义务性
              │               │                        ├─ 基础性
              │               └─ 幼儿园教育的特点 ──────┼─ 保教结合
 幼儿教育目标、│                                        ├─ 启蒙性
 任务和原则 ───┤                                        └─ 直接经验性
              │               ┌─ 幼儿园的双重任务
              ├─ 幼儿园的任务 ──┤
              │               └─ 新时期幼儿园双重任务的特点
              │                                        ┌─ 尊重儿童的人格尊严和合法权益的原则
              │                 ┌─ 教育的一般原则 ─────┼─ 促进儿童全面发展的原则
              │                 │                      ├─ 面向全体，重视个别差异的原则
              └─ 幼儿园教育的原则 ┤                      └─ 充分利用儿童、家庭、社会的教育资源的原则
                                │                      ┌─ 保教结合的原则
                                │                      ├─ 以游戏为基本活动的原则
                                └─ 幼儿园教育的特殊原则 ─┼─ 教育的活动性和活动的多样性原则
                                                       └─ 发挥一日活动整体教育功能的原则
```

知识要点解析

模块一　幼儿园教育目标

一、教育目的（教育目标）是教育的根本问题

教育目的是一个国家或民族对培养人才的质量和规格的总体要求，它是教育活动的出发点和归宿。教育目的具有"**导向功能**"和"**定向功能**"，指引着教育过程的方向，使教育行为成为有意义、有秩序的活动，避免或矫正教育行为的盲目性和机械性。此外，教育目的还具有"**评价功能**"和"**激励功能**"。只有目的明确，才能做好教育工作。

学习目的应该是教育目的（目标）在学生身上的体现，但学生对教育目的（目标）的认识和理解不同，学习目的的明确程度就有差异，也导致不同的学习效果。

二、我国幼儿园的教育目标

（一）我国的教育目的

我国教育目的的各种表述。1995 年，《中华人民共和国教育法》规定，我国的教育目的是：教育必须为社会主义现代化建设服务，必须与生产劳动相结合，培养德、智、体等方面全面发展的社会主义事业的建设者和接班人。这一教育目的确定了我国社会主义初级阶段教育对象的发展方向。2015 年，《中华人民共和国教育法》规定，教育必须为社会主义现代化建设服务，为人民服务，必须与生产劳动和社会实践相结合，培养德、智、体、美等全面发展的社会主义事业的建设者和接班人。

（二）幼儿园教育目标的内涵

教育目的是国家对教育事业培养人的总体的质量要求，但由于社会所需要的人是多层次、多规格的，教育对象的身心发展水平不同且各有特点，所以国家对各级各类教育提出了特殊的具体的要求，即各级各类教育的目标。

幼儿园教育目标是教育目的在幼儿园教育这一阶段的具体化，是国家对幼儿园提出的培养人的规格和要求，是全国各类型幼儿教育机构统一的指导思想。

我国幼儿园教育的**目标是对幼儿实施体、智、德、美等方面全面发展的教育，促进其身心和谐发展**。这一目标是确定幼儿园教育任务，评估幼儿园教育质量的根本依据，国家通过这一目标对全国幼儿园教育进行领导和调控。

《幼儿园工作规程》第一章第五条对幼儿园体、智、德、美各方面教育的具体目标作了

详细规定。具体是:

促进幼儿身体正常发育和机能的协调发展,增强体质,促进心理健康,培养良好的生活习惯、卫生习惯和参加体育活动的兴趣。

发展幼儿智力,培养正确运用感官和运用语言交往的基本能力,增进其对环境的认识,培养有益的兴趣和求知欲望,培养初步的动手探究能力。

萌发幼儿爱祖国、爱家乡、爱集体、爱劳动、爱科学的情感,培养诚实、自信、友爱、勇敢、勤学、好问、爱护公物、克服困难、讲礼貌、守纪律等良好的品德行为和习惯,以及活泼开朗的性格。

培养幼儿初步感受美和表现美的情趣和能力。

(三)制订幼儿园教育目标的依据

1.依据我国的教育目的

我国的教育目的是培养德、智、体等方面全面发展的社会主义事业的建设者和接班人,幼儿园教育目标是根据我国的教育目的,结合学前教育的性质和任务确定的。幼儿园教育的目标是培养全面发展的儿童。幼儿园教育目标作为教育目的的具体体现,在充分反映教育目的基本精神的基础上,体现儿童身心发展的特点与可能性。因此,幼儿园教育目标将"体"放在了第一位,着重强调身体发展在儿童全面发展中的重要作用。

2.社会发展的客观要求

幼儿园教育具有社会属性。教育是要把人类历史积累的知识、经验、技术等有计划、有组织、有目的地传播到下一代,培育为社会服务的人。同时,不同的社会、不同的阶级或社会集团,会按照自身的利益和需要来规定培育新一代人的方向。这些阶级所制定的教育任务必须适应社会发展的需求。

3.依据幼儿身心发展规律及其需求

全面促进幼儿素质和谐发展是幼儿教育的中心任务。发展包括身体和心理两个方面,二者必须协调发展。这种身心发展的规律性既是持续的,又是阶段性的。任何违背幼儿身心发展规律,提出太高、过难或太低、过易的教育要求,都不会达到发展潜能的目的。

(四)幼儿园教育目标的层次结构

国家对幼儿园教育目标作了宏观的表述。要实现这一宏观目标,必须将它作层层分解,逐步转化为低一层次的、可操作的具体目标,才能成为教师制订活动计划的有效依据,并通过各种活动,落实到幼儿的发展上,目标的层层分解就形成了幼儿园教育目标的金字塔结构。这一结构从上到下由如下几个层次构成:

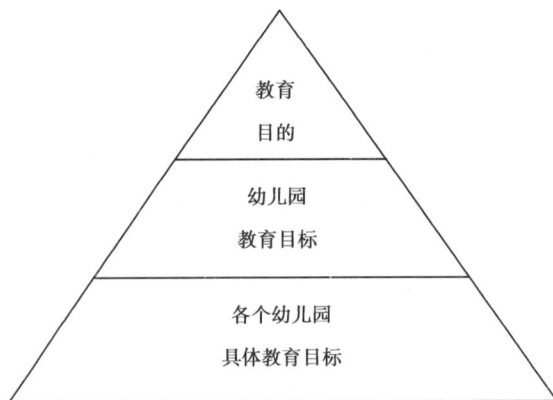

- **教育目的**。它是我国各级各类教育的总目标,是金字塔的顶端。
- **幼儿园教育目标**,即幼儿教育阶段目标。《幼儿园工作规程》所表述的幼儿园保育、教育目标就属于这一层次。
- **各个幼儿园具体教育目标**。幼儿园的具体教育目标是每个幼儿园根据国家对幼儿教育的要求,结合本园的具体情况制定的。它体现了国家对幼儿园教育的一般要求,又具有本园的特色。

(五)制订幼儿园具体教育目标的基本要求

1.教育目标分解的方法要恰当

制订幼儿园具体教育目标的过程,实际上是将国家的教育目的、幼儿园教育目标层层分解,逐步具体化,并落实在幼儿发展的过程中。第三层次的具体教育目标如何确定,各个幼儿园可以根据实际情况,采用不同的分解方法。

如果按时间的范围划分,那么,幼儿园具体教育目标可分为四个层次:

第一层次:每一学年的教育目标;

第二层次:学期教育目标;

第三层次:一个月或一周的教育目标,也可以是单元活动目标,"单元"可以是主题活动单元,也可以是教材单元;

第四层次:幼儿园一日活动、一个活动的教育目标。

如果从教育目标指导的范围来划分,则幼儿园具体教育目标可以划分为这样四个层次:

第一层次:指导本园的教育目标;

第二层次:指导一个班级的教育目标;

第三层次:指导不同活动组的教育目标;

第四层次:指导每个个体的教育目标,即根据每个幼儿发展情况确定目标。

这几个由抽象到具体、由统一到多样的层次组成了幼儿园教育目标的阶梯式结构。

```
                    ┌─────────────────┐
                    │    教育目的      │
                ┌───┴─────────────────┴───┐
                │    幼儿园教育目标         │
            ┌───┴──────────┬──────────────┴───┐
            │  幼儿期       │  各级各类幼儿园    │
            │  教育目标     │  教育目标          │
        ┌───┴──────────────┼──────────────────┴───┐
        │   各年龄段         │   一个幼儿园           │
        │   教育目标         │   教育目标             │
    ┌───┴──────────────────┼──────────────────────┴───┐
    │   学期教育目标          │   一个班级               │
    │                       │   教育目标               │
┌───┴───────────────────────┼──────────────────────────┴───┐
│   一月、一周              │   不同活动组                  │
│   （单元活动）            │   教育目标                    │
│   教育目标                │                              │
┌┴───────────────────────────┼───────────────────────────────┴┐
│   一日（一个）            │   每个幼儿个体                   │
│   活动的教育目标          │   教育目标                       │
└───────────────────────────┴────────────────────────────────┘
```

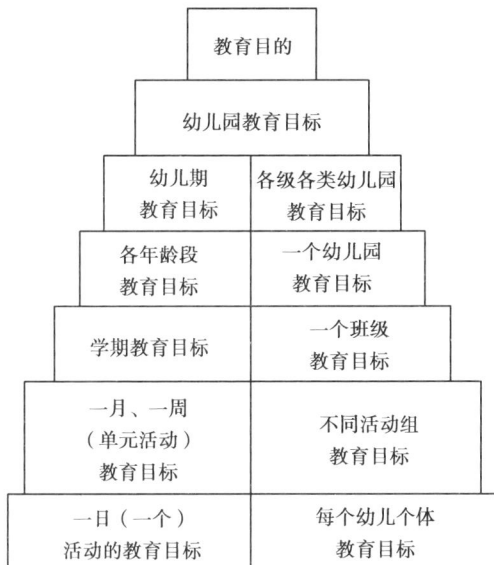

从上图可以看出,最上面两个层次基本上是固定的,下面的层次,根据每个幼儿园对目标的分解方法不同而不同。由上往下看,最高层次的教育目标体现了社会的要求,之后每一层目标都是上一层目标的具体化,最后转化为促进每个幼儿发展的可操作的具体教育目标。由下往上看,每一层次的目标都是受上一层目标制约的,各层次的目标由低到高,共同构成一个达到总目标的阶梯。

2.教育目标涵盖要全面

将幼儿园的教育目标层层具体化的过程,实际上也是一个将教育目标的内容逐步具体化的过程。教育目标内容的涵盖面一定要全面,即<u>包括幼儿全面发展的各个方面和每个方面的全部内容</u>。

3.教育目标要有连续性和一致性

教育目标的实现是一个长期的过程,它由若干不同的阶段来完成。每个阶段性目标之间要互相衔接,体现幼儿身心发展的渐进性和连续性;同时,下层目标与上层目标之间、局部目标与整体目标之间要协调一致,以保证每一个具体目标的实现都朝总目标前进一步,都成为实现上层目标的有效环节。

（六）幼儿园教育目标的实现

幼儿教师是将教育目标真正落实为幼儿发展的总设计师。这就要求教师:

首先,必须正确、清楚、全面地理解和把握幼儿园的教育目标的内涵,并将这种"外在"的教育目标转化为"内在"的正确的教育观念,并用以指导自己的行动;

其次,教师必须掌握将教育目标转化为幼儿发展的技术;

最后,在教育过程中,教师要依据幼儿的实际水平,选择相适应的教育目标、教育模式、教育内容、活动方式、组织形式、指导方法等,去促进幼儿的发展。

三、幼儿园教育的性质

1.奠基性

奠基性指的是幼儿园所具有的区别于其他教育活动的奠基性特质。总体来讲，教育承担育人的任务，是人类社会发展的基石，因而，奠基性也是教育的特性之一。

2.教育性

坚定不移贯彻落实国家教育方针，坚持扎根中国大地，按照德、智、体、美、劳全面培养的育人要求，遵循婴幼儿身心发展规律，有目的、有计划地对其进行全面发展的教育培养。幼儿园教育有其独特的教育性，以婴幼儿的一日生活为基础，保育和教育结合，尊重生命个体差异，注重孩子习惯养成，创设良好的生活环境、游戏环境，并积极拓展其生活、游戏和学习空间。

3.公益性

公益性是指幼儿园教育能造福公众、让社会获益的特性。公益就是公共利益、公众福利，它与私利、个人利益相对而言。公益性体现为某物具有为社会大众带来福利的性质。

四、幼儿园教育的特点

幼儿园是学校教育制度的基础阶段，与学校制度的其他阶段相比，其教育工作有如下特点。

（一）非义务性

幼儿去幼儿园接受教育是自愿的而非强迫接受的。家长完全可以根据孩子和自己的各方面的情况，综合考虑是否送孩子进托儿所或幼儿园，以及送孩子进哪所幼儿园或托儿所。学前儿童在学前教育机构的学习可以很自主和自由。因故未上学前教育机构，事后家长和教师不得强迫他们进行课程补习。

（二）基础性

基础性指的是幼儿园教育所具有的区别于其他教育活动的奠基性特质。总体来讲，教育承担育人的任务，是人类社会发展的基石，因而，基础性也是教育的特性之一。

（三）保教结合

学前期是儿童生长发育十分迅速而旺盛的阶段，也是身体各种器官、各个系统的机能还没有发育成熟和完善的时期。生理上，他们骨化没有完成，骨骼坚固性差，容易受损，容易变形。他们的肌肉柔嫩，力量弱，耐力性差，容易疲劳；心理上，由于他们的年龄小，生活经验少，活动能力、自我控制能力、生活自理能力都比较差，对成人的依赖性很强，需要和别人交往建立起关系，需要成人或年长的儿童带领他们进入社会，获取经验；

在法律上,他们虽然具有同成人一样的权利,但他们无相应行为能力和责任能力。因此,对学龄前儿童的教育要特别强调保育与教育相结合,一切教育活动都是在保育的前提下进行的。

(四)启蒙性

启蒙性是指对学前儿童的教育要与他们的现实发展需要联系起来,要启于未发、适时而教、循序渐进,不损伤"幼嫩的芽",并且要促使其苗壮成长。学前时期,是人生发展的早期,这个时期是人的生理发育、心智发展、个性萌芽的初级阶段,学前儿童开始了初步的社会化历程,面对世界,他们好奇、迷惑,并主动探索,展现自己内在的生命本质。这一时期的教育,要为学前儿童今后的发展打下良好的根基,使学前儿童的体力、智力、品德和情感都得到发展,为他们升入小学后较快地适应正式学习生活打基础,为他们一生的发展打下基础。因而在学前教育阶段,不以传授系统知识为主要目标。对于学前儿童来说,专门组织的教学活动,为他们提供的内容是最基本的,具有启蒙性;学前儿童自由地游戏玩耍。

(五)直接经验性

在学前教育阶段,由于学前儿童的认知水平较低,知识经验欠缺,他们认识事物主要是通过感官和动作,与周围生活环境中的事物直接接触,进行感知和操作,获取直接经验。而且,他们的思维方式主要是通过具体形象思维,学前儿童只有通过感官和动作确切地接触到事物,并操作它们,才会理解它们。因而,学前教育具有直接经验性。在学前教育中,要注意为学前儿童提供丰富的实物材料和真实的生活情形帮助他们获得直接经验。

原则是做人做事必须遵循的基本要求。幼儿园教育原则是从事幼儿园教育工作必须遵循的基本要求。本部分内容一共介绍八个原则,既有一般教育原则,也有幼儿园教育的特殊原则。

▲【真题链接】

1.下列属于幼儿园语言教育目标的是(　　　　)。

　　A.能认读拼音字母　　　　　　　　B.能清楚地说出自己想说的事

　　C.能认读一定量的汉字　　　　　　D.能正确书写常用汉字

答案:B。【解析】A、C、D 显然是小学目标。

2.下列哪一种不属于《3—6 岁儿童学习与发展指南》倡导的幼儿学习方式?(　　　)

　　A.强化学习　　　　　B.直接感知　　　　C.实际操作　　　　D.亲身体验

答案:A。【解析】幼儿的学习是以直接经验为基础,在游戏和日常生活中进行的。

3.《幼儿园教育指导纲要(试行)》规定,幼儿园体育的重要目标是(　　　　)。

　　A.获得比赛奖项　　　　　　　　　B.培养运动人才

　　C.培养幼儿对体育的兴趣　　　　　D.训练技能

答案:C。【解析】幼儿园体育的重要目标是培养幼儿自主参与体育锻炼的兴趣和良好习惯,体验运动的快乐,增强体质,发展幼儿的身心素质和初步的运动能力,提高其健康水平,为幼儿一生的可持续发展奠定基础。

4.为什么不能把《3—6岁儿童学习与发展指南》作为一把"尺子"来衡量所有的幼儿? 请说明理由。

答案要点:因为《3—6岁儿童学习与发展指南》强调,在实施指南中需要把握以下几个方面:

(1)尊重幼儿发展的个体差异的原则。(2)幼儿的发展是一个持续、渐进的过程,也表现出一定的阶段性特征。(3)每个幼儿在沿着相似进程发展的过程中,各自的发展速度和到达某一水平的时间不完全相同。(4)要充分理解和尊重幼儿发展进程中的个别差异,支持和引导他们从原有水平向更高水平发展。

模块二 幼儿园的任务

一、幼儿园的双重任务

我国幼儿园是学制教育的基础阶段,与其他各级各类学校一样,应该使受教育者在德、智、体、美等方面取得全面发展,为社会主义现代化建设培育建设者和接班人。同时,幼儿园又是一种社会公共育儿机构,具有福利性,担负着其他学校教育机构所没有的为家长服务的特殊任务。

2016年3月,我国施行了新的《幼儿园工作规程》,规定我国幼儿园的任务是:"**贯彻国家的教育方针,按照保育与教育相结合的原则,遵循幼儿身心发展特点和规律,实施德、智、体、美等方面全面发展的教育,促进幼儿身心和谐发展。幼儿园同时面向幼儿家长提供科学育儿指导。**"

1.幼儿园对幼儿实施保育和教育

以幼儿园为代表的幼儿教育机构是我国对幼儿实施保育和教育的组织,因此,幼儿园通过对幼儿实施德、智、体、美诸方面全面发展的教育,增进其身心和谐发展,来表现自身的社会价值,为社会主义建设服务。

2.对幼儿家长提供科学育儿指导

幼儿园与家庭是影响幼儿发展的两大主要环境,各自都蕴含了丰富的教育资源和教育内容,在幼儿的成长过程中发挥着不可替代的作用。只有家庭和幼儿园达成共识,采取同步措施,形成教育合力,才能促进幼儿身心全面和谐地发展。在幼儿园中不断成长的幼儿教师拥有丰富的学前教育专业理论和实践知识与经验,在育儿的知识和技能方面都能给家长提供一定的指导,以提高家长的育儿水平。

二、新时期幼儿园双重任务的特点

随着社会的发展,幼儿园在实现双重任务的进程中遇到了新的挑战。

1.对幼儿身心素质的培育提出了更高的要求

现代科技的飞跃发展使社会进入了以知识、信息为主要生产动力的时期。国家提出了"科教兴国"的战略决策,这一切使教育面临前所未有的挑战。幼儿教育必须从素质教育入手,对教育思想、内容、形式、方式等全面地进行改革,不然,幼儿园是难以跟上时代的步伐,使幼儿成长为社会所需要的一代新人的。

2.为家长服务的范围不断扩大

在新的经济社会形势下,幼儿教育机构类型单一、服务范围狭小、机制不灵活的现状就不可避免地和社会的需求不相适应。客观上要求各类幼儿教育机构在办园形式、管理制度、收托时间、保育范围、运作机制等各方面更灵活、更方便、更能适合家长工作、学习、生活方面的特点和需要。

3.家长对幼儿教育熟悉不断提高,要求幼儿园具有更高的教育质量

幼儿家长通过耳闻目击,对幼儿教育在人一生发展中的重要意义的熟悉不断提高。他们不仅希望孩子在幼儿园吃得好、长得好,更希望孩子能接受好的教育,幼儿园质量的高低成为家长最关心的问题。提高保育和教育质量成了幼儿园生存和发展的关键。幼儿园只有教育质量高,才会生源充沛,家长满意,取得良好的社会效益。

🔺【真题链接】

1.《幼儿园教育指导纲要(试行)》中的教育目标较多使用"体验""感受""喜欢""乐意"等词汇,这表明幼儿园教育强调(　　　)。

　　A.知识取向　　　　　　　　　　　B.情感态度取向

　　C.能力取向　　　　　　　　　　　D.技能取向

答案:B。【解析】《幼儿园教育指导纲要(试行)》在目标表述上较多地使用了"体验""喜欢""乐意"等词汇,突出了情感、兴趣、态度、个性等方面的价值取向,着眼于培养终身学习的基础和动力。

2.关于学前教育任务最准确的表述是(　　　)。

　　A.促进幼儿智力发展　　　　　　　B.促进幼儿身心的快速发展

　　C.促进幼儿社会性发展　　　　　　D.促进幼儿身心全面和谐发展

答案:D。【解析】《幼儿园工作规程》明确指出,幼儿园的保教目标是:实现保育与教育相结合的原则,对幼儿实施德、智、体、美诸方面全面发展的教育,促进其身心和谐发展。

模块三　幼儿园教育的原则

一、教育的一般原则

(一)尊重儿童的人格尊严和合法权益的原则

1.尊重儿童的人格尊严

幼儿与教师之间的关系是平等的人与人的关系。教师要将儿童作为具有独立人格的人来对待,尊重他们的思想情感、兴趣、爱好、要求和愿望等。若是教师的言行中处处表现对儿童的尊重,注意倾听儿童的想法,尊重他们的意愿,就会使儿童意识到他们是有价值、有能力、不可缺少的,从而建立起自信心,取得良好的自我概念,为自身的继续发展奠定基础。反之,教师若是随意呵斥、责备、惩罚儿童,让儿童常常感受到委屈、羞辱,他们便会以为自己是无能的,被人看不起的,从而丧失个体的自尊与自信。这种消极的自我概念一旦形成,将会影响儿童终身的发展。

2.保障儿童的合法权利

儿童是不同于成人的正在发展中的社会成员,他们享有不同于成人的许多特殊的权利,如生存权、受教育权、受抚育权、发展权等,这反映了人类对儿童在社会中的地位和权利的认可与尊重。可是,儿童毕竟是稚嫩、弱小的个体,他们对自己权利的行使还必须通过成人的教育和保护才能实现。家庭、学校、社会应当保障未成年人的合法权益不受侵犯。

(二)促进儿童全面发展的原则

促进儿童全面发展的原则指的是教师在制定教育计划、设计教育活动时,应当注意:

1.儿童的发展是整体的发展而不是片面的发展

教育必须促进儿童德、智、体、美诸方面的全面发展,不能偏废任何一个方面。单项发展再突出也不能说明一个完整的人性。

2.儿童的发展应是协调的发展

协调发展包括几个方面:(1)儿童身体的各个器官、各系统性能的协调发展;(2)儿童各类心理机能,包括认知、情感、性格、社会性、语言等协调发展;(3)儿童的生理和心理协调发展;(4)儿童个体需要与社会需求之间的协调发展。

3.儿童的发展是有个性的发展

教育除使每一个儿童达到国家统一要求的标准之外,还允许按照每一个儿童的特点和可能性,充分发挥他们各自的潜能,让不同的儿童在不同的方面能够实现自己有特色的发展,而不是千人一面。

(三) 面向全体, 重视个别差异的原则

在教育进程中, 教育者在关注全体受教育对象的同时, 还应重视儿童的个体差别, 因人施教, 有针对性地采取最有效、最合理的方式增进每一个儿童的发展。

1. 教育要增进每一个儿童的发展

教育必须面向每一个儿童, 使每一个儿童都能达到教育目标的要求。教师不能只照顾优秀的学生, 而是要保证每一个儿童在学校里有一样的受教育机会, 必须平等地、一视同仁地对待所有的儿童。

2. 教育要增进每一个儿童在原有基础上的发展

由于每一个儿童的需要、兴趣、性格、能力、学习方式等各有不同的特点, 因此, 教师必须考虑每一个儿童的特殊需要, 因人而异地进行教育, 使每一个儿童都能发挥长处, 在自己原有的水平上取得应有的发展。

3. 多种组织形式增进儿童的发展

集体活动是我国教育机构目前进行教育的主要组织形式, 而小组活动、个别活动相对较少, 这样无益于充分满足不同儿童的不同需要。教师应注意在教育中灵活地利用集体、小组、个别的教育组织形式。

(四) 充分利用儿童、家庭、社会的教育资源的原则

教育必须认识到儿童自身、儿童群体以及家庭、社会都是宝贵的教育资源, 要充分发挥他们的教育作用。

二、幼儿园教育的特殊原则

(一) 保教结合的原则

教师应从幼儿身心发展的特点出发, 在全面、有效地对幼儿进行教育的同时, 重视对幼儿生活上的照顾和保护, 保教合一, 确保幼儿真正能健康、全面地发展。把握这个原则应明确以下几点:

1. 保育和教育是幼儿园两大方面的工作

保育主要为幼儿的生存、发展创设有利的环境和提供物质条件, 给予幼儿精心的照顾和养育, 帮助其身体和机能良好地发育, 促进其身心健康地发展; 教育则重在培育幼儿良好的行为习惯、态度, 发展幼儿的认知、情感、能力, 引导幼儿学习必要的知识技能等。这两方面组成了幼儿园教育的全部内容。

2. 保育和教育工作彼此联系、彼此渗透

幼儿园保育和教育不可分割的关系是由幼教工作的特殊性和幼儿身心发展的特点决定的。虽然保育和教育有各自的主要职能, 但并不是截然分离的。教育中包括了保育

的成分,保育中也渗透着教育的内容。

3.保育和教育是在同一进程中实现的

保育和教育不是分别孤立地进行的,而是在统一的教育目标指引下,在同一教育进程中实现的。有的保育员在护理幼儿生活时,忽视随机地、有意识地实施教育,结果无意识地影响了儿童的发展。这可能助长了幼儿的依赖思想,也使他们失去了自信,失去了锻炼自己能力的实践机会,也可能在无形中剥夺了幼儿发展自己的权利。

(二)以游戏为基本活动的原则

游戏是幼儿园的基本活动。游戏最符合幼儿身心发展的特点,最能满足幼儿的需要,有效地增进幼儿发展,具有其他活动所不能替代的教育价值。《幼儿园工作规程》中将"以游戏为基本活动,寓教育于各项活动中"专门作为幼儿园教育的一条指导原则,突出了游戏在幼儿园活动中的重要地位。

以游戏为幼儿的基本活动的含义:第一,游戏是在一日生活中除满足基本生存需要的活动如进食、睡眠等之外发生次数和所占时间最多的活动;第二,游戏是对活动主体的生活或生长发展具有重要影响的活动。贯彻以游戏为基本活动的原则应做到以下几点:

1.重视幼儿的自发性游戏

应允许、支持幼儿进行自发性游戏,保证幼儿一日活动中有一定的时间、适宜的场地和丰富的材料开展游戏,并在幼儿需要时提供帮助。

2.充分利用游戏形式组织幼儿园各类教育活动

在教育教学中利用游戏的形式激发幼儿学习的兴趣,使幼儿产生愉悦的体验,增强教育效果。

3.满足幼儿对多种游戏的需要

应满足幼儿对多种游戏的需要,提供多种游戏材料,应允许幼儿选择自己喜欢的游戏。

(三)教育的活动性和活动的多样性原则

幼儿园教育应从幼儿身心发展的特点和水平出发,以活动为基础展开教育进程。同时,活动形式应多样化,让幼儿能在多种多样的活动中取得发展。

1.教育的活动性

活动是幼儿发展的基础和源泉。幼儿身心发展的特点决定了他们不可能像中、小学生那样,主要通过课堂书本知识的学习来取得发展,而必须通过活动去接触各类事物和现象,与人交往,实际操作物体,才能慢慢积累经验,取得真知。离开了活动,就没有幼儿的发展。

2.教育活动的多样性

幼儿园的活动不应当是单一的。因为活动的内容、形式不同,在幼儿发展中的作用是不一样的。教师要注意教育活动的多样性,才能有效地促进幼儿发展。

(四)发挥一日活动整体教育功能的原则

幼儿园应充分认识和利用一日生活中各类活动的教育价值,通过合理组织、科学安排,让一日活动发挥一致的、连贯的、整体的教育功能,寓教育于一日活动当中。

幼儿园一日活动是指幼儿园每天进行的所有保育、教育活动。它包括由教师组织的活动(如幼儿的生活活动、劳动活动、教学活动等)和幼儿的自主自由活动(如自由游戏、区角自由活动等)。

1.一日活动中的各类活动不可偏废

无论是幼儿吃喝拉撒睡一类的生活活动,还是作业课、参观访问等教学活动;无论是有组织的活动还是幼儿自主自由的活动,都各具重要的教育作用,对幼儿的发展都是不可缺少的。因此不能顾此失彼,随意削弱或取消任何一种活动。

2.各类活动必须有机统一为一个整体

每种活动不是分离地、孤立地对幼儿发挥影响力的。一日活动必须统一在共同的教育目标下,形成合力,才能发挥整体教育功能。因此,如何把教育目标渗透到各种活动中,每个活动怎样围绕目标来展开,就成为实践中应当特别关注的问题。

▲【真题链接】

1.在幼儿园实践中,某些教师认为幼儿进餐、睡眠、茶点等是保育,只有上课才是传授知识、发展智力的唯一途径,不注意利用各环节的教育价值,这种做法违反了(　　)。

　　A.发挥一日生活整体功能原则　　　　B.重视年龄特点和个体差异原则

　　C.尊重儿童原则　　　　　　　　　　D.实践性原则

答案:A。【解析】幼儿园教育要贯彻保教合一的原则,幼儿园应充分认识和利用一日生活中各种活动的教育价值,通过合理组织、科学安排,让一日生活发挥一致的、连贯的、整体的教育功能,并且寓教育于一日生活之中。

2.幼儿园的教育内容是全面的、启蒙的,各领域的内容相互渗透,从不同角度促进幼儿(　　)等方面的发展。

　　A.知识、技能、能力、情感、态度　　　B.情感、态度、能力、知识、技能

　　C.能力、情感、态度、知识、技能　　　D.情感、态度、知识、技能、能力

答案:B。【解析】《幼儿园教育指导纲要(试行)》指出,幼儿园的教育内容是全面的、启蒙性的,可以相对划分为健康、语言、社会、科学、艺术等五个领域,也可做其他不同的划分。各领域的内容相互渗透,从不同的角度促进幼儿情感、态度、能力、知识、技能等方面的发展。

3.教师对幼儿说:"不准乱跑,不准插嘴,不准争吵……"这样的话语,所违背的教育原则是(　　)。

　　A.正面教育　　　　B.保教结合　　　　C.因材施教　　　　D.动静交替

答案:A。【解析】正面教育是教师告诉幼儿应该怎么样做,怎么做是正确的。材料中

教师告诉幼儿不准这样做,不准那样做,违反的就是正面教育的教育原则。

4.最早提出"以儿童的最大利益为首要考虑"这一项原则的文件是(   )。

    A.《适合儿童生长的世界》   B.《3—6岁儿童学习与发展指南》

    C.《中华人民共和国未成年人保护法》   D.《儿童权利公约》

答案:D。【解析】《儿童权利公约》最早提出"以儿童的最大利益为首要考虑"因素。

5.为什么幼儿园教育要贴近幼儿生活?

参考答案:幼儿的学是以无意学习为主,并且通过看似无意的生活学到了很多东西,可以说有生活就有幼儿的学习。幼儿的学习还有一个突出的特点就是直接学习,其认识依赖于他们亲身所获得的直接经验。儿童通过动作以及与具体事物的接触,在生活中尽情地活动和思考。生活是儿童获得直接经验最理想的场所、最便捷的方式。幼儿的学习特点决定了旨在促进其发展的教育活动必须与幼儿的日常生活密切联系,从幼儿的生活中发现有价值的教育契机,进而开展蕴含多种教育价值的教育活动,幼儿从活动中逐步进行学习,获得发展。

因此,在选择课程内容时,如果脱离儿童的生活情境,远离他们的生活经验,儿童的学习将是事倍功半的。反之,让儿童在生活中学习,他们可以较容易地感知事物的特征,理解一些规律,进而在直接感知的基础上获得基本态度、基本行为方面的发展。

学前儿童的身心发展特点决定了教育的生活化,学前儿童教育必须是保教并重的,必须寓教育于儿童的一日生活之中。日常生活是学前儿童教育的重要内容,也是教育的重要途径。《幼儿园教育指导纲要》指出,幼儿园教育活动内容的选择应既贴近幼儿的生活来选择感兴趣的事物和问题,又有助于增加幼儿的经验和拓宽视野,幼儿园教育活动内容的组织应充分考虑幼儿的学习特点和认知规律,各领域的内容要有机联系,相互渗透,注重综合性、趣味性、活动性,寓教育于生活、游戏之中。

◇【本章小结】

教育目的有广义和狭义之分。广义的教育目的是指人们对受教育者的期望,即人们期望受教育者接受教育后身心各方面产生怎样的积极变化或结果;狭义的教育目的是指一个国家为教育确定的培养人才的质量规格和标准,是社会通过教育过程要在受教育者身上形成它所期望的结果或达到的标准。

幼儿园的保教目标有以下几方面:①促进幼儿身体正常发育和机能的协调发展,增强体质,促进心理健康,培养良好的生活习惯、卫生习惯和参加体育活动的兴趣;②发展幼儿智力,培养正确运用感官和运用语言交往的基本能力,增进对环境的认识,培养有益的兴趣和求知欲望,培养初步的动手探究能力;③萌发幼儿爱祖国、爱家乡、爱集体、爱劳动、爱科学的情感,培养诚实、自信、友爱、勇敢、勤学、好问、爱护公物、克服困难、讲礼貌、守纪律等良好的品德行为和习惯,以及活泼开朗的性格;④培养幼儿初步感受美和表现美的情趣和能力。

学前教育目标是依据教育目的、儿童身心发展特点和社会发展需要而制定的。

学前教育目标有制约性和准备性的特点。

我国幼儿园的任务是贯彻国家的教育方针,按照保育与教育相结合的原则,遵循幼儿身心发展特点和规律,实施德、智、体、美等方面全面发展的教育,促进幼儿身心和谐发展。幼儿园同时面向幼儿家长提供科学育儿指导。

新时期幼儿园任务的特点是高素质的家长要求幼儿园提高保教质量,激烈的社会竞争要求幼儿园办园形式多样化,素质教育要求幼儿园进行全面教育改革。幼儿园教育的原则有保教结合的原则,以游戏为基本活动的原则,教育的活动性和活动的多样性原则,发挥一日活动整体教育功能的原则。

幼儿园教育的原则有尊重儿童的人格尊严和合法权益的原则,促进儿童全面发展的原则,面向全体,重视个别差异的原则,充分利用儿童、家庭、社会的教育资源的原则等。

◇【本章思考与练习】

一、填空题(识记)

1._____是我国现阶段一切教育活动的出发点和归宿。

2.制订幼儿园教育目标的依据是_____和_____。

3._____是实现教育目标的重要保证。

4.促进幼儿全面发展的原则即在教育的过程中,促进幼儿_____,_____,_____。

5._____和_____是幼儿园教育的全部内容。

6._____是幼儿园的基本活动。

7.“要知道梨子的味道,你就得亲口尝一尝”体现了幼儿园教育的_____的原则。

8._____是幼儿最重要的学习内容和学习途径。

9.我国幼儿园的教育目标是“对幼儿实施_____、_____、_____、_____等方面全面发展教育,促进其_____发展”。

10.各个幼儿园教育目标的分解方法有按时间的范围划分和按_____的范围来划分。

11.幼儿园教育的双重任务是:幼儿园对幼儿实施_____;幼儿园为家长_____。

二、单项选择题(识记)

1.教育的根本问题是指( )。

  A.教育目的   B.教育内容

  C.教育目标   D.教学方法

2.幼儿园最重要的学习内容和学习途径是( )。

  A.游戏活动   B.生活活动

  C.自由活动   D.幼儿教育实践活动

3.我国首次提出"四有新人"是在(　　　)。

    A.1958 年,《关于教育工作的指示》

    B.1981 年,《关于建国以来党的若干历史问题的决议》

    C.1985 年,《中共中央关于教育体制改革的决定》

    D.1995 年,《中华人民共和国教育法》

4.《幼儿园工作规程》所表述的幼儿园保育、教育目标属于(　　　)层次的目标。

    A.教育目的　　　　　　　　　　　　B.幼儿园教育目标

    C.各个幼儿园具体的教育目标　　　　D.活动目标

5.教师在集体教学时,结合分组教学。这种做法主要体现的教育原则是(　　　)。

    A.促进幼儿全面发展　　　　　　　　B.面向全体,重视个别差异的原则

    C.保教结合的原则　　　　　　　　　D.以游戏为基本活动的原则

6.下列关于幼儿教育目标的说法正确的是(　　　)。

    A.幼儿园教育目标能否贯彻实施完全是行政管理部门的事情。

    B.教育目的是幼儿园教育目标的唯一依据

    C.教育目标的制定必须适应幼儿身心发展的年龄特征

    D.幼儿园教育目标是依据家长的不同要求提出来的

7.幼儿园除了具有对幼儿实施保育和教育之外,还具有(　　　)任务。

    A.开发智力,培养自理能力

    B.为家长工作、学习提供便利条件

    C.培养幼儿与社会沟通的能力

    D.培养社会所需要的人

8."要知道梨子的味道,你就得亲口尝一尝。"体现了幼儿园教育的(　　　)原则。

    A.以游戏为基本活动的原则

    B.保教结合的原则

    C.教育的活动性和活动的多样性原则

    D.促进幼儿全面发展的原则

9.幼儿园教育目标是依据教育目的并结合幼儿园教育的(　　　)提出来的。

    A.方法和手段　　　B.性质和特点　　　C.原则和规律　　　D.原则和方法

10.对幼儿实施全面发展教育是我国幼儿教育的基本出发点,也是我国(　　　)所规定的幼儿教育的任务。

    A.教育法　　　　　　　　　　　　　B.幼儿园工作规程

    C.法律法规　　　　　　　　　　　　D.幼儿教育法则

11.我国目前的教育目的是(　　　)年《中华人民共和国教育法》规定的。

    A.1994 年　　　　　B.1995 年　　　　　C.2005 年　　　　　D.1993 年

12.确定幼儿园教育任务,评估幼儿园教育质量的根本依据是(　　　)。

    A.幼儿园教育计划　　　　　　　　　B.幼儿园教育目标

    C.幼儿园教育原则　　　　　　　　　D.幼儿园教育内容

13.关于幼儿园教育目标,不正确的说法是( )。

　　A.即教育目的

　　B.是教育目的在幼儿园阶段的具体化

　　C.是幼儿园培养人才的具体规格和要求

　　D.社会要求和幼儿身心发展的规律是制定幼儿园教育目标的依据

14.我国幼儿园的教育目标是在 1996 年颁布的( )中提出的。

　　A.《幼儿园教育大纲》　　　　　　　B.《幼儿园工作条例》

　　C.《幼儿园工作守则》　　　　　　　D.《幼儿园工作规程》

15.我国的幼儿园教育把( )放在首位。

　　A.幼儿智育　　　　　　　　　　　　B.幼儿德育

　　C.幼儿身体的健康发展　　　　　　　D.幼儿美育

16.幼儿园各层次的教育目标中,最小、最具体的目标是( )。

　　A.幼儿园教育目标　　　　　　　　　B.幼儿园各年龄班的目标

　　C.一周教育目标　　　　　　　　　　D.活动目标

17.幼儿园的基本活动为( )。

　　A.教育　　　　　　　　　　　　　　B.保育

　　C.游戏　　　　　　　D.日常活动

18.全面发展教育的最终结果是( )。

　　A.个人潜能和社会价值的充分实现　　B.使每个人平均发展

　　C.每个人得到同样的发展　　　　　　D.门门功课得高分

19.( )是全面发展教育方针在幼儿期的具体体现,也是我国幼教实践工作的
总结。

　　A.保教结合　　　　　　　　　　　　B.整体的发展

　　C.有个性的发展　　　　　　　　　　D.身心和谐发展

20.我国的幼儿园保教目标的提出文件是( )。

　　A.《幼儿园教育纲要》　　　　　　　B.《幼儿园工作规程》

　　C.《幼儿园教育指导纲要》　　　　　D.《幼儿园管理条例》

三、简答题(简单运用)

1.我国的教育目的。

2.我国幼儿园教育的目标。

3.按时间阶段划分,幼儿园具体教育目标可分为哪四个层次?

4.幼儿园的双重任务。

5.制订幼儿园具体教育目标时应注意的问题。

6.制订幼儿园教育目标的依据。

7.幼儿园教育的原则有哪些?

8.幼儿园双重任务的特点。

四、材料分析题（综合运用）

请结合以下案例分析教师的做法体现了哪些教育原则？

"王老师，你来看啊，这花怎么了？"早上，冬冬蹲在自然角前，大声地叫着，王老师走过来发现一株刚发芽不久的豆苗因为缺水垂下了叶片，王老师想把这个问题留给冬冬，注视着花盆自言自语，"咦，前几天还好好的，怎么过了周末就变成这样呢？"冬冬想了想说："可能是它口渴了，想喝水了吧。""那你想想办法，帮帮它好吗？"冬冬转身跑向口杯处。

当王老师陆续迎接了来园的其他小朋友，准备看看冬冬的劳动成果时，发现花盆表面的土壤似乎冒着丝丝热气，摸摸冬冬的口杯也留有余温。王老师愣住了，询问的结果是："妈妈说喝水要喝开水，不然就会肚子疼。"这时越来越多的幼儿发现自然角里的花蔫了。王老师思考了一会儿，做了一些准备。她请小朋友聚集到自然角，请他们说说如果豆苗的叶子低垂着蔫了该怎么办，小朋友都说："要给它浇水。"王老师又问："那浇热水还是凉水呢？"小朋友们这个说浇热水，那个说浇凉水，冬冬坚持自己的说法："妈妈说要喝开水，不然会肚子疼。"另一个小朋友大声说："不对，花儿没有肚子，浇开水会烫死花的。"王老师接过话题："让我们来做个实验吧。"说着从袋子里取出两根鲜嫩的青菜，分别浇上冷水和开水。一会儿，浇冷水的青菜还是硬挺挺、绿油油的，显得生机勃勃，浇开水的青菜已变了颜色，蔫了下去。小朋友们都兴奋地议论着这一变化。

幼儿园教师

■ 学习目标

1.理解并掌握儿童观、教育观、教师观的基本内容,能运用这些知识分析和评判教育现象,了解如何正确对待儿童,促进教师自身发展。

2.理解幼儿园教师劳动特点和专业素养。

3.识记和理解幼儿园教师专业发展的含义及特点、幼儿园教师专业发展的阶段以及幼儿园教师专业发展的途径。

4.识记理解幼儿教师的职责与职业角色。

■ 本章导学/含考纲要点简要说明

本专题包含三个模块,模块一具体介绍了儿童观、教育观和教师观;儿童观从概念出发,讲解了"育人为本"的儿童观及基本要求;教育观从概念出发,讲解了素质教育的概念、基本要求、实施途径和方法;教师观主要讲解了新课改背景下的幼儿教师观、幼儿教师的职业责任、专业发展等内容。模块二简述幼儿教师的劳动特点和专业素养。模块三讲解了幼儿园教师专业发展的内涵、阶段、途径和要求。

从历年幼儿园教师资格考试真题及国家职业技能大赛试题来看,本章涉及的重点在于儿童观、教育观、教师观以及幼儿教师的角色和师幼关系,所涉及的题型包括选择题、简答题、论述题和材料分析题,主要侧重于知识的识记和运用。

■ **本章思维导图**

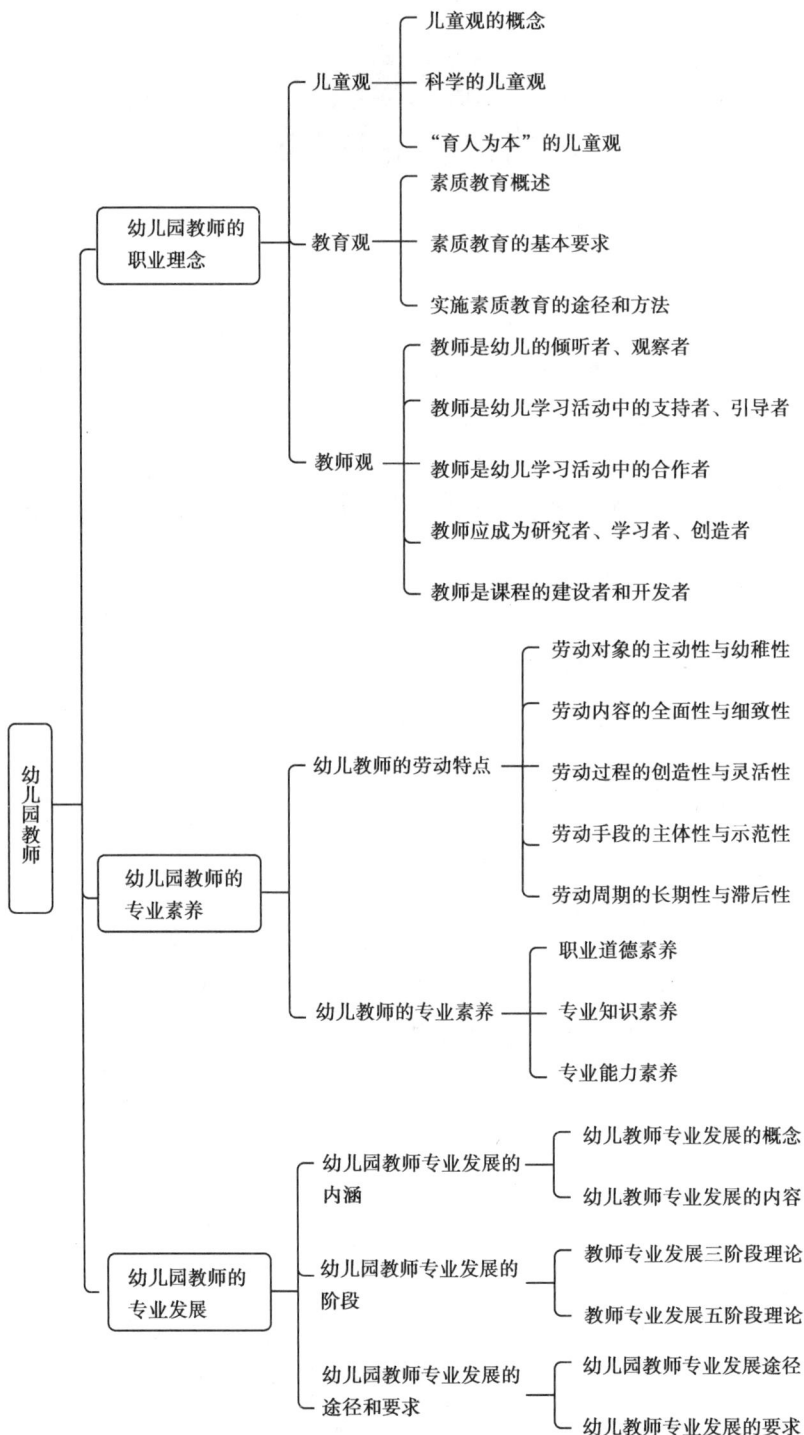

```
                              ┌── 儿童观的概念
                        儿童观 ├── 科学的儿童观
                              └── "育人为本"的儿童观

              幼儿园教师的                    ┌── 素质教育概述
              职业理念 ─────── 教育观 ├── 素质教育的基本要求
                                              └── 实施素质教育的途径和方法

                                    ┌── 教师是幼儿的倾听者、观察者
                                    ├── 教师是幼儿学习活动中的支持者、引导者
                        教师观 ├── 教师是幼儿学习活动中的合作者
                                    ├── 教师应成为研究者、学习者、创造者
                                    └── 教师是课程的建设者和开发者

                                              ┌── 劳动对象的主动性与幼稚性
                                              ├── 劳动内容的全面性与细致性
                        幼儿教师的劳动特点 ├── 劳动过程的创造性与灵活性
  幼儿园                                       ├── 劳动手段的主体性与示范性
  教师                                         └── 劳动周期的长期性与滞后性
              幼儿园教师的
              专业素养                         ┌── 职业道德素养
                        幼儿教师的专业素养 ├── 专业知识素养
                                              └── 专业能力素养

                        幼儿园教师专业发展的 ┌── 幼儿教师专业发展的概念
                        内涵                   └── 幼儿教师专业发展的内容

              幼儿园教师的  幼儿园教师专业发展的 ┌── 教师专业发展三阶段理论
              专业发展     阶段                 └── 教师专业发展五阶段理论

                        幼儿园教师专业发展的 ┌── 幼儿园教师专业发展途径
                        途径和要求           └── 幼儿教师专业发展的要求
```

知识要点解析

模块一　幼儿园教师的职业理念

一、儿童观

(一)儿童观的概念

儿童观是成人如何看待和对待儿童的观点的总和。它涉及儿童的能力与特点、地位与权利、儿童期的意义、儿童生长发展的形式和成因、教育同儿童发展之间的关系等诸多问题。儿童观是教育观的依据,有什么样的儿童观,就会有什么样的儿童教育观。

(二)科学的儿童观

科学的儿童观就是人们对儿童的正确看法、观念和态度的总和,在学前教育中转化为幼儿教师科学的教育教学方法,主要包括以下几个方面的含义:

1.儿童具有独立的人格和尊严

儿童和成人一样,应当得到尊重,享有生存、生活和学习的权利。教师只有尊重儿童的人格和尊严,维护儿童的地位和权利,才能让儿童感到他们存在的独特价值和意义。

2.儿童期具有独特的价值

儿童期是个体生命发展的重要时期,是人的身心成长的关键阶段,它奠定了人后期发展的基础。因此,教育应成就孩子一个幸福而有意义的童年,并以此为基础,成就他们一个幸福而美好的人生。

3.儿童具有个体差异性和独特性

每个儿童都是一个独立的、完整的生命个体,他和其他儿童在各个方面存在着差异。美国著名心理学家加德纳教授提出多元智能理论,并提出,这些智能在相当程度上是彼此独立存在的,这种独立性,意味着即使一个人有很高的某一种智能,却不一定有着同样程度的其他智能。幼儿教师应当认识儿童的个体差异,尊重儿童的个体差异,这样才能做到因材施教,保证每一个儿童个性的充分发展。

4.儿童具有好奇心和求知欲

儿童天生对事物具有强烈的好奇心和旺盛的求知欲,正是这一特性成为儿童探索世界万事万物的强大动力,儿童在探索过程中才能有所发现、有所发明,这也是儿童创新思维、创造能力、探究能力发展的潜质。因此,幼儿教师要认真呵护儿童的好奇心和求知欲,并给予正确的引导,使儿童的学习兴趣得到很好的培养,促进儿童的健康成长。

(三)"育人为本"的儿童观

"育人为本"的儿童观就是以儿童的发展为核心,承认儿童是学习的主体,充分尊重、关心、理解每个儿童,从儿童的实际出发,以儿童为本,注重发挥教师的主导作用,重视教育的社会功能,着眼于儿童的发展,使儿童获得全面、主动、有个性的可持续发展。具体内容如下:

1.儿童是发展中的人

儿童是发展中的人是指儿童有发展的潜能和发展的需要。儿童成长的过程就是不断发展的过程。儿童有自己独特的认知方式、成长特点,有巨大的发展潜能和被塑造与自我塑造的潜力。儿童需要时间去成熟和发展。其主要表现为以下几点。

(1)儿童的身心发展是有规律的

儿童的身心发展具有顺序性、阶段性、不平衡性、互补性、个别差异性等规律。因此,教师必须依据儿童的身心发展规律和特点开展教育活动。

(2)儿童具有巨大的发展潜能

儿童具有巨大的发展潜能,不能用静止的眼光看待儿童。首先,要保护儿童身上的天性与灵性,不能用成人的标准和眼光要求儿童;其次,要相信儿童身上蕴含的巨大潜力;最后,要及时挖掘儿童的潜力。

(3)儿童是处于发展初期的幼稚个体

尽管儿童身心发展的速度很快,但他们毕竟还处在人生发展的初期,因此具有幼稚性。儿童身心各个方面的发展都非常不完善,极易受到伤害。因此,幼儿教师应努力地呵护、照料和关心他们。

(4)幼儿以生活和游戏为主要活动

幼儿最主要的学习任务是"人"的基本生活经验和技能。因此,他们学习的重要内容就是正常人的生活。此外,由于受其身心水平的限制,幼儿只能从事简单的生活活动和游戏活动。

2.儿童是独特的人

(1)儿童是完整的人

儿童并不是单纯的抽象的学习者,而是有着丰富个性的完整的人。在教育活动中,作为完整的人而存在的儿童,不仅具备全部的智慧力量和人格力量,而且体验着全部的教育生活。要把儿童作为完整的人来对待,就必须反对那种割裂人的完整性的做法,还儿童完整的生活世界,丰富儿童的精神生活,给予儿童全面展现个性力量的时间和空间。

(2)每个儿童都有自身的独特性

儿童由于遗传素质、社会环境、家庭条件和生活经历的不同,形成了自身的独特性。他们在兴趣、爱好、动机、气质、性格、智能和特长等方面各不相同。教师应当将儿童看成独特的个体,因材施教,促进儿童的全面发展。

（3）儿童与成人之间存在着巨大的差异

儿童和成人之间存在很大差别,如儿童的观察、思考、选择和体验都和成人有着明显的不同。因此,应当把成人当作成人,把儿童当作儿童。

3.儿童是具有独立意义的人

（1）每个儿童都是独立于教师的头脑之外,不以教师的意志为转移的客观存在

教师不能把自己的意志与知识强加给儿童,否则会挫伤儿童的主动性、积极性,扼杀他们的学习兴趣,引起他们自觉或不自觉的抵制或抗拒。教师要尊重儿童的个体独立性,尊重儿童的意见和想法。

（2）儿童是学习的主体

儿童是学习的主体,是具有能动性的教育对象。儿童在教育活动中具有主观能动性和自我教育的可能性,儿童的学习和发展是儿童主动建构的过程。教师需要树立儿童在教育过程中的主体地位,充分调动儿童的主观能动性,引导儿童积极主动地参与到教育活动过程中,帮助儿童从被动地接受知识灌输转变为在教师指导下自主地探究。儿童的主体性特征主要表现在以下几个方面:

①自主性。自主性是指儿童在教育过程中能根据自己的需要、兴趣和发展要求来支配自己行动。

②能动性。能动性是指儿童在活动过程中所表现出来的一种自觉积极和主动的状态。

③创造性。创造性是指儿童在各种活动中具有探求未知、追求新的活动方式和活动成果的内在需求和意向。

④独立性。独立性是指儿童不依赖他人,不受外界影响、束缚,凭借自己的经验和能力,独立地做出并执行决定。

（3）儿童是责权的主体

儿童既享有一定的法律权利,又承担着一定的法律责任。幼儿园和教师既要保护儿童的合法权利,又要引导儿童学会对学习、对生活、对自己、对他人负责,学会承担责任。

▲【真题链接】

1.某幼儿园把小学一年级语文、数学知识作为其主要教学内容,这种幼儿教育小学化的做法,违反了儿童身心发展(　　)的规律。

　　A.阶段性　　　　　B.不均衡性　　　　　C.个别差异性　　　　　D.稳定性

答案:A。【解析】儿童身心发展的阶段性指在个体发展的不同年龄阶段,人的生理和心理两方面所形成的一般的、典型的、本质的特征,即年龄特征。这决定了教育必须针对不同阶段儿童的年龄特点,在教育内容与方法上区别对待,不能搞"一刀切"。

2.幼儿发展的基础和源泉是(　　)。

　　A.上课　　　　　　B.游戏　　　　　　C.活动　　　　　　D.参观

答案:C。【解析】幼儿是在与环境积极的相互作用过程中实现自身发展的,而这一相互作用过程就是活动。

3.绘画时飞飞在纸上画了一个黑色的太阳,对此李老师恰当的做法是(　　)。

A.批评飞飞的画不合常理　　　　B.耐心地询问飞飞的想法

C.替飞飞把太阳涂成红色　　　　D.要求飞飞重新画红太阳

答案:B。【解析】幼儿是具有独特性的人,因此,恰当的做法是耐心地询问飞飞的想法。

⚠【国赛链接】

有家长对孩子说:"我们与别人交同样多的钱,分水果时不要拿小的。"针对这种现象,胡老师讲"孔融让梨"的故事,教育儿童。胡老师的做法(　　)。

A.错误,违背了一致性原则　　　　B.错误,违背了科学性原则

C.正确,遵循了公平性原则　　　　D.正确,遵循了适时性原则

答案:D。【解析】胡老师的做法是正确的,针对家长错误教育幼儿拿水果的事情,给予适时的纠正,并用"孔融让梨"的故事教育儿童要懂得谦让,遵循了适时性原则。

二、教育观

教育观是人们对教育所持有的态度和看法。具体来说就是人们对教育者、教育对象、教育内容、教育方法等教育要素的属性和相互关系的认识,以及对教育与其他事物之间相互作用而产生的教育功能、目的和意义等的看法。

科学的教育观坚持以人为本,全面实施素质教育,即素质教育观。当代中国逐步树立了素质教育观,认为教育活动应当指向人的整体的、全面的素质发展,使人的整体品质、全面素质得到提升。这是当今每位教育工作者都应树立的科学的教育观。

(一)素质教育概述

1.素质教育的内涵

素质教育是指依据人的发展和社会发展的实际需要,以全面提高全体学生的基本素质为根本目的,以尊重学生主体性和主动精神,注重开发人的智慧潜能,注重形成人的健全个性为根本特征的教育。

1999年6月《中共中央、国务院关于深化教育改革全面推进素质教育的决定》中明确了素质教育的内涵:"实施素质教育,就是全面贯彻党的教育方针,以提高国民素质为根本宗旨,以培养学生的创新精神和实践能力为重点,造就'有理想、有道德、有文化、有纪律'的德智体全面发展的社会主义事业建设者和接班人。"

2.素质教育的外延

素质教育是连贯的、全方位的、全过程的教育活动。素质教育是终身的,不是对特定阶段、特定学校提出的要求,而是对各级各类学校提出的要求。从横向来看,素质教育涉及基础教育、职业教育、成人教育等多种教育,它甚至超越了学校的局限,贯穿于学校教育、家庭教育和社会教育。从纵向来看,素质教育实施于学前教育、中小学教育和高等教

育等各级教育中,是随个体的学习需求变化而对应开展的终身教育。而在学校教育中,素质教育从纵向上看,存在于教育活动的各个环节中;横向上渗透于德育、智育、体育、美育等各个方面。

(二)素质教育的基本要求

1.素质教育是以提高国民素质为根本宗旨的教育

国民素质是综合国力的集中体现,更是社会发展的根本所在。要实现中华民族伟大复兴的中国梦,就必须提高我国国民的整体素质,也就是要提高整个中华民族的思想道德素质、科学文化素质、身心素质、审美素质和劳动素质等。其核心是培育民族精神、民族凝聚力和创造力。素质教育是以整个中华民族素质的提高为出发点和归宿的教育。**提高国民素质是实施素质教育的总目标和根本宗旨。**

2.素质教育是面向全体学生的教育

素质教育倡导人人都有受教育的权利,强调在教育中使全体学生都得到发展,而不是只注重一部分学生,更不是只关注少数学生的发展。每位学生都得到发展,不仅是民主的基本理念,也是每个个体的基本权利。依法保障适龄儿童和青少年学习的基本权利,尊重学生身心发展特点和教育规律,使学生生动活泼、积极主动地得到发展,是素质教育区别于应试教育的主要表征。

3.素质教育是促进学生全面发展的教育

新时期我国的社会主义现代化建设需要全面发展的现代人。实施素质教育,就是通过德育、智育、体育、美育、劳动技术教育的有机结合来实现学生在德、智、体、美、劳等方面的全面发展。这就要求学校教育不仅要抓好智育,更要重视德育,还要加强体育、美育、劳动技术教育和心理健康教育,并且要使诸方面教育相互渗透、协调发展,以保证学生的全面发展和健康成长。

4.素质教育是充分发挥个体潜能,促进学生个性发展的教育

个性化的人离不开个性化的教育。素质教育要求教育者以人为本,尊重、关心、理解和信任每一个学生,要善于发现和开发每位学生潜在素质的闪光点,因材施教,给学生创造一个自主的发展空间,使他们的个性得到充分的、自由的发展。

5.素质教育是以培养学生的创新精神和实践能力为重点的教育

素质教育强调培养学生的创新意识和创造能力,及时开发有潜能、有才华的学生,使他们具备不断创新、不断发展的竞争能力。**创新精神和实践能力的培养是素质教育的核心。**

对素质教育的理解,可以简括为:"一个宗旨、两个重点、三大要义"。

(1)"一个宗旨":提高国民素质。

(2)"两个重点":培养学生的创新精神和实践能力。

(3)"三大要义":一是要面向全体学生;二是要促进学生全面发展;三是要让学生生动活泼地主动发展。"三大要义"从根本上明确了素质教育的内涵,为学校实施素质教育明确了目标和任务。

(三)实施素质教育的途径和方法

1.树立正确的素质教育理念与正确的办园目标

在幼儿保教活动过程中,全体学前教育工作者都要树立现代学前教育理念,树立正确的办园目标和科学的培养目标,在提高全体幼儿素质的前提下,关注每一个幼儿个体的特质,针对幼儿的个体差异因材施教。新课程改革的教学观念的转变主要表现为以下几点。

(1)教学从"以教育者为中心"向"以学习者为中心"转变

在教学过程中,一方面,教师应调动幼儿参与教学的积极性,处理好教师教与幼儿学的关系,真正发挥幼儿在教学过程中的主体作用。另一方面,教师应创设智力操作活动。具体体现为,教师要有培养幼儿良好的思维习惯和质疑探索的意识,启发幼儿善于质疑;教师要精心创设问题情境,激发幼儿的求知欲;教师要教给幼儿思维的方法并加强训练。

(2)教学从"教会幼儿知识"向"教会幼儿学习"转变

在教学过程中,教师要指导幼儿掌握基本的学习过程;指导幼儿了解学科特征,掌握学科研究方法;培养幼儿良好的学习习惯。

(3)教学从"重结论轻过程"向"重结论时更重过程"转变

幼儿的学习过程不仅是一个接受知识的过程,还是一个发现问题、分析问题、解决问题的过程。教师要能够看到教学过程及学习过程的重要性,在教学中创设生动形象且符合实际特点的生活情境,善于引导幼儿,鼓励幼儿自主学习,关注幼儿探索新知识的经历和获取新知识的体验。

(4)教学从"关注学科"向"关注人"转变

以学科为本位的教学突出表现为重认知轻情感,重教书轻育人。关注人是新课程改革的核心理念即一切为了每一位幼儿的发展在教学中的具体体现。它意味着教师要关注每一位幼儿,关注幼儿的情绪生活和情感体验,关注幼儿的道德生活和人格养成。

2.全面提高幼儿园园长和教师队伍的水平

幼儿综合素质的成败一定程度上取决于园长和教师的综合素养和整体水平。因此,园长不仅要成为幼儿园管理的行家,更要成为幼儿园保教活动的引领者,还要成为教师专业发展中的导师。教师不仅要更新教育观念、提高知识水平,还要有高度的事业心与责任感;不仅要有开拓意识和创新精神等优良品质,还要有高尚的思想道德、崇高的精神境界;不仅要有高度的敬业爱岗精神,还要严于律己、以身作则、为人师表。

3.在保教活动中全面落实素质教育

进行幼儿素质教育,教师可通过开展多种活动和游戏来进行,如采用色彩鲜艳、形象生动的直观教具,创设和谐的氛围和优美的教学环境,引导幼儿观察,与幼儿一起玩耍。教师在保教活动中应注意多给幼儿提供动口、动手、动眼、动脑的机会。

4.幼儿园、家庭和社会相互配合

在对幼儿进行素质教育的过程中,除了幼儿园教育工作者的努力之外,还需要家庭

和社会的配合。只有将这三方面的力量结合起来,才能形成素质教育的合力,保证幼儿健康茁壮成长。

▲【国赛链接】

下列对素质教育的理解,存在片面性的是( )。

A.促进学生发展   B.尊重学生个性发展

C.教育面向全体学生   D.引导学生协调发展

答案:A。【解析】素质教育不是促进个别学生的一般发展,而是要在尊重学生身心发展规律和个性特点的基础上,促进全体学生在德、智、体、美、劳等各个方面的全面与协调发展。

▲【真题链接】

1.中班的浩浩组织能力和语言表达能力都很强,王老师每次都让他在表演游戏中扮演主角。王老师的做法违背的教育理念是( )。

A.促进学生的全面发展   B.促进全体学生发展

C.促进学生主动发展   D.促进学生个性发展

答案:B。【解析】王老师的做法违背了面向全体幼儿的素质教育观。

2.班主任孙老师经常对学生说:"知识改变命运,分数才是硬道理",他自己出钱设立了"班主任基金",用于奖励每学期末前三名的学生,孙老师的做法( )。

A.正确,物质奖励具有良好的激励作用

B.不正确,考试成绩不衡量学生的综合素质

C.正确,考试成绩是衡量学生的重要指标

D.不正确,考试成绩不是评价学生的唯一指标

答案:D。【解析】孙老师的做法其实是应试教育,只注重学生的成绩和智育,应该采取多元化的评价方式来衡量学生。

3.素质教育的时代特征是( )。

A.面向全体学生   B.培养学生的创新精神

C.促进学生全面发展   D.促进学生的个性发展

答案:B。【解析】素质教育的时代特征是培养学生具有开拓进取、勇于创新的精神。

4.某幼儿园一直试着让幼儿做一些力所能及的事,如发勺子、分碗、搬凳子等。一天,小樱用乞求的目光注视着老师,轻声说:"老师,让我发一次勺子好吗?"老师说:"你每次吃饭最慢,上课从不举手发言,还发勺子呢!"下列做法正确的是( )。

A.老师让小樱先举手再发言   B.老师让小樱先吃饭再做事

C.老师应该让小樱搬凳子   D.老师应该让小樱发勺子

答案:D。【解析】教师应当倾听孩子的想法,在孩子力所能及的基础上鼓励幼儿自主探索。

三、教师观

教师观即教师的教育观念,是教师对教师职业的特点、责任、教师的角色以及科学履行职责所必须具备的基本素质等方面的认识。它直接影响着教师的知觉、判断,进而影响其保育教育行为。

(一)教师是幼儿的倾听者、观察者

教师不仅要善于传递知识,更要善于倾听和观察。倾听、观察不只是对幼儿语言和行为的知觉和记忆,还包括对其意义的建构和解释。幼儿园教师要注重一日活动中的观察,捕捉幼儿转瞬即逝的现象和变化过程,了解幼儿的个体差异,获得第一手资料。

倾听、观察幼儿还体现为教师要关注幼儿的已有经验,即幼儿现有的认知能力和生活经验。

(二)教师是幼儿学习活动中的支持者、引导者

在幼儿园的一日活动中,幼儿可能随时都会产生许多问题,但由于其年龄特点和经验有限,他们往往不会归纳事物的特点,**这时就需要教师及时介入和引导,**使探索深入下去,从而促进幼儿主动学习。

教师在幼儿活动中的支持、引导作用体现在活动的开展环节中,通过观察、倾听、参与幼儿的活动,掌握幼儿活动的脉搏,使活动得以开展维持、延续直至结束。

(三)教师是幼儿学习活动中的合作者

幼儿的学习是种互动的、以某种相互关系为基础的社会建构过程。互动的内容往往决定着学习的质量,**教师应该平等地参与到活动的进程之中,**与他们一起探索事物。

幼儿园教师还要相互学习和合作,从而达到共同提高的目的。在幼儿园,教师与幼儿、教师与家长、教师与教师及管理者之间应当相互协作、相互支持。

(四)教师应成为研究者、学习者、创造者

教师应成为研究者。在幼儿教育飞速发展的时代,教师能广泛接触到最新研究成果及国外教育教学经验。教师要理解先进的教育理念与模式,取其精华、去其糟粕,也需要具有一定的科研能力。教师应成为学习者。**在信息时代,幼儿园教师要成为终身学习者,**通过不断学习和成长,实现自身的可持续性发展。

教师应成为创造者。创造力就是生命力,是一切知识与财富的源泉。众多研究表明,幼儿时期是创造性与创造能力发展的最佳时期。因此,发展、培养幼儿的创造性与创造力是幼儿教育的一个重要目标,而这首先要求教师必须成为创造型教师。

(五)教师是课程的建设者和开发者

新课程改革要求教师具有强烈的课程意识和参与意识,改变以往学科本位的观念和

被动实施课程的做法。

教师要整体理解基础教育课程的结构系统,熟悉国家课程方案,理解国家课程、地方课程、校本课程的关系,理解课程实施中从"专家课程"到"现实课程"的转变过程,正确认识教材在课程中的地位和功能,变过去习惯的"教教材"为"用教材教",创造性地使用国家课程教材,积极进行国家课程地方化、校本化的实践探索。

同时,教师要积极参与地方课程和校本课程的建设,培养开发课程、评价课程、主动选择和创造性地使用新课程教材的能力。

▲【真题链接】

1.李老师与大班幼儿面对面,自由地坐在塑胶地上。李老师对幼儿说:"请你们想一个办法到老师面前来。"乐乐想到了前滚翻,动作不怎么标准,歪到了一边。对此,李老师恰当的说法是(　　　)。

A."动作不标准,重新做一遍。"

B."乐乐的想法真奇妙,要注意安全。"

C."这样不好,会踢到旁边的小朋友。"

D."乐乐真勇敢,大家要向他学习。"

答案:B。【解析】"乐乐的想法真奇妙,要注意安全",这既体现了教师对幼儿探索行为的肯定和鼓励,也体现了教师对幼儿安全的重视。

2.常老师经常利用周末向农民请教农业知识,看科普书籍,并把这些内容融入教学中,还印成小册子分发给同事。这说明常老师具有(　　　)。

A.课程开发的意识　　　　　　　　　B.园本教研的意识

C.课程评价的意识　　　　　　　　　D.园本培训的意识

答案:A。【解析】新课程改革背景下的教师观强调,教师应从课程的忠实执行者转变为课程的建设者和开发者,积极参与地方课程和校本课程的建设,培养开发课程、评价课程、主动选择和创造性地使用新课程教材的能力。常老师的做法说明其具有课程开发的意识。

3.教师在组织规则游戏时,发现有孩子"开小差"。教师应采取的措施是(　　　)。

A.点名批评,制止这种行为　　　　　B.继续游戏,完全视而不见

C.大发雷霆,把幼儿赶出活动室　　　D.轻拍幼儿,提醒幼儿集中精力

答案:D。【解析】教师是幼儿学习活动中的支持者、引导者。当幼儿在游戏活动过程中出现"开小差"的现象时,教师要采用巧妙的方式提醒幼儿集中注意力。

▲【国赛链接】

针对环境污染,张老师带领本组老师编写保护环境的学生读本。这体现了张老师是(　　　)。

A.课堂教学组织者　　　　　　　　　B.课堂教学建设者和开发者

C.学生学习指导者和促进者　　　　　D.课堂教学管理者

答案:B。【解析】张老师带领本组老师编写读本,体现了张老师在教育教学方面的研究能力,充分体现了素质教育观下教师是课程的建设者和开发者。

模块二　幼儿园教师的专业素养

一、幼儿教师的劳动特点

(一)劳动对象的主动性与幼稚性

幼儿不是被动地接受教师的教育影响,而是通过自身的内部作用主动选择和接纳,进而形成自己的知识经验和思想感情。因此,幼儿教师必须了解每个幼儿,从幼儿的实际情况出发,调动幼儿的主动性。

幼儿教师的劳动对象通常是3~6岁的幼儿。他们正处于人生的早期阶段,身心发展极不成熟,是非常幼稚的。幼儿教师必须尊重幼儿的意愿和兴趣,在教育的目标、内容、方式、方法上要充分地考虑幼儿当前的身心发展状况。

(二)劳动内容的全面性与细致性

幼儿教师不仅要照料幼儿的生活起居、饮食睡眠,还要组织教育活动与开展游戏等,促使幼儿在身体、智力、品德等方面得到发展。幼儿教师劳动内容的全面性还表现为教师要关心、帮助每位幼儿获得全面发展。

由于幼儿年龄较小,独立生活能力较差,因此幼儿教师要细致地照料他们的生活,还要时时注意他们的身体健康状况。因而幼儿教师的劳动内容具有细致性的特点。

(三)劳动过程的创造性与灵活性

幼儿教师面对的是千差万别的幼儿。每个幼儿都有着不同的家庭生活环境和经历,有着各自不同的兴趣、爱好、性格、发展水平和优势领域。因此,幼儿教师要针对幼儿的个别差异,提出不同的要求。采取不同的方法,创造性地开展工作。

幼儿教师劳动具有极大的灵活性。首先表现在对教学内容的加工和处理,以及对教育教学方法的选择和运用方面;其次体现在教育机制方面。

(四)劳动手段的主体性与示范性

幼儿知识的习得、能力的培养、品德的塑造、行为习惯的养成等很大一部分是通过幼儿对教师的直接模仿而获得的。因此,幼儿教师的劳动手段带有很强的主体性。

幼儿教师劳动的示范性表现为其一言一行、一举一动都会成为幼儿模仿学习的榜样,潜移默化地影响着幼儿智力、思想、品德等方面的发展。因此,幼儿教师不仅要言传,更要身教。

(五)劳动周期的长期性与滞后性

幼儿教师的任务是把幼儿培养成社会所需要的人,而幼儿知识经验的积累、智力的提高、道德观念或行为习惯的养成、健全人格的形成、审美情趣的陶冶等都是一个逐步的、长期的过程。因此,幼儿教师的劳动具有长期性的特点。

幼儿教师劳动周期的长期性决定了幼儿教师劳动效果的滞后性。幼儿教师的劳动效果往往是通过幼儿进入小学、中学、大学后的表现和将来参加工作后取得的成就体现出来的。

二、幼儿教师的专业素养【参见《幼儿园教师专业标准》《学前教育专业师范生教师职业能力标准》】

(一)职业道德素养

《幼儿园教师专业标准》:

1.职业理解与认识

(1)贯彻党和国家教育方针政策,遵守教育法律法规。

(2)理解幼儿保教工作的意义,热爱学前教育事业,具有职业理想和敬业精神。

(3)认同幼儿园教师的专业性和独特性,注重自身专业发展。

(4)具有良好职业道德修养,为人师表。

(5)具有团队合作精神,积极开展协作与交流。

2.对幼儿的态度与行为

(1)关爱幼儿,重视幼儿身心健康,将保护幼儿生命安全放在首位。

(2)尊重幼儿人格,维护幼儿合法权益,平等对待每一位幼儿。不讽刺、挖苦、歧视幼儿,不体罚或变相体罚幼儿。

(3)信任幼儿,尊重个体差异,主动了解和满足有益于幼儿身心发展的不同需求。

(4)重视生活对幼儿健康成长的重要价值,积极创造条件,让幼儿拥有快乐的幼儿园生活。

3.幼儿保育和教育的态度与行为

(1)注重保教结合,培育幼儿良好的意志品质,帮助幼儿养成良好的行为习惯。

(2)注重保护幼儿的好奇心,培养幼儿的想象力,发掘幼儿的兴趣爱好。

(3)重视环境和游戏对幼儿发展的独特作用,创设富有教育意义的环境氛围,将游戏作为幼儿的主要活动。

(4)重视丰富幼儿多方面的直接经验,将探索、交往等实践活动作为幼儿最重要的学习方式。

(5)重视自身日常态度言行对幼儿发展的重要影响与作用。

(6)重视幼儿园、家庭和社区的合作,综合利用各种资源。

4.个人修养与行为

（1）富有爱心、责任心、耐心和细心。

（2）乐观向上、热情开朗，有亲和力。

（3）善于自我调节情绪，保持平和心态。

（4）勤于学习，不断进取。

（5）衣着整洁得体，语言规范健康，举止文明礼貌。

《中小学教师职业道德规范》：

1.爱国守法——教师职业的基本要求

热爱祖国，热爱人民，拥护中国共产党的领导，拥护社会主义。全面贯彻国家教育方针，自觉遵守《中华人民共和国教师法》等法律法规，依法履行教师职责和义务。不得有违背党和国家方针、政策的言行。

2.敬业奉献——教师职业的本质要求

忠诚人民教育事业，志存高远，对工作高度负责，勤勤恳恳，兢兢业业，甘为人梯，乐于奉献。认真备课上课，认真批改作业，认真辅导学生。不对工作敷衍塞责。

3.热爱学生——师德的灵魂

关心爱护全体学生，尊重学生人格，平等、公正对待学生。对学生严慈相济，做学生的良师益友。保护学生安全，维护学生合法权益，促进学生全面、主动、健康发展。不讽刺、挖苦、歧视学生，不体罚或变相体罚学生。

4.教书育人——教师的天职

实施素质教育，遵循教育规律，勇于探索创新，不断提高教育教学水平。培养学生良好品德，塑造学生健全人格，启发学生创新精神。不违规加重学生课业负担，不以分数作为评价学生的唯一标准。

5.为人师表——教师职业的内在要求

知荣明耻，严于律己，以身作则。衣着整洁得体，语言规范健康，举止文明礼貌。谦虚谨慎，团结协作。平等对待学生家长，认真听取意见和建议，不以粗鲁言行对待家长。廉洁奉公，自觉抵制有偿家教，不利用职责之便谋取私利。

6.终身学习——教师专业发展不竭的动力

树立终身学习理念，遵守教师培训制度，不断学习，与时俱进，自觉更新教育观念，完善知识结构，潜心钻研教育教学业务，不断提高教书育人的能力水平。

（二）专业知识素养

1.幼儿发展知识

（1）了解关于幼儿生存、发展和保护的有关法律法规及政策规定。

（2）掌握不同年龄幼儿身心发展特点、规律和促进幼儿全面发展的策略与方法。

（3）了解幼儿在发展水平、速度与优势领域等方面的个体差异，掌握对应的策略与方法。

（4）了解幼儿发展中容易出现的问题与适宜的对策。

（5）了解特殊需要幼儿的身心发展特点及教育策略与方法。

2.幼儿保育与教育知识

（1）熟悉幼儿园教育的目标、任务、内容、要求和基本原则。

（2）掌握幼儿园各领域教育的学科特点与基本知识。

（3）掌握幼儿园环境创设、一日生活安排、游戏与教育活动、保育和班级管理的知识与方法。

（4）熟知幼儿园的安全应急预案，掌握意外事故和危险情况下幼儿安全防护与救助的基本方法。

（5）掌握观察、谈话、记录等了解幼儿的基本方法和教育心理学的基本原理和方法。

（6）了解0～3岁婴幼儿保教和幼小衔接的有关知识与基本方法。

3.通识性知识

（1）具有一定的自然科学和人文社会科学知识。

（2）了解中国教育基本情况。

（3）具有相应的艺术欣赏与表现知识。

（4）具有一定的现代信息技术知识。

（三）专业能力素养

1.环境的创设与利用

（1）建立良好的师幼关系，帮助幼儿建立良好的同伴关系，让幼儿感到温暖和愉悦。

（2）建立班级秩序与规则，营造良好的班级氛围，让幼儿感到安全、舒适。

（3）创设有助于促进幼儿成长、学习、游戏的教育环境。

（4）合理利用资源，为幼儿提供和制作适合的玩教具和学习材料，引发和支持幼儿的主动活动。

2.一日生活的组织与保育

（1）合理安排和组织一日生活的各个环节，将教育灵活地渗透到一日生活中。

（2）科学照料幼儿日常生活，指导和协助保育员做好班级常规保育和卫生工作。

（3）充分利用各种教育契机，对幼儿进行随机教育。

（4）有效保护幼儿，及时处理幼儿的常见事故，危险情况优先救护幼儿。

3.游戏活动的支持与引导

（1）提供符合幼儿兴趣需要、年龄特点和发展目标的游戏条件。

（2）充分利用与合理设计游戏活动空间，提供丰富、适宜的游戏材料，支持、引发和促进幼儿的游戏。

（3）鼓励幼儿自主选择游戏内容、伙伴和材料，支持幼儿主动地、创造性地开展游戏，充分体验游戏的快乐和满足。

（4）引导幼儿在游戏活动中获得身体、认知、语言和社会性等多方面的发展。

4.教学活动的计划与实施

（1）制定阶段性的教育活动计划和具体活动方案。

（2）在教育活动中观察幼儿，根据幼儿的表现和需要，调整活动，给予适宜的指导。

（3）在教育活动的设计和实施中体现趣味性、综合性和生活化，灵活运用各种组织形式和适宜的教育方式。

（4）提供更多的操作探索、交流合作、表达表现的机会，支持和促进幼儿主动学习。

5.激励与评价

（1）关注幼儿日常表现，及时发现和赏识每个幼儿的点滴进步，注重激发和保护幼儿的积极性、自信心。

（2）有效运用观察、谈话、家园联系、作品分析等多种方法，客观、全面地了解和评价幼儿。

（3）有效运用评价结果，指导下一步教育活动的开展。

6.沟通与合作

（1）使用符合幼儿年龄特点的语言进行保教工作。

（2）善于倾听，和蔼可亲，与幼儿进行有效沟通。

（3）与同事合作交流，分享经验和资源，共同发展。

（4）与家长进行有效沟通合作，共同促进幼儿发展。

（5）协助幼儿园与社区建立合作互助的良好关系。

7.反思与发展

（1）主动收集分析相关信息，不断进行反思，改进保教工作。

（2）针对保教工作中的现实需要与问题，进行探索和研究。

（3）制定专业发展规划，积极参加专业培训，不断提高自身专业素质。

▲【真题链接】【国赛链接】

1.超超属于大（2）班里少数不会跳绳的孩子。户外活动时，梅老师对超超说："今天老师看到你用尽全力在跳，相信你还可以做得更好！"这表明梅老师（　　）。

　　A.未能把握教育契机　　　　　　　　B.善于创设学习环境

　　C.未能提供针对性指导　　　　　　　D.善于改进教学策略

答案：C。【解析】教师是幼儿学习过程的指导者。教师应根据幼儿发展特点及个体差异提供针对性指导。题干中超超的发展水平低于同龄幼儿，老师只对他进行了口头上的肯定与鼓励，并没有对其提供针对性的指导。

2.初入园的小朋友害怕幼儿园厕所里的蹲坑，黎老师就在每个蹲坑两边合适的位置，用环保油漆画上了可爱的小脚印。孩子们看了既新奇又喜欢，如厕时都去踩自己喜欢的小脚印。这说明教师劳动具有（　　）的特点。

　　A.长期性　　　　　　　　　　　　　B.示范性

C.复杂性　　　　　　　　　　　D.创造性

答案:D。【解析】由于劳动对象的差异以及劳动条件的不同,教师必须针对具体情况开展教育工作,这种劳动是一种创造性的过程。在教育过程中,教师还面临着一系列的问题,需要创造性地处理。题干中的黎老师针对初入园的幼儿害怕幼儿园厕所里的蹲坑现象,设计了蹲坑两边的小脚印,这说明教师劳动具有创造性的特点。

3.王老师在给孩子们讲故事时,讲到"大象用鼻子把狼卷起来",用手做出卷的动作,说到"大象把狼扔到河里去",又用手做出扔的样子,孩子们也学老师做出相同的动作,脸上露出会意的笑容。这体现教师劳动的特点是(　　)。

A.复杂性　　　　　　　　　　　B.示范性

C.长期性　　　　　　　　　　　D.创造性

答案:B。【解析】教师通过示范性的动作展示让幼儿理解故事内容,体现了教师劳动示范性的特点。

4.小豆5岁了,说话发音还是不太清楚,陈老师除了平时鼓励外,还专门查找很多相关料并制订了矫正方案。通过老师在日常生活中的指导,以及儿歌、绕口令的练习,小豆有了较大的进步。下列选项与该案例教师职业道德要求相符合的是(　　)。

A."学而不思则罔,思而不学则殆。"

B."道而弗牵,强而弗抑,开而弗达。"

C."其身正,不令而行;其身不正,虽令不从。"

D."圣贤施教,各因其材,小以小成,大以大成。"

答案:D。【解析】"圣贤施教,各因其材,小以小成,大以大成"的意思是圣人贤人教育学生,能够因材施教,小材让他取得小成功,大材让他取得大成功。

5.果果的妈妈给王老师送去一袋家乡特产,请王老师多关照果果。王老师婉言谢绝,并表明照顾好每一个孩子是自己的责任。下列说法与对王老师的做法评价不符的是(　　)。

A."大厦之成,非一木之材也;大海之阔,非一流之归也。"

B."谁云交际之常,廉耻实伤;倘非不义之财,此物何来?"

C."心不动于微利之诱,目不眩于五色之惑。"

D."一丝一粒,我之名节。"

答案:A。【解析】为人师表要求教师坚守"严于律己,以身作则,谦虚谨慎,团结协作,廉洁奉公"的精神,不利用职务之便谋取私利。题干中王老师婉言谢绝了家长的送礼,表明王老师作风正派、廉洁奉公。A项的意思是强调集体力量的重要性。

模块三 幼儿园教师的专业发展

一、幼儿园教师专业发展的内涵

(一)幼儿教师专业发展的概念

幼儿教师专业发展是指幼儿教师在整个专业生涯中,依托专业组织、专门培养制度和管理制度,通过持续的专业教育,习得幼儿保教的专业技能,形成专业理想、专业道德和专业能力,从而实现专业自主的过程。

(二)幼儿教师专业发展的内容

1.建立专业理想

专业理想是指教师在对教育工作感受和理解的基础上形成的关于教育本质、目的、价值和生活等的理想和信念。它为教师提供了奋斗的目标,是推动教师专业发展的巨大动力。

2.拓展专业知识

《幼儿园教师专业标准(试行)》将幼儿教师的专业知识分为幼儿发展知识、幼儿保育和教育知识、通识性知识三个方面。

(1)幼儿发展知识

幼儿发展知识具体包括以下几方面:了解关于幼儿生存、发展和保护的有关法律法规及政策规定;掌握不同年龄幼儿身心发展特点、规律和促进幼儿全面发展的策略与方法;了解幼儿在发展水平、速度与优势领域等方面的个体差异,掌握对应的策略与方法;了解幼儿发展中容易出现的问题与适宜的对策;了解有特殊需要幼儿的身心发展特点及教育策略与方法。

(2)幼儿保育和教育知识

幼儿保育和教育知识具体包括以下几方面:熟悉幼儿园教育的目标任务、内容、要求和基本原则;掌握幼儿园各领域教育的学科特点与基本知识;掌握幼儿园环境创设、一日生活安排、游戏与教育活动、保育和班级管理的知识与方法;熟知幼儿园的安全应急预案,掌握意外事故和危险情况下幼儿安全防护与救助的基本方法;掌握观察、谈话、记录等了解幼儿的基本方法和教育心理学的基本原理和方法;了解0~3岁婴幼儿保教和幼小衔接的有关知识与基本方法。

(3)通识性知识

通识性知识具体包括以下几方面:具有一定的自然科学和人文社会科学知识;了解中国教育基本情况;具有相应的艺术欣赏与表现知识;具有一定的现代信息技术知识。

3.提高专业能力

教师的专业能力是指教师的教育教学能力。教师的专业能力是教师综合素质最突出的外在表现,也是评价教师专业性的核心要素。《幼儿园教师专业标准(试行)》规定的幼儿教师应具备的专业能力包括环境的创设与利用、一日生活的组织与保育、游戏活动的支持与引导、教育活动的计划与实施、激励与评价、沟通与合作、反思与发展的能力。

4.形成专业自我

教师的专业自我是指教师在职业生活中创造并体现符合自己志趣、能力与个性的独特的教育教学方式,以及自身在职业生活中形成的知识、观念价值体系与教学风格的总和。教师专业自我的形成过程是在教师与外界环境的相互作用过程中,教育教学素质不断提高的过程,是教师职业生活个性化的过程,也是良好教师形象形成的过程。

二、幼儿园教师专业发展的阶段

(一)教师专业发展三阶段理论

福勒和布朗根据教师的需要和不同时期教师所关注的焦点问题,把教师的成长划分为关注生存、关注情境和关注幼儿三个阶段。

1.关注生存阶段

关注生存阶段是教师成长的起始阶段,处于这一阶段的教师一般是新手型教师,他们非常关注自己的生存适应性。他们经常注重自己在幼儿同事及幼儿园领导心目中的地位。出于这种生存忧虑,教师会把大量的时间用于**处理人际关系或者管理幼儿。**

2.关注情境阶段

当教师认为自己在新的教学岗位上已经完全适应时,便会将注意力转移到提高教学工作的质量上来,如**关注幼儿的成长,关心班集体的建设,关注自己备课是否充分等与教学情境有关的问题。**一般来说,老教师比新手型教师更关注情境。

3.关注幼儿阶段

在关注幼儿这一阶段,教师能考虑到幼儿的个别差异,认识到不同的幼儿存在不同的发展水平,具有不同的情感和社会需求,注重因材施教。**能否自觉关注幼儿是衡量一个教师是否成熟的重要标志。**

(二)教师专业发展五阶段理论

伯利纳提出了教师专业发展的五阶段理论,将教师的专业发展分为新手教师、熟练新手教师、胜任型教师、业务精干型教师和专家型教师五个阶段。

1.新手教师阶段

新手教师是刚走上教学岗位的教师。新手教师主要表现出以下特征:(1)理性化,在分析和思考的基础上处理问题;(2)处理问题缺乏灵活性,刻板地依赖特定的原则、规范和计划。在这个阶段,教师需要了解与教学有关的实际情况,熟悉具体的教学情境,积累教学经验。

2.熟练新手教师阶段

随着知识和经验的积累,经过2~3年,新手教师逐渐发展为熟练新手教师。熟练新手教师主要表现出以下特征:(1)实践经验与书本知识逐渐整合,开始逐步掌握教学过程中的内在联系;(2)教学方法和策略方面的知识与经验有所提高,处理问题时表现出一定的灵活性;(3)经验对教学行为的指导作用提高,但还不能够很好地区分教学情境中的重要信息和无关信息;(4)对自己的教学行为缺乏一定的责任感。

3.胜任型教师阶段

大部分熟练新手教师通过教学实践和职业培训,3~4年后就能够成为胜任型教师。成为胜任型教师是教师发展的基本目标。胜任型教师主要表现出以下特征:(1)教学行为有明确的目的性;(2)能够区分出教学情境中的重要信息,并选择有效的方法或手段达到教学目标;(3)对自己的行为结果表现出更多的责任心,对成功和失败表现出强烈的情绪情感反应;(4)教学行为还没有达到足够快捷、流畅和灵活的程度。

4.业务精干型教师阶段

在成为胜任型教师后,大约还需要5年知识和经验的积累,有相当部分的教师会成为业务精干型教师。业务精干型教师主要表现出以下特征:(1)具有较强的直觉判断能力,能根据直觉对教学中出现的与以往教学情境类似的情况进行观察与判断,并做出适宜的反应;(2)教学技能接近认知自动化水平;(3)教学行为已经达到了快捷流畅和灵活的程度。

5.专家型教师阶段

专家型教师阶段是教师发展的最终阶段,只有部分业务精干型教师在以后的职业发展中能成为专家型教师。专家型教师主要表现出以下特征:(1)观察教学情境和处理事物是非理性的;(2)对教学情境的观察与判断的直觉性;(3)教学技能达到了完全自动化水平。

三、幼儿园教师专业发展的途径和要求

(一)幼儿园教师专业发展途径

促进幼儿教师专业发展的途径有很多,专业引领、同伴互助、自我反思、行动研究是比较常见的几种。

1.专业引领

专业引领是教师专业成长的重要条件,由教育科研专家、教研人员、一线骨干教师通过阐释教育教学理念、共拟教育教学方案指导教育教学实践尝试,引导反思教育教学行为,从而实现促进教师专业发展的目的。专业引领就其形式而言,主要有学术专题系列

报告、理论学习辅导讲座、教学现场指导、教学专业咨询(座谈)、合作课题研究等。

2.同伴互助

同伴互助是指在两个或两个以上教师之间发生的、以专业发展为指向的、通过多种手段开展的，旨在实现教师持续主动地自我提升、相互合作并共同进步的教学研究活动，以达到改善教学的目的。同伴互助的形式有集体备课、观课议课、一课多研、同课异构、专业对话、沙龙研讨、观摩教学、师徒结对等。

3.自我反思

自我反思是指教师以自己的教学活动为意识对象，对自己的教育理念、教学行为、教学决策，以及由此产生的结果进行认真的自我审视、评价、反馈、控制、调节的过程。教师可以通过撰写教学日志、教学后记、教学案例、课后备课、教育叙事等方法将反思这一内省活动外显化。教师也可以采用微格教学的形式进行反思活动。**微格教学**是指教师以少数的幼儿为对象，在较短的时间内(5~20分钟)，尝试做小型的课堂教学，并把教学过程摄制成录像，课后再进行分析的一种教学方式。

4.行动研究

行动研究是指教师在实际教育中，基于学校，源于教师教学行为，把教学实际中出现的问题作为研究的起点和对象，制订计划、系统地收集资料、分析问题、提出改进方案、付诸实施、检验和反省成果，把学习与培训、学习与行动结合起来。

(二)幼儿教师专业发展的要求

1.学会学习，成为终身学习者

教师首先应该是一个具有终身学习意识和能力的人，通过不断地学习，提高自己的知识水平，以适应不断变化的时代对教育提出的要求。

2.勤于反思，成为反思的实践者

教师应该增强自己的反思意识，不断反思自己的教育教学理念与行为，思考各种教育行为的结果，不断自我修正、调整和更新，从而加快自己的专业发展与成长。

3.恒于研究，成为教育教学的研究者

教师应该不断向研究型教师的目标迈进，积极发现自己在教育教学中存在的问题，深入研究、思考解决这些问题的方法。这样才能不断提高教育教学质量，促进自身的专业发展。

4.重视沟通，提升交往与合作能力

新课程改革要求教师高度重视交往与合作能力的培养。日常教学之余，教师可以彼此交换意见，分享经验。新课程改革还提倡师幼之间的交往与合作。教师应该努力成为师幼关系的艺术家，积极与幼儿进行交流，必要时可以与幼儿合作，共同完成教学活动。

5.勇于创新，培养创新精神和实践能力

素质教育要求教师注重培养幼儿的创新精神和实践能力。这首先要求教师培养自己的创新能力。教师应该经常、主动地更新观念,学习新知识,有意识地培养和强化自己的创新精神,创造性地进行教育教学,不断提高自己的创新能力。

▲【真题链接】【国赛链接】

1.新入职的王老师在工作中遇到棘手的问题就去请教李老师。有一次,李老师提出建议后,笑容可掬地说:"你这是想走捷径啊,哪有那么容易的事,慢慢摸索吧,时间长了就知道了,我们都是这么过来的。"该情境中体现的教师发展途径不包括(　　)。

　　A.自主与协作的结合　　　　　　　　B.借鉴与探索的结合

　　C.学习与反思的结合　　　　　　　　D.理想与现实的结合

答案:D。【解析】新入职的王老师遇到问题主动请教李老师。李老师给王老师提出建议后,告诫其没有捷径,需要慢慢探索,时间长了就知道了。这体现了教师专业发展途径包括自主与协作的结合,同时也体现了教师专业发展不是一蹴而就的,而是需要不断借鉴与探索、终身学习与时刻反思的。

2.小万毕业后来到幼儿园,觉得自己专业基础好,很少参加教研活动,头两年还不错,后来他的教学效果越来越差,因此有些苦闷。对小万老师的表现,下列说法不正确的是(　　)。

　　A.职业认知偏误　　　　　　　　　　B.职业定位偏差

　　C.职业目标过高　　　　　　　　　　D.职业态度不正

答案:C。【解析】职业认知是教师在工作、学习与生活中,通过主动或被动方式参与到认识职业活动中,从而形成对教师职业的基本认识和评价。小万认为自己专业基础好,就很少参加教研活动,导致教学效果越来越差,说明其对教师的教研工作缺乏正确认识,体现其职业认知偏误。

3.沈老师在指导新教师时说:"学习和掌握幼儿身心发展规律、年龄特点,对做好工作极为重要。"沈老师强调的是(　　)。

　　A.幼儿发展知识的学习　　　　　　　B.通识性知识的学习

　　C.保教知识的学习　　　　　　　　　D.领域知识的学习

答案:A。【解析】幼儿教师专业知识包括幼儿发展知识、幼儿保教知识和通识性知识。"不同年龄幼儿身心发展特点、规律和促进幼儿全面发展的策略与方法"属于幼儿发展知识。题干中沈老师强调的是幼儿发展知识的学习。

4.某幼儿园经常组织老师们相互观摩保教活动,针对活动过程展开研讨,提出完善活动设计的建议。这种做法体现的教师专业发展途径是(　　)。

　　A.进修培训　　　　B.同伴互助　　　　C.师徒结对　　　　　D.自我研修

答案:B。【解析】教师之间的相互研讨,属于教师专业发展途径中的同伴互助。

◇【本章小结】

本章节主要介绍了教育观、儿童观和教师观以及幼儿园教师的专业素养和发展。教育观模块从教育观的概念出发,讲解了素质教育的概念、基本要求、实施途径和方法等。

儿童观模块从儿童观的概念出发,重点讲解了"育人为本"的儿童观内容。教师观模块从教师观的概念出发,讲解了新课程改革背景下的幼儿教师观、幼儿教师的职业责任、幼儿教师的劳动特点、幼儿教师的专业发展等内容。

本章内容在考试中所占比例较大,需要考生重点掌握。考试题型多为选择题、简答题、论述题和材料分析题。"育人为本"的儿童观、素质教育、教师评价、分析能力、观察能力、师幼关系、幼儿教师教育角色的扮演等考点出现频率较高。

◇【本章思考与练习】

一、单项选择题(识记)

1.大(1)班的方老师指着墙角的一片区域说:"下面请我们班最可爱、最乖巧的小朋友带领大家齐唱这首歌。"坐在墙角的阳阳刚要站起来时,方老师说道:"我说的不是你,涵涵才是最可爱、最乖巧的小朋友。"方老师的做法( )。

A.正确,可以促进该幼儿的发展

B.正确,用合理的方式维护了课堂秩序

C.不正确,违背了面向全体幼儿的理念

D.不正确,不利于幼儿形成良好的同伴关系

2.王老师把班上不守纪律的幼儿安排在教室的最后排,只要他们不影响教学活动的开展,就对他们不闻不问。王老师的做法( )。

A.正确,照顾到了大部分幼儿的需求

B.正确,防止不守纪律的幼儿扰乱课堂

C.不正确,违背了面向全体幼儿的理念

D.不正确,剥夺了幼儿的受教育权

3.某幼儿园陈老师根据幼儿歌唱能力的高低,将全班幼儿分为 A、B、C 三类。陈老师的做法( )。

A.不恰当,忽视了幼儿的主动发展

B.恰当,注重幼儿的个性发展

C.不恰当,忽视了幼儿的全面发展

D.恰当,注重幼儿的可持续发展

4.幼儿峰峰上课经常扰乱其他小朋友,注意力非常不集中。不过,他很擅长运动,曾两次获得园所运动会短跑项目比赛的冠军。对此,教师的下列做法中,不恰当的是( )。

A.肯定峰峰运动方面的能力

B.了解峰峰问题形成的原因

C.帮助峰峰养成良好的行为习惯

D.告诉峰峰运动能力好就行,不用在意其他方面

5.在一次"长大后,我想做什么"的主题活动课上,西西说:"长大后,我想成为一名数学家。"可王老师说:"西西,你的计数能力这么差,还想当数学家。"王老师的说法忽视了

(   )。

  A.儿童的主体性   B.儿童的发展性

  C.儿童的创造性   D.儿童的差异性

  6.幼儿园的李老师认为岩岩有学习天文的潜质,便与家长沟通,让他们支持岩岩的兴趣,并鼓励家长多带他去天文馆。后来,岩岩对天文的兴趣一直没有减弱,大学毕业后从事了天文工作。这表明李老师(   )。

  A.维护了幼儿学习的权利   B.尊重了幼儿的自由意志

  C.重视了幼儿的全面发展   D.看到了幼儿的发展潜能

  7.青青在课堂上总是默默无言,陈老师给她的评语中写道:"在老师的眼里,你是一个聪明文静的孩子。每一次游戏活动,你是那么认真;每一节儿歌课,你是那么专心。什么时候能让老师听到你甜美的声音呢?"关于陈老师的做法,下列描述不正确的是(   )。

  A.树立了育人为本的评价理念

  B.评语有利于促进幼儿的发展

  C.关注到了幼儿的优点和闪光点

  D.采用了定量和定性相结合的评价

  8.在一次语言活动中,幼儿然然指出刘老师讲的某个故事情节中的错误。刘老师恼羞成怒地说:"然然,你厉害,以后你替老师讲故事好了!"刘老师的做法(   )。

  A.正确,维护了老师自身的权威

  B.不正确,伤害了幼儿的自尊

  C.正确,控制了幼儿与课堂无关的行为

  D.不正确,限制了幼儿说话的自由

  9.杜老师即将参加省里组织的"幼儿园环境创设"比赛活动,于是她想咨询一下有过参赛经验的杨老师,但却遭到了杨老师的拒绝。对此,杨老师的做法(   )。

  A.不正确,缺乏团结协作的精神

  B.正确,注重自身能力的提高

  C.不正确,缺乏循循善诱的品德

  D.正确,注重专业素养的提升

  10.常老师经常利用周末向农民请教农业知识,看科普书籍,并把这些内容融入教学中,还印成小册子分发给同事。这说明常老师具有(   )。

  A.课程开发的意识   B.园本教研的意识

  C.课程评价的意识   D.园本培训的意识

  11.教师在组织规则游戏时,发现有孩子"开小差"。教师应采取的措施是(   )。

  A.点名批评,制止这种行为

  B.继续游戏,完全视而不见

  C.大发雷霆,把幼儿赶出活动室

  D.轻拍幼儿,提醒幼儿集中精力

12.针对环境污染,张老师带领本组老师编写保护环境的幼儿读本。这体现了张老师
是(　　)。

A.课堂教学组织者　　　　　　　　B.课堂教学建设者和开发者

C.学生学习指导者和促进者　　　　D.课堂教学管理者

二、材料分析题(综合运用)

幼儿园张老师决定在班上组织一次文艺表演活动。晓敏觉得自己不会跳舞,也不会
唱歌,因此一直没有报名。

张老师找到晓敏,问她为什么没有报名。原来晓敏的父母离异,自己随着母亲几经
辗转来到这个陌生的城市,每天帮妈妈做家务,没有什么朋友,更没有什么时间学习文艺
特长。晓敏说自己被子叠得比较好,张老师了解到这一情况后,鼓励晓敏展示自己叠被
子的技能。表演活动当天,张老师请晓敏表演叠被子。在大家好奇的目光中,晓敏一手
持被角,灵巧有力地上下舞动,很快,被子就叠好了,叠得又快又整齐,小朋友们都情不自
禁地鼓起掌来。

从那以后,晓敏不再因为自己没特长而自卑,变得自信多了。她主动和其他幼儿交
朋友,脸上总是挂满甜美的笑容。

问题:请结合材料,从儿童观的角度,评析张老师的教育行为。

幼儿园环境

■ 学习目标

1.掌握幼儿园环境的概念、种类以及环境创设的基本原则,形成正确的幼儿园环境观。

2.运用幼儿园环境创设的基本知识分析评价幼儿园环境创设。

■ 本章导学/含考纲要点简要说明

本专题包含两个模块,模块一介绍幼儿园环境创设的概念、类型、价值与功能,要求掌握幼儿园环境的概念、类型和价值。模块二介绍物质环境、精神环境创设的原则、方法,要求重点掌握物质环境创设的原则,精神环境创设的意义、原则与策略,形成正确的幼儿园环境观,并能运用幼儿园环境创设的基本知识分析评价幼儿园环境创设。

从历年幼儿园教师资格考试真题及国家职业技能大赛试题来看,本章涉及的重点在于幼儿园物质环境创设的原则、精神环境创设的意义,所涉及的题型主要是论述题、材料题,主要侧重于知识的领会和综合运用。

■ **本章思维导图**

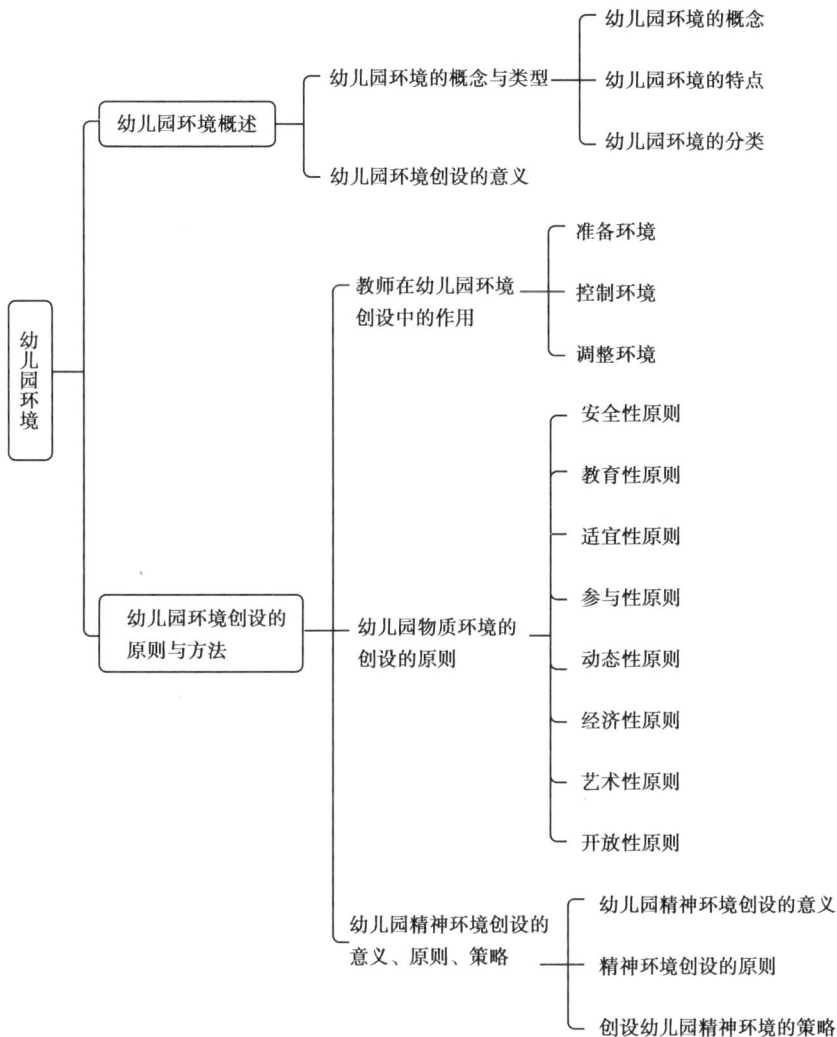

幼儿园环境
- 幼儿园环境概述
  - 幼儿园环境的概念与类型
    - 幼儿园环境的概念
    - 幼儿园环境的特点
    - 幼儿园环境的分类
  - 幼儿园环境创设的意义
- 幼儿园环境创设的原则与方法
  - 教师在幼儿园环境创设中的作用
    - 准备环境
    - 控制环境
    - 调整环境
  - 幼儿园物质环境的创设的原则
    - 安全性原则
    - 教育性原则
    - 适宜性原则
    - 参与性原则
    - 动态性原则
    - 经济性原则
    - 艺术性原则
    - 开放性原则
  - 幼儿园精神环境创设的意义、原则、策略
    - 幼儿园精神环境创设的意义
    - 精神环境创设的原则
    - 创设幼儿园精神环境的策略

知识要点解析

模块一　幼儿园环境概述

一、幼儿园环境的概念与类型

(一)幼儿园环境的概念

环境指一定范围内围绕个体,并影响个体的一切外部条件的总和。**广义的幼儿园环**

境:是幼儿园活动赖以进行的一切条件的总和,它既包括幼儿园内部小环境,也包括与幼儿园教育有关的家庭、社区、社会大环境。狭义的幼儿园环境:专指幼儿园中对学前儿童身心发展产生影响的物质条件和精神条件的总和。

(二)幼儿园环境的特点

幼儿园环境具有两个特点:教育性和可控性。教育性是指教师根据幼儿园培养目标和学前儿童身心发展的特点,在《幼儿园教育指导纲要(试行)》指导下有目的有计划地运用环境中的各种要素调整、创设教育环境,发挥教育作用。可控性是指幼儿园环境构成处于教育者的掌控之下。

(三)幼儿园环境的分类

从幼儿园环境中构成的内容和性质差异来划分,幼儿园的环境可分为物质环境和精神环境。

物质环境是指幼儿园内各种物质要素的总和。可分为自然物质环境和社会物质环境。主要包括基础设施、环境布置、物理空间的设计与利用以及各种材料的选择和搭配等。自然物质环境是指幼儿园中各种自然条件的总和,如花草、树木等都是幼儿园教育活动可以直接利用的教育资源。社会物质环境主要由幼儿园的活动室、户外活动场地、各种设备和活动材料、空间结构与环境布置等要素构成。

精神环境是指幼儿园内对学前儿童发展产生影响的一切精神因素的总和。包括幼儿园人际关系,幼儿园内人际关系、幼儿园文化氛围、风气、教师的教育观念与行为等等。幼儿园精神环境对幼儿认知、情感与个性品质的形成、发展具有十分重要的作用。一所幼儿园能否成为真正的儿童乐园,主要取决于幼儿园的精神环境。

▲【真题链接】

1.(2012年上)幼儿园环境分为物质环境和(　　)。

　A.社会环境　　　　B.精神环境　　　　C.城市环境　　　　D.局部环境

答案:B。【解析】幼儿园环境可以分为物质环境和精神环境。

2.(2013年下)下列选项中,对幼儿教育质量影响最小的是(　　)。

　A.经费投入　　　　B.师幼互动　　　　C.教师学历　　　　D.高档园舍

答案:D。【解析】略。

▲【国赛链接】

(2019年)下列环境属于幼儿园的精神环境的是(　　)。

A.主题墙饰　　　　B.滑滑梯　　　　　C.师生关系　　　　D.玩具

答案:C。【解析】幼儿园的精神环境是指幼儿园内对学前儿童发展产生影响的一切精神因素的总和。包括幼儿园人际关系,幼儿园内人际关系、幼儿园文化氛围、风气、教师的教育观念与行为等等。

二、幼儿园环境创设的意义

教育部颁发的《幼儿园教师专业标准(试行)》要求教师"重视环境和游戏对幼儿发展的独特作用,创设富有教育意义的环境氛围,将游戏作为幼儿的主要活动"。2012 年,《幼儿园教师专业标准(试行)》将"环境创设与利用"列为幼儿教师七大专业能力之首。2012 年,教育部正式颁布的《3—6 岁儿童学习与发展指南》强调,创设丰富的教育环境,最大限度地支持和满足幼儿通过直接感知、实际操作和亲身体验获取经验的需要。

现代心理学认为:智慧及认知结构起源于幼儿和环境的相互作用,是幼儿在主动地作用于外部世界的过程中发展起来的。为此,环境正以其"潜在课程"的教学魔力使人们对幼儿学习方式的认识发生了深刻的变化,即由关注幼儿的接受学习变成了强调幼儿的发现学习,给教师创设环境带来了全新的思考空间。

可见,环境作为幼儿园的基本要素之一,作为重要的中介,对学前儿童的学习起着促进作用。被称为"全世界最好的学前班"的瑞吉欧学前教育机构认为环境是"第三位老师"。教育任务的完成正是通过创设和调控环境,促进学前儿童与环境相互作用来实现的。

综上所述,幼儿园环境是组成教育的基本要素;是课程设置和实施的重要组成部分;是促进互动的关键因素;也是"记录、展示"的重要方式。幼儿园环境创设具有重要意义。

▲【真题链接】

(2017 年下)论述题:什么是幼儿园环境? 为什么幼儿园教育中要强调创设良好的幼儿园环境? 请联系实际说明。

答案要点:

幼儿园环境是指幼儿园内幼儿身心发展所必须具备的一切物质条件和精神条件的总和,可以分为物质环境和精神环境两部分。幼儿园的物质环境是指幼儿园内对幼儿发展有影响作用的各种物质要素的总和,包括园舍建筑、园内装饰、场所布置、设备条件、物理空间的设计与利用及各种材料的选择与搭配等;幼儿园的精神环境指幼儿园内对幼儿发展产生影响的一切精神因素的总和。它主要包括教师的教育观念与行为、幼儿园人际关系、幼儿园文化氛围等;在具备了基本的物质条件后,对幼儿园教育起决定作用的是精神环境。

幼儿园教育中,强调创设良好的幼儿园环境是因为:
(1)良好的幼儿园环境能促进幼儿身体健康成长。
(2)良好的幼儿园环境能促进幼儿的认知发展。
(3)良好的幼儿园环境能促进幼儿社会性的发展。
(4)良好的幼儿园环境能提高幼儿感受美、欣赏美的能力。
将以上四点展开论述,并举生活实例。

模块二　幼儿园环境创设的原则与方法

一、教师在幼儿园环境创设中的作用

(一)准备环境

在幼儿园中准备一个与教育相适宜的环境是教师的职责。教师在准备环境时应让环境蕴含教育目标,同时也必须符合幼儿的需要和兴趣。尽量让幼儿参与环境的创设,做环境的主人。

(二)控制环境

教师对环境的控制体现在教师能对环境因素加以控制和利用,通过不断优化环境,使其按照一定的方向去影响幼儿,促进幼儿健康地成长。

(三)调整环境

教师引导幼儿与环境进行积极互动,同时根据幼儿反馈的信息,积极对环境进行调整,以便于环境随着幼儿的兴趣、需要、能力及教学目标的变化而变化,保持适合幼儿发展的最佳状态。

二、幼儿园物质环境的创设的原则

幼儿园物质环境包括园里所有人为的和非人为的各种场所材料、园舍建筑、设施设备、活动场地、教学器材、玩具学具等,物质环境是可见的,被称为"显性环境"。幼儿园物质环境创设遵循以下原则:

(一)安全性原则

安全性原则是指幼儿园的园舍建筑、设施设备、活动场地、玩教具等有形的物质条件必须要符合相关的卫生和安全标准,对学前儿童的身体和心理没有危害和安全隐患。由于幼儿年龄小,生活经验不足,安全意识和自我保护能力较差,因此安全性原则是幼儿物质环境创设的首要原则。幼儿园环境的安全性主要包括两个方面,一是物质环境的安全,物质环境的安全是保障幼儿人身安全的基础。二是精神环境的安全,是保证幼儿获得心理安全的重要条件。贯彻这一原则应注意以下几点:(1)注意园舍建筑的安全性。(2)注意设施设备、玩教具等的安全性。(3)重视室外活动场地的安全性。(4)注意危险物品的放置。

(二)教育性原则

教育性原则是指环境的创设要体现环境的教育价值。应使环境创设的目标与幼儿园教育目标相一致。有的幼儿园,虽然也重视环境的创设,但很大程度上只是追求美观,对环境的教育性考虑很少。贯彻这一原则应注意以下几点:(1)环境创设要有利于教育目标的实现。幼儿园教育目标是促进幼儿的全面发展,那么,在环境创设时对幼儿德、智、体、美四育就不能重此轻彼。(2)根据幼儿园教育目标,对环境设置作系统规划。应考虑为达到这些目标,需要怎样的环境与之配合? 现有的环境因素中,哪些因素对教育目标的实现是有用的,可以利用,哪些环境因素是要创设的? 需要幼儿家庭、社区做哪些工作?

(三)适宜性原则

适宜性原则是指幼儿园环境创设既要符合幼儿的年龄特点及身心健康发展的需要,又要符合幼儿园的实际。贯彻这一原则应注意以下几点:(1)要针对学前儿童的特点和发展需要;(2)要与幼儿园自身特点、能力和发展需要相符合。

【国赛链接】

(2019 年)幼儿教师给刚入园的小班幼儿布置环境时给予特别关注,让其有家的感觉。这遵循了环境创设的( )。

A.适宜性原则　　　　　　　　　　　B.安全性原则

C.参与性原则　　　　　　　　　　　D.开放性原则

答案:A。【解析】幼儿园环境创设的适宜性原则是指幼儿园环境创设既要符合幼儿的年龄特点及身心健康发展的需要,又要符合幼儿园的实际。小班的幼儿存在分离焦虑的问题,幼儿教师根据小班幼儿身心健康发展的需要布置环境,让其有家的感觉。这体现了环境创设的适宜性原则。

(四)参与性原则

参与性原则是指幼儿园环境创设需要教师、学前儿童和家长的共同参与。教育者要有让幼儿参与环境创设的意识,认识到幼儿园环境的教育性不仅蕴含于环境之中,而且蕴含于环境创设的过程中。环境创设过程应该是一个积极的教育过程,在环境创设的过程中,教师还要调动学前儿童和家长的积极性,让幼儿做环境创设的主人,积极参与环境的创设,培养幼儿的主体精神,发展幼儿的主体意识,有目的地学习知识和技能的能力,以及分工合作、讨论的能力和发现问题、解决问题的能力。贯彻这一原则应注意以下几点:(1)积极引导学前儿童参与环境创设。(2)充分调动家长和社区的力量参与幼儿园的环境创设。

【国赛链接】

(2020年)"教师创设环境的过程中,一直在采纳和吸收幼儿的建议并请幼儿参与,让幼儿参与玩具、材料的投放。"这是在遵循( )原则。

A.发展适宜性　　　　B.安全性　　　　C.参与性　　　　D.开放性

答案:C。【解析】幼儿园环境创设的参与性原则是指幼儿园环境创设需要教师、学前儿童和家长的共同参与。题目中幼儿教师让幼儿参与玩具、材料的投放体现了环境创设遵循了参与性原则。

(五)动态性原则

环境的动态性(可变性)原则是指环境创设要根据教育的要求和学前儿童的发展需要不断发展变化。幼儿年龄较小,有意注意维持的时间较短,而变化的事物、丰富的活动更容易引起他们的注意和兴趣。贯彻这一原则应注意以下几点:(1)幼儿园的环境创设可以随着季节、节日、教育主题的变化而变化 。(2)根据幼儿的兴趣及时改变或创设新的活动区。

(六)经济性原则

经济性原则是指创设幼儿园环境应考虑幼儿园自身经济条件,勤俭办园,因地制宜办园。在给幼儿提供物质条件时,应以物质条件对幼儿发展的功能大小和经济实用性为依据,此外,根据本园需要,就地取材,一物多用,争取少花钱,多办事,办好事。贯彻这一原则应注意以下几点:(1)注重自然资源、废旧资源的开发与利用。(2)注意将钱花在刀刃上,做到物有所值,物超所值。

(七)艺术性原则

艺术性原则是指幼儿园环境的创设应是清洁整齐的,在色彩和形式上要富有美感,能激发幼儿美的情趣,并在潜移默化中陶冶情操,以促进幼儿在德、智、体、美等方面的全面发展。幼儿园良好的环境应该具有很强的艺术性。对幼儿来说不仅要重视形式美,还要注重色彩美、造型美。贯彻这一原则应注意以下几点:(1)幼儿园环境的创设不仅应让幼儿感受美、欣赏美,而且还要能引导幼儿表现美、创造美。(2)环境创设时教师应给幼儿表现、创造的机会,留有一定的空间供幼儿来创作。(3)教师在创设环境时可以将幼儿的作品充分利用起来。

(八)开放性原则

开放性原则是指教育者应该树立大的教育观,创设幼儿园环境,不仅要考虑幼儿园内环境要素,同时也要重视园外环境的各要素,协同一致地对幼儿施加影响。幼儿园要善于利用开放的教育环境对幼儿进行教育。贯彻这一原则应注意以下几点:(1)注意空间上开放。幼儿园通过"走出去"的做法,选择、利用外界环境中有价值的因素教育幼儿。

(2)注意参观者的开放。幼儿园通过"请进来"的方式,把家庭、社区结合的活动纳入幼儿园教育过程中,在幼儿园、家庭、社区之间形成长期、稳定的合作关系。

▲【真题链接】

1.(2012年上)简述幼儿园环境创设的原则。

答案要点:环境与教育目标一致的原则、发展适宜性原则、幼儿参与的原则、开放性原则和经济性原则。

2.(2012年上)关于幼儿游戏活动区的布置,正确的说法是(　　)。

　　A.以阅读为主的图书区可与娃娃家放在一起

　　B.自选游戏环境的创设是由教师进行的

　　C.可在积木区提供一些人偶、小动物、交通工具模型等辅助材料

　　D.娃娃家应该是完全敞开式,让每个人都能看到里面有什么

答案:C。【解析】幼儿游戏活动区的布置,正确是可在积木区提供一些人偶、小动物、交通工具模型等辅助材料。

3.(2017年上)幼儿园环境创设中,使用易于识别的生活行为规则标识图,其最主要的目的是(　　)。

　　A.美化环境　　　　　　　　　　B.便于幼儿看图说话

　　C.便于幼儿认识各种符号　　　　D.便于幼儿习得生活技能和行为准则

答案:D。【解析】社会领域目标中要求遵守基本的行为规范,要求在幼儿园区域活动中创设情境,让幼儿体会没有规则的不方便,鼓励他们讨论制定规则并自觉遵守。

4.(2014年上)材料:幼儿园大一班开展识字比赛,教师为此创设了班级墙面环境(见下图)。

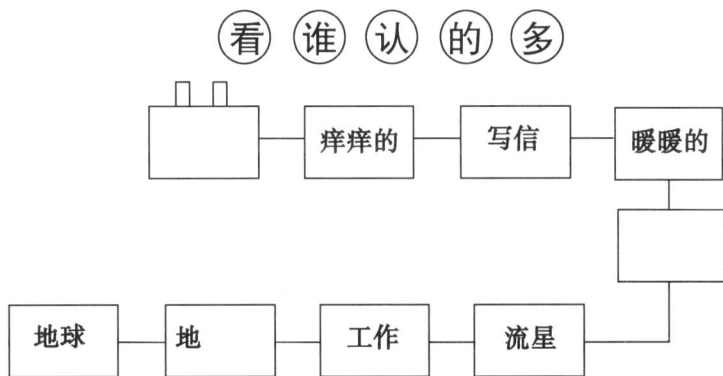

问题:请根据创设环境基本原则,对材料中的识字比赛创设环境进行解析。

答案要点:该案例中为识字比赛创设的墙面环境体现了环境创设的基本原则,值得肯定和提倡。

(1)环境与教育目标相一致原则。幼儿园环境是幼儿园课程的一部分,在创设幼儿园环境时,要考虑它的教育性,其目标应与幼儿园教育目标相一致。过去有的幼儿班级,虽然也重视环境创设,但很大程度上只是追求美观,为的是布置环境,或者只是盲目地提

供材料,对环境的教育性考虑很少。而该案例当中,充分体现了环境创设与识字教育目标相一致。

(2)适宜性原则。幼儿正处在身体、智力迅速发展以及个性形成的重要时期,有多方面的发展需要。幼儿园环境创设应与幼儿身心发展的特点和发展需要相适宜。处于不同年龄阶段的幼儿,身心发展特点和需要表现出不同的年龄特征,即使同一年龄阶段幼儿,在兴趣、能力、学习方式等方面都存在很大差异。该案例中的环境创设应适应幼儿的这种差异,如小火车上有简单和复杂的字。另外,环境是幼儿喜欢的卡通小火车形象,符合幼儿的兴趣,有较强的吸引力。

(3)经济性原则。给幼儿提供物质条件时,应以物质条件对幼儿发展的功能大小和经济实用性为依据,案例当中,节钱省料实用,根据教育目标需要,就地取材,一物多用。

▲【国赛链接】

(2020年)布置自然角的时候,家长提供花卉、植物,教师带领幼儿一起布置环境,并利用废旧物制作各种花架,此做法中没有体现出的幼儿园环境创设原则是(   )。

A.幼儿参与性原则   B.安全性原则

C.经济性原则   D.开放性原则

答案:D。【解析】题目中让教师带领幼儿一起布置环境体现了幼儿参与性原则,用废旧材料制作花架体现了经济性原则,让家长参与幼儿园环境创设体现了开放性原则。题目中幼儿园环境创设没有体现出安全性原则。

三、幼儿园精神环境创设的意义、原则、策略

《幼儿园教育指导纲要(试行)》指出:幼儿园应为幼儿提供健康、丰富的生活和活动环境,满足他们多方面发展的需要,使他们在快乐的童年生活中获得有益于身心的和谐发展。

(一)幼儿园精神环境创设的意义

幼儿园的精神环境是指幼儿园内影响幼儿身心发展的非物化形态的教育条件。它具体表现为教师与幼儿、幼儿与幼儿、教师与教师间的相互作用、交往行为和个性发展。它被称为"隐形的环境",与物质环境相比,幼儿园的精神环境是制约教育质量的更为重要的因素。幼儿园精神环境中,师幼关系和同伴关系对幼儿发展影响是深刻长远的,幼儿园精神的创设具有重要的意义。

1.良好的精神环境是幼儿园环境创设的重要组成部分。幼儿园物质环境重要,精神环境更重要。幼儿园环境创设既要重视物质环境的建设,也要重视精神环境的创设。

2.良好的精神环境有利于儿童多方面的发展。具体来说:(1)有利于儿童缓解分离焦虑,适应幼儿园生活;(2)有利于儿童情绪情感的健康发展;(3)有利于儿童创造潜能的发展;(4)有利于儿童良好人格(性格、个性)的形成。

3.良好的精神环境有利于幼儿园员工的成长与发展。良好的精神,有利于形成协调

的人际关系,使员工乐于从事自己的学习和工作;相反,不良的精神环境,会使人感到精神压抑,导致各种不良个性品质的形成,使员工情绪低落,养成消极的思想方法和行为习惯。

▲【真题链接】

(2011年下)幼儿园心理环境创设的重要意义。

答案要点:幼儿园心理环境创设的意义:

(1)良好的精神环境是幼儿园环境创设的重要组成部分。

(2)良好的精神环境有利于儿童多方面的发展。①有利于幼儿适应幼儿园生活;②有利于儿童情绪情感的健康发展;③有利于儿童创造潜能的发展;④有利于儿童良好人格(性格、个性)的形成,适应社会生活。

(3)良好的精神环境有利于幼儿园员工的成长与发展。

(二)幼儿园精神环境创设的原则

1.无条件积极关注每一个儿童的原则

和谐的幼儿园精神环境要求教师无条件积极关注幼儿园里每一个儿童。首先,要求教师关注所有的儿童,一视同仁地对待所有的儿童。其次,关心重视儿童,用实际行动去对待每一位幼儿。不仅关注"结果",还要重视"过程",教师要关注学前儿童学习的过程,重视过程性评价。

2.尊重每一个儿童的原则

教师要把儿童作为与成人一样拥有基本权利的人来尊重,要在儿童发展的各个方面都给予重视并认真对待。教师要尊重儿童的自主性、独特性和发展性的特点。

3.以鼓励为主的原则

鼓励性原则是指幼儿园教育过程中教师要多接纳、多支持、多赏识学前儿童。幼儿是喜欢被称赞的,喜欢听好话的,教师首先要支持幼儿合理表达自己的情感、态度、思想观点;其次要多进行肯定性的评价,多给幼儿以成功的体验,以调动幼儿的积极性。

4.良性互动原则

互动性原则是在创设精神环境时,教师要与幼儿、家长、同事等进行有效的沟通,建立良好的师幼关系、家园关系、同事关系,以促进幼儿身心全面发展。良好的互动是良好的幼儿园精神环境的重要特征。遵循互动性原则需注意:首先,建立积极主动的师幼互动。其次,幼儿园应与家庭、社区密切沟通合作。最后,加强幼儿园内教师之间的联系与合作。

(三)创设幼儿园精神环境的策略

1.加强教师自身修养,以身示范

在创设幼儿园精神环境中,教师是最重要的因素之一,是幼儿园精神环境的核心。教师的态度和管理方式有助于形成安全、温馨的心理环境,教师的行为举止、待人接物以及穿着打扮都有意无意影响着幼儿。因此,提高教师的修养,实际上就是在创设幼儿园

良好的精神环境。加强教师自身修养可以从以下几个方面入手:(1)树立正确的教育观、儿童观、教师观。(2)提升教师的心理健康水平。(3)不断提升教师的业务素养。

▲【国赛链接】

(2020年)幼儿午睡时间,李老师和张老师坐在睡眠室的门口,一边大声聊天说笑,一边要求幼儿安静睡觉。这两位教师的行为(　　)。

A.正确,应该培养幼儿良好的睡眠习惯

B.正确,充分利用时间搞好同事关系

C.错误,应小声聊天

D.错误,应给幼儿创设安静的睡眠环境

答案:D。【解析】教师应加强自身修养,以身示范为幼儿创造良好的幼儿园的精神环境。午睡时,老师让幼儿安静睡觉,教师就应该以身示范给幼儿树立良好的榜样。

2.处理好幼儿园的人际关系

建立融洽、和谐、健康的人际关系是幼儿园精神环境创设的重要组成部分。幼儿园具体包括教师与幼儿之间的关系、教师与教师之间的关系、幼儿与幼儿之间的关系。其中,最为关键的关系在于教师与幼儿之间的关系,这是因为,教师与幼儿之间的关系能够成为幼儿与幼儿之间的关系的榜样。可以从以下几个方面入手:

(1)建立平等和谐的师幼关系。师幼关系是指幼儿教师与幼儿在保教过程中形成的比较稳定的人际关系,良好师幼关系具有互动性、民主性、分享性的特征。和谐的师幼关系有利于更好地了解与尊重幼儿;有利于更好地关爱幼儿;有利于进一步宽容和欣赏幼儿;有利于学生的学与教师的教进行互动;有利于教师与幼儿心理健康发展。

建立良好师幼关系的策略:幼儿园教师要树立正确的教育观和儿童观;教师对幼儿要持支持、尊重、接受的情感态度和行为;教师对待幼儿应善于疏导而不是压制;教师对幼儿要尽量使用多种适宜的身体语言动作。

(2)建立互助友爱的同伴关系。教师通过引导幼儿向同伴交流自己的思想和感情,有利于同伴了解别人的各种需要,进而产生帮助、合作等行为。教师让幼儿学会正确地关心人的行为方式,让全班有一种相互关心、友爱的气氛是良好精神环境创设的一个重要内容。

(3)建立融合共生的教师的人际关系。教师与教师之间的人际交往对幼儿的社会性培养具有多重的影响。首先,教师间良好的人际交往是幼儿同伴交往和社会行为的重要榜样。其次,教师间的交往涉及班级、幼儿园是否具有良好的心理气氛。

(4)建立尊重互补的家园关系。幼儿园环境创设中,家长是重要的参与者和建构者,积极良好的家园关系对学前儿童、家长和教师具有独特的价值。因此应充分利用家长资源,建立一种相互尊重、平等合作的家园关系。教师要以平等、合作、谦虚的态度对待家长;积极主动地通过各种方法与家长联系沟通,虚心听取家长的可行意见,引导家长参与幼儿园教育活动;对家长的教育理念和行为进行必要的指导,有效一致地对学前儿童发展产生影响。

⚘【真题链接】

（2015年下）论述积极师幼关系的意义，并联系实际谈谈教师应如何建立积极师幼关系。

答案要点：

（1）积极的师幼关系指的是民主、平等的师幼关系，是幼儿在幼儿园中的主要人际关系之一。积极师幼关系对幼儿及教师发展的意义主要体现在以下几个方面：

①良好的师幼关系有助于幼儿获得关爱。

②良好的师幼关系有助于幼儿获得安全感。

③良好的师幼关系有助于幼儿之间建立同伴关系。

④良好的师幼关系有助于教师的专业成长和发展。

（2）建构良好师幼关系的策略

①幼儿园教师要树立正确的教育观和儿童观。

②教师对幼儿要持支持、尊重、接受的情感态度和行为。

③教师对待幼儿应善于疏导而不是压制。

④教师对幼儿要尽量使用多种适宜的身体语言动作。

3.创建良好的幼儿园园风，营造积极的精神风貌

幼儿园的园风是指一所幼儿园的精神风貌，是幼儿园教职员工共同的价值观念、思维方式、行为特点和传统习惯等的综合体现，它是幼儿园精神环境创设的重要组成部分。园风是幼儿园精神环境创设的一面镜子，对幼儿园良性的可持续发展具有现实意义。园风建设中，打造团队凝聚力，形成一个爱岗敬业、求实创新、积极进取的集体氛围是幼儿园教职员工心目中最好的园风。园风体现了一个幼儿园的气氛和教育环境，它是在长期工作中、交往中逐渐形成的，既经树立，则能成为一种巨大的教育力量。因此，要体现优良教育环境和气氛具有的潜移默化作用，发挥园风建设在精神环境中的作用，加强幼儿园精神环境建设，真正达到苏联教育家苏霍姆林斯基所说的"使学校的每一面墙壁说话，发挥出人们期望的教育功能"。

✿【本章小结】

幼儿园的环境是教育的客体因素，是学前教育的基本要素之一，是师生共同依存和作用的对象，是师幼发生联系的重要中介。一般而言，幼儿园环境分为物质环境和精神环境，幼儿园既要重视物质环境的创设，又要注重心理环境的创设。幼儿园应遵循安全性、教育性、适宜性、参与性、动态性、艺术性、经济性、开放性等原则创设安全、舒适、美观的物质环境；幼儿园应遵循积极关注、尊重性、鼓励性、互动性原则创设平等、温馨、和谐的精神环境。教师的观念和行为是影响环境质量的决定因素。教师将教育意图隐含在环境中，让丰富多彩的环境引发幼儿相应的行为，使幼儿主动与环境相互作用，从而实现教育的目标，促进幼儿的发展。

◇【本章思考与练习】

一、单项选择题(识记)

1.( )影响着幼儿园的精神风貌,对全园的成人和幼儿都有潜移默化的作用。

A.幼儿园文化　　　　　　　　　B.幼儿园环境

C.幼儿园师资　　　　　　　　　D.幼儿园课程

2. 幼儿园环境分为物质环境和( )

A.社会环境　　　　　　　　　　B.精神环境

C.城市环　　　　　　　　　　　D.局部环境

3. 从狭义上理解,幼儿园环境是指( )。

A.幼儿园内的一切影响儿童发展的因素

B.幼儿园生活环境

C.幼儿园心理环境

D.幼儿园教育的一切外部环境

4.幼儿园的办学理念、文化氛围、师幼关系、干群关系等等,属于( )。

A.物质环境　　　　　　　　　　B.精神环境

C.制度环境　　　　　　　　　　D.组织环境

5. 容易对学前儿童产生潜移默化影响的社会因素是( )。

A.物质环境　　　　　　　　　　B.精神环境

C.经济发展　　　　　　　　　　D.科技进步

6. 影响幼儿园环境质量的主要因素是( )。

A.物质因素　　　　　　　　　　B.生活环境

C.人的要素　　　　　　　　　　D.幼儿园文化

7.下列选项中,对幼儿教育质量影响最小的是( )。

A.经费投入　　　　　　　　　　B.师幼互动

C.教师学历　　　　　　　　　　D.高档园舍

8.幼儿园的环境创设主要是指( )。

A.购买大型玩具和各种游戏设备

B.安装塑胶地板

C.提供适宜的物质环境和精神环境

D.选择较为清静的场所

9.创设幼儿园物质环境在强调安全和卫生的前提下,应当力求做到( )。

A.儿童化、教育化、绿化和美化

B.年轻化、知识化、绿化和美化

C.儿童化、知识化、绿化和美化

D.年轻化、教育化、绿化和美化

10.除学前儿童、教师以外,构成现代学前教育的第三个基本要素是指(　　　)。

  A.课堂   B.游戏   C.环境   D.教法

11.被称为"全世界最好的学前班"的瑞吉欧学前教育机构,强调教育是否成功有赖于环境的各个要素是否具有教育的成分,是否有助于互动,是否有益于学前儿童的知识建构。所以,环境被称作是(　　　)。

  A."第一位老师"   B."第二位老师"

  C."第三位老师"   D."第四位老师"

12.幼儿园的通道、楼梯上画有小脚印告诉学前儿童行走要有秩序;画上剪刀的图形告诉学前儿童剪刀要放在固定的地方,养成整理东西的习惯等等。这体现了环境具有(　　　)。

  A.教育性   B.生活性   C.美观性   D.可控性

13.幼儿园的各种器具一般用圆角,大型玩具牢固耐用,托班和小班一般不用体积过小的玩具等等。这体现了幼儿园环境设计的(　　　)。

  A.安全性原则   B.适宜性原则

  C.参与性原则   D.可变性原则

14.幼儿园环境创设中,要把大小环境有机结合在一起,实现学校与家庭、社区的合作,这体现了(　　　)。

  A.经济性原则   B.参与性原则

  C.开放性原则   D.多样性原则

15.创设幼儿园环境时应考虑不同地区、不同条件幼儿园的实际情况,因地制宜。这要求幼儿园的环境创设要遵循(　　　)。

  A.开放性原则   B.经济性原则

  C.发展性原则   D.参与性原则

16.环境与教育目标相一致的原则,是指环境的创设要体现环境的(　　　)。

  A.目的性   B.优美性   C.教育性   D.多样性

17.下面关于幼儿参与环境创设的说法,不正确的是(　　　)。

  A.幼儿应参与环境的设计与构思,并参与材料搜集

  B.幼儿是环境创设的旁观者和享用者

  C.幼儿的积极性、创造性可以得到最大限度的开发

  D.幼儿应动手制作和布置幼儿园环境

18.创设幼儿园物质环境时,小班环境要有结构简单、色彩鲜艳、富有感官刺激等特点;中班环境在小班的基础上要突出操作性;大班环境要突出探索性和实验材料的丰富性。这主要体现了幼儿园物质环境创设原则中的(　　　)。

  A.经济性原则   B.发展适宜性原则

  C.动态性原则   D.开放性原则

19.充分利用当地的自然优势,为幼儿修沙坑,让幼儿在沙坑里做造型、进行结构游戏,用树枝在沙上画画、写字。这一环境创设贯彻的是(　　　)原则。

A.目标导向性   B.发展适宜性

C.幼儿参与性   D.经济性

20.布置自然角的时候,家长提供花卉、植物,教师带领幼儿一起布置环境,并利用废旧物制作各种花架,此做法没有体现出的幼儿园的环境创设原则是(　　)。

A.参与性原则   B.安全性原则

C.经济性原则   D.开放性原则

21.在布置自然角时,让幼儿讨论决定该饲养何种动物,这遵循了幼儿园环境创设的(　　)。

A.目标导向原则   B.发展适宜性原则

C.幼儿参与原则   D.经济性原则

22.陈鹤琴先生曾经说过:"环境的布置也通过儿童的双手和大脑,通过儿童思想和双手所布置的环境可使他们更好地认识环境中的事物,也更加爱护。"这段话体现了环境创设的(　　)原则。

A.经济性   B.参与性   C.开放性   D.多样性

二、简答题(简单运用)

1.幼儿园环境的类型(从构成的内容与性质差异维度分类)。

2.幼儿园精神环境的设计原则。

3.幼儿园环境创设的原则。

4.幼儿园心理环境创设的意义。

5.教师在幼儿园环境创设中的作用。

6.幼儿园心理环境创设的要求。

三、论述题(综合运用)

1.结合实际论述幼儿园环境的价值。

2.结合实例论述如何创设有效的幼儿园精神环境。

3.结合实例论述在幼儿园环境创设中如何落实教育性原则。

四、材料题(综合运用)

1.材料:某幼儿园在创设物质环境过程中,购买大量高价的成品玩具,追求高档;教师花费大量心血精心布置五彩缤纷的墙饰,甚至还买来一些名画进行装饰。环境的布置非常明显地体现了幼儿园中教师的特长和喜好。面对这些高档的材料,教师时刻提醒学前儿童注意爱护,甚至很多时候不让学前儿童操作这些材料,只是有人来参观时,才拿出来让学前儿童操作。这种高档的环境布置好之后,整个学期,甚至整个学年基本不会变动。此外,幼儿园小、中、大班环境布置几乎一模一样,当人置身其中时,如果不看班级标识牌,根本无法判断是小班、中班,还是大班。

问题:

(1)结合材料说明这所幼儿园在物质环境创设时违背了哪些原则。

(2)你认为可以如何改进?

2.材料:小班入园第二周,王老师发现小雅在餐点与运动后,仍会哭着要妈妈。老师抱她,感觉她身体绷得紧,问她要不要去小便,她摇头。老师又问:"要不要去大便?"她点头。老师牵她到卫生间,她只拉一点就离开了。过一会儿,她又哭了。老师给她新玩具,和她玩游戏,但她的情绪还是不好。离园时,老师与她妈妈约谈,了解到小雅在幼儿园拉不出大便。第二天早操后,小雅又哭了,老师蹲下轻声问:"小雅是想上厕所了吗?"她点头。老师带她上厕所,她又只拉一点就站起。"老师陪你多蹲一会儿,把大便都拉出来,好吗?"小雅又蹲下,但频频回头。这时,自动冲厕水箱的水"哗"的一声冲出,小雅"哇哇"大哭,扑到老师身上,老师紧紧地抱住她,轻柔地说:"老师抱着你拉,好吗?"老师将水龙头关小,把小雅抱到离冲水口远一点的位置蹲下,小雅顺利拉完大便。连续一段时间,老师们轮流陪小雅上厕所,并且给予指导和观察小雅的如厕情况,让小雅学会使用厕所的冲水装置。小雅开始适应学校的厕所,露出久违的笑容。

问题:请分析上述材料中教师的适宜行为。

3.材料:下面是一名幼儿园教师以《丰收啦》为主题进行的主题墙饰设计。

在主题墙中央布置一棵大大的果树,同时贴上学前儿童亲手画的水果。两侧贴上用卡纸、塑料丝带做成的稻穗。告诉学前儿童这是丰收的季节,并让学前儿童收集日常的废旧物品,如废纸盒、瓶盖、"汽车挂历"等,让能力强的学前儿童运用废纸盒、瓶盖等来制作"心目中的汽车",能力较弱的学前儿童则动手撕贴"汽车挂历",共同参与布置运水果的场景,丰富主题墙饰。

问题:

(1)请评价这位教师的墙饰设计。

(2)结合材料说明这位教师运用了哪些环境创设的原则。

五、活动设计题(综合运用)

为幼儿园小班设计一份"环境保护"的教育主题活动设计。

幼儿园课程

■ 学习目标

1.识记课程、幼儿园课程、课程设计概念;了解几种常见的课程定义;理解幼儿园课程的含义、幼儿园课程的基本要素、幼儿园课程的性质和特点;掌握幼儿园课程设计的基本方法和基本原则。

2.会针对幼儿特点选择合适的课程内容,并能进行科学合理的设计和编制。

3.能运用课程理论对幼儿课程进行科学的分析和评价。

■ 本章导学/含考纲要点简要说明

本专题包含三个模块,模块一介绍幼儿园课程的含义和要素,理解并识记幼儿园课程的特点。模块二讲解了幼儿园课程的设计,掌握幼儿园课程目标的制定,理解幼儿园课程内容选择的原则,学会幼儿园课程的组织和评价。模块三介绍了国内外几种典型课程模式。

本专题在历年幼儿园教师资格考试中暂无涉及,从国家职业技能大赛试题来看,主要以选择题的形式出题考查。

■ 本章思维导图

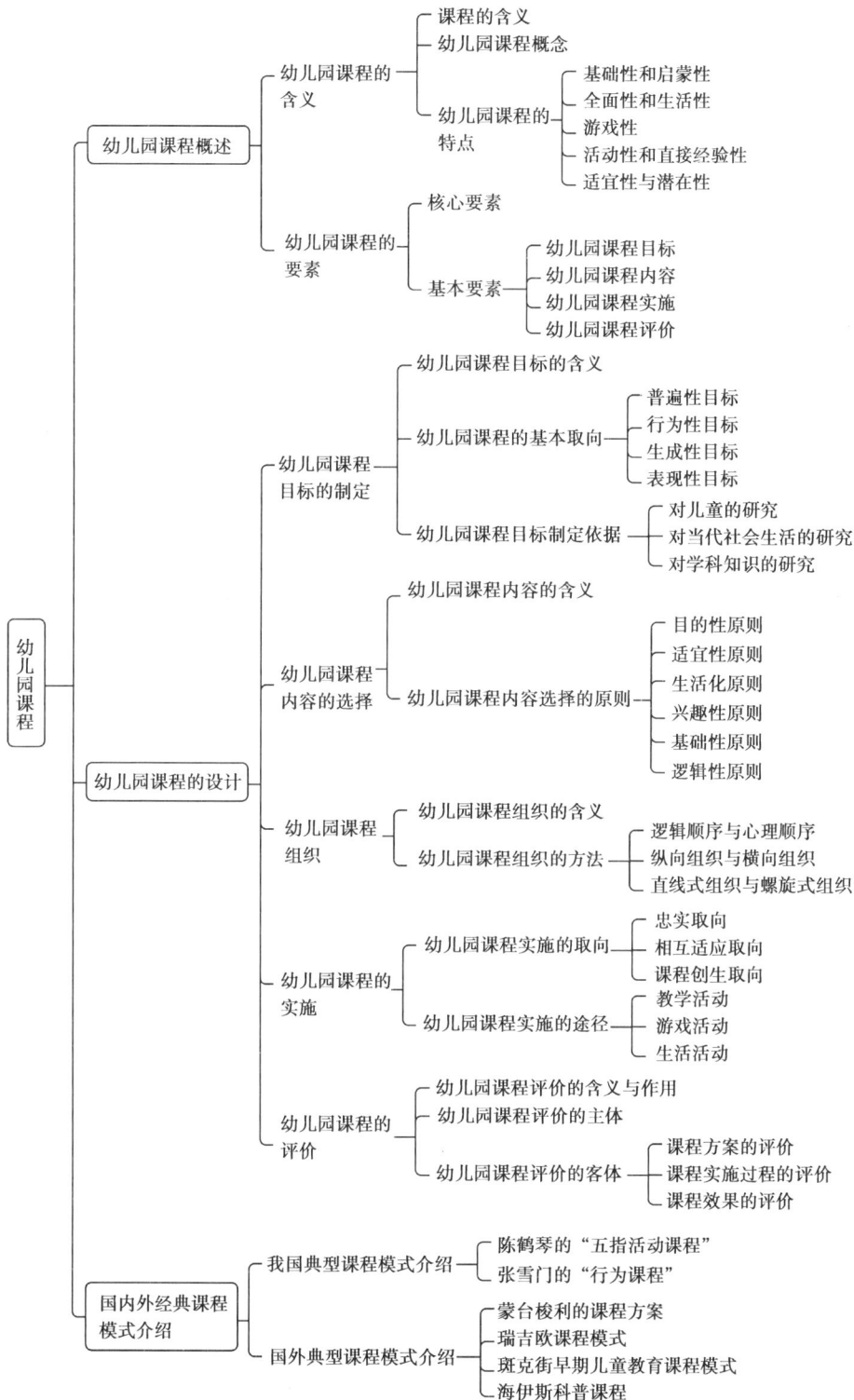

幼儿园课程
- 幼儿园课程概述
  - 幼儿园课程的含义
    - 幼儿园课程概念
      - 课程的含义
      - 幼儿园课程概念
    - 幼儿园课程的特点
      - 基础性和启蒙性
      - 全面性和生活性
      - 游戏性
      - 活动性和直接经验性
      - 适宜性与潜在性
  - 幼儿园课程的要素
    - 核心要素
    - 基本要素
      - 幼儿园课程目标
      - 幼儿园课程内容
      - 幼儿园课程实施
      - 幼儿园课程评价
- 幼儿园课程的设计
  - 幼儿园课程目标的制定
    - 幼儿园课程目标的含义
    - 幼儿园课程的基本取向
      - 普遍性目标
      - 行为性目标
      - 生成性目标
      - 表现性目标
    - 幼儿园课程目标制定依据
      - 对儿童的研究
      - 对当代社会生活的研究
      - 对学科知识的研究
  - 幼儿园课程内容的选择
    - 幼儿园课程内容的含义
    - 幼儿园课程内容选择的原则
      - 目的性原则
      - 适宜性原则
      - 生活化原则
      - 兴趣性原则
      - 基础性原则
      - 逻辑性原则
  - 幼儿园课程组织
    - 幼儿园课程组织的含义
    - 幼儿园课程组织的方法
      - 逻辑顺序与心理顺序
      - 纵向组织与横向组织
      - 直线式组织与螺旋式组织
  - 幼儿园课程的实施
    - 幼儿园课程实施的取向
      - 忠实取向
      - 相互适应取向
      - 课程创生取向
    - 幼儿园课程实施的途径
      - 教学活动
      - 游戏活动
      - 生活活动
  - 幼儿园课程的评价
    - 幼儿园课程评价的含义与作用
    - 幼儿园课程评价的主体
    - 幼儿园课程评价的客体
      - 课程方案的评价
      - 课程实施过程的评价
      - 课程效果的评价
- 国内外经典课程模式介绍
  - 我国典型课程模式介绍
    - 陈鹤琴的"五指活动课程"
    - 张雪门的"行为课程"
  - 国外典型课程模式介绍
    - 蒙台梭利的课程方案
    - 瑞吉欧课程模式
    - 斑克街早期儿童教育课程模式
    - 海伊斯科普课程

知识要点解析

模块一　幼儿园课程概述

一、幼儿园课程的含义

(一)课程的含义

1.课程的概念

课程是关于教育目标、内容、方法和评价的一个系统,是教育思想、教育理论转化为教育实践的中介或桥梁,教育实践常以课程为轴心展开,教育改革也常以课程改革为突破口而进行。

关于课程的定义,有过以下几种典型的看法:

(1)课程即学科

长期以来,在不同的国家,一般情况下人们仍然是在约定俗成的意义上理解课程,将其视为学校教育中所开设的学科门类及其内容安排的计划。

(2)课程即目标

这种课程观将课程视为预期的学习结果和目标,反对将课程视为学科或具体的学习内容与经验。

(3)课程即活动

一些学者倾向于把活动视为课程的一部分或课程的本质。

(4)课程即经验

这种课程观将课程视为学生获得的经验或是学校提供的经验,反对将课程视为学科的、客观的、系统化的知识体系。

以上几种关于课程理解的主要观点的介绍,为理解课程的本质内涵提供了不同的视角。由于人们所处的特定的历史时期和社会条件不同,以及每个人从事课程理论与实践研究的经验和层次不同;因此,在考虑课程的概念时:有的侧重课程的结果,有的侧重课程活动的过程或程序,有的在课程计划层面上研究问题,有的在课程实施水平上进行探讨。虽然这些理解存在着自身的局限和不足,但已经或多或少地涉及了课程本质的某些方面,对我们更好地理解幼儿园课程的本质具有重要的启示意义。到了现代,课程的含义已有广义和狭义之分。**广义的课程是指为了实现教育目的而规定的全部教学科目及其在课程计划中的地位和开设顺序、进程安排及其达成标准的体系的总称;狭义的课程是指某一门学科,即各级各类学校为实现培养目标而开设的学科及其目的、内容、范围、活动、进程等的总和。**它主要体现在课程计划、课程标准和教材中。

2.课程的类型

从不同角度出发,课程可以区分为以下三种类型。

(1)以课程内容设计方式为标准,将课程分为**学科课程与活动课程**

学科课程是一种以人类各门科学的知识体系为基础,按照学科内在逻辑加以组织而形成的课程。

活动课程又称为经验课程,是从学生的兴趣和需要出发,以学习者为中心,按照各种实践活动类型和特定活动方式而设计的课程类型。

(2)根据学科课程知识分化的程度,将学科课程划分为**分科课程和综合课程**

分科课程实际上是学科课程,它的主导价值在于使学生获得逻辑严密和条理清晰的文化知识,而综合课程的主导价值在于通过相关学科的融合,促进学生认识的整体性发展并形成把握和解决问题的全面的视野与方法。**综合课程通常有三种形式,即相关课程、融合课程和广域课程。**

(3)以课程影响学生的方式为标准,将课程划分为**显性课程和隐性课程**

显性课程是一种以直接的、明显的方式呈现的课程,它包含一整套以教学计划、课程标准和教材的形式存在的知识技能、价值观念和行为规范。

隐性课程也称隐蔽课程、潜在课程,它是指学生在整个教育环境中所获得的非预期或非计划的、非正式的、非官方的经验,是课程教学之外的一种特殊的教育文化或校园文化,涵盖范围很大,几乎涉及学校的各个层面、各个角落及各种行为。

(二)幼儿园课程概念

目前我国幼儿园课程主导的定义依据是活动论,因此,幼儿园课程定义为:**幼儿园课程是实现幼儿园教育目的的手段,是帮助幼儿获得有益的学习经验,促进其身心全面和谐发展的各种活动的总和。**

(三)幼儿园课程的特点

1.基础性和启蒙性

幼儿园课程的关键就在于我们能否去开启幼儿的智慧和心灵,萌发他们优良的个性品质。

2.全面性和生活性

幼儿园课程是实现幼儿全面发展的中介,带有浓厚的生活化特征,课程内容要来自幼儿的生活,课程实施更要贯穿幼儿的生活。

3.游戏性

游戏是幼儿的天性,是幼儿的基本活动形式,也是他们的一种重要的学习途径。在幼儿园课程中,学习与游戏的关系是辩证统一的。

4.活动性和直接经验性

儿童主要通过各种感官来认识周围世界,他们只有在获得丰富感性经验的基础上,才能形成对世界的理解和认识。

5.适宜性与潜在性

幼儿园课程的设置必须考虑幼儿的个体发展需要。幼儿园通过环境的设计使幼儿获得知识和技能的发展。

二、幼儿园课程的要素

每一种幼儿园课程都是一个庞大的体系,在这个体系下必然包含着教育理念、课程目标、课程内容、课程实施和课程评价等要素。

(一)幼儿园课程的最核心要素——**教育理念**

幼儿园课程最为核心的方面是该课程所依据的**教育哲学观及其所反映的教育目的**,这是幼儿园课程的价值取向也即教育理念之所在,幼儿园课程的其他成分都是在此基础上产生和发展的。因此,各种幼儿园课程之间的差异首先主要反映在所依据的教育哲学观和所确定的教育目标上的不同。

如果运用简化的方法反映幼儿园课程所持有的基本教育理念,那么,任何幼儿园课程都可以在一个"连续体"上找到一个合适的位置,如下图:

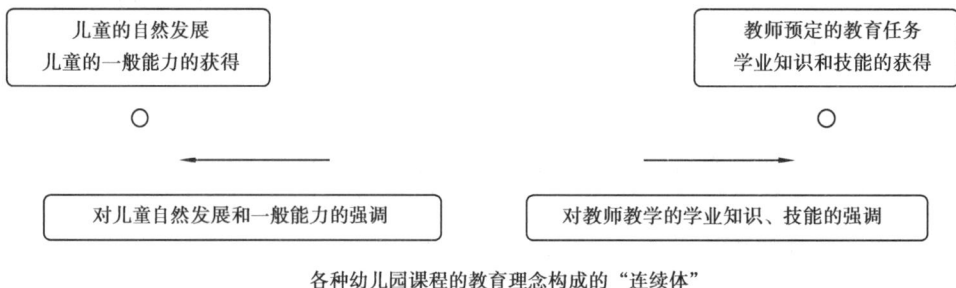

各种幼儿园课程的教育理念构成的"连续体"

(二)幼儿园课程的基本要素——**幼儿园课程目标、幼儿园课程内容、幼儿园课程实施、幼儿园课程评价**

从动态的视域看,幼儿园课程是从目标到内容选择与组织,到课程实施,再到课程评价的不断循环;从静态看,幼儿园课程是由**幼儿园课程目标、幼儿园课程内容、幼儿园课程实施和幼儿园课程评价**四个要素组成。

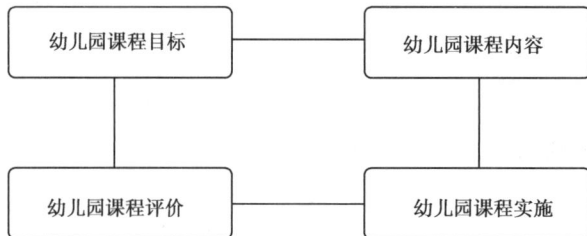

幼儿园课程目标是幼儿园教育目标在幼儿园课程领域的具体化,体现了幼儿园课程开发与教育活动的价值取向;幼儿园课程内容是实现幼儿园课程目标的手段,课程内容要为实现课程目标服务,课程目标指导着课程内容的选择与组织;幼儿园课程实施是把幼儿园课程计划付诸实践的过程,它是达到预期的课程目标的基本途径;幼儿园课程评价是针对幼儿园课程的特点和组成要素,收集相关信息,对幼儿园课程的价值、适宜性、效益等作出判断的过程,课程评价有助于调整和改进课程,从而提高教育质量,使幼儿园课程更有效地为每个幼儿发展服务。

模块二　幼儿园课程的设计

一、幼儿园课程目标的制定

(一)幼儿园课程目标的含义

幼儿园课程目标是幼教工作者对幼儿在一定学习期限内(一般指3~6岁)学习效果的预期,即通过幼儿园课程的实施使幼儿可以达到的社会预期的标准。

幼儿园课程目标在幼儿园课程中处于核心地位,它引领幼儿园课程内容的选择、指导幼儿园课程实施的过程、决定幼儿园课程评价的标准,使四个要素形成一个有机的整体。

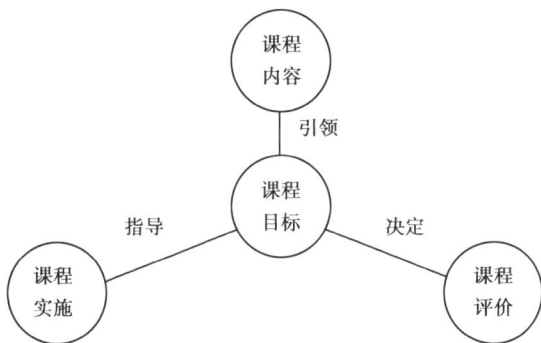

(二)幼儿园课程目标的基本取向

根据美国课程论专家舒伯特的观点,课程目标的形式取向主要分为四种类型,即普遍性目标、行为性目标、生成性目标、表现性目标。

1.普遍性目标

普遍性目标将一般教育宗旨直接运用于课程领域,成为课程领域一般性、规范性的目标。它体现了一定国家和社会的意识形态和政治需求,具有普遍性、方向性和指令性。

2.行为性目标

行为性目标是以具体的、可操作的行为的形式陈述的课程与教学目标,它指明课程与教学过程结束后学生身上所发生的行为变化。

3.生成性目标

生成性目标是指幼儿在幼儿园教育活动过程中生成的目标,其关注点是幼儿园课程实施的过程,因此也被称为过程性目标。

特点:强调幼儿、教师与教育情境的交互作用,强调幼儿的主动性和个性化发展,使幼儿对学习产生兴趣。但因为生成性目标并非预设,因此对幼儿教师的把控能力要求较高。

4.表现性目标

表现性目标指每个儿童在具体的教育情境中所产生的个性化表现,它追求的是儿童反应的多元性,而不是同质性。

(三)幼儿园课程目标制定依据

课程目标的制定需要考虑各种依据,一般认为,儿童身心发展、当代社会生活以及学科知识是制定课程目标的依据,同时也是课程目标的"来源"。就科学地制定幼儿园课程目标来说,必须研究儿童、研究社会、研究学科知识。

1.对儿童的研究

原因:幼儿园课程是为支持、帮助、引导幼儿学习,促进幼儿身心全面和谐发展而设置的,因此必须关注儿童发展。

研究内容:儿童身心发展规律,尤其是关注儿童的发展需要。

2.对当代社会生活的研究

原因:幼儿园课程的基本职能之一是让幼儿在度过快乐有意义的童年的同时,为积极适应未来的社会生活作准备。因此,在考虑幼儿园课程的目标时,必须研究社会对幼儿成长的期望和社会生活的需求。

研究内容:社会对幼儿成长的期望和要求。

3.对学科知识的研究

原因:幼儿园课程的一个重要职能是传递社会文化知识,知识可以帮助幼儿更好地认识自然、认识社会、认识自己。因此,知识是课程必不可缺的内容。

研究内容:各学科领域的知识与幼儿身心发展有什么关系?各学科领域知识能促进幼儿哪些方面的发展?

```
┌──────────┐
│   社会    │─────┐
└──────────┘     │
                 ↓
┌──────────┐   ┌──────────┐      ┌──────────┐
│   儿童    │──→│ 可能性目标 │──→   │ 教育哲学  │─────┐
└──────────┘   └──────────┘  ↗   └──────────┘     │
                            ↘                      ↓
┌──────────┐     │            ┌──────────┐      ┌──────────┐
│ 学科知识  │─────┘            │ 学习心理学 │──→   │ 适当性目标 │
└──────────┘                 └──────────┘      └──────────┘
```

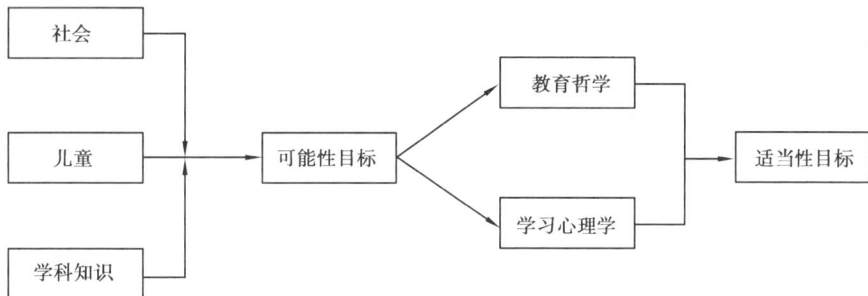

二、幼儿园课程内容的选择

(一)幼儿园课程内容的含义

幼儿园课程内容是根据幼儿园课程目标选择的、蕴含或组织在幼儿的各种活动中的基本知识、基本能力、基本行为方式和基本态度。

幼儿园课程内容是根据幼儿园课程目标,有计划、有目的、有选择地将各种直接经验和间接经验融于所有的活动体系。

《幼儿园教育指导纲要》第二部分"教育内容与要求"提出:幼儿园的教育内容是全面的、启蒙性的,可以相对划分为健康、语言、社会、科学、艺术等五个领域,也可以做其他不同的划分。各领域的内容相互渗透,从不同的角度促进幼儿情感、态度、能力、知识、技能等方面的发展。

(二)幼儿园课程内容选择的原则

《幼儿园教育指导纲要》第三部分"组织与实施"的第五条明确指出:"教育活动内容的选择应遵照本《纲要》第二部分的有关条款进行,同时体现以下原则:既适合幼儿的现有水平,又有一定的挑战性;既符合幼儿的现实需要,又有利于其长远发展;既贴近幼儿的生活来选择幼儿感兴趣的事物和问题,又有助于拓展幼儿的经验和视野。"依据这样的基本精神,基于幼儿的经验,引导幼儿的发展,在选择幼儿园课程内容时必须遵循以下具体原则:

1.目的性原则

选择幼儿园课程内容时必须牢牢把握幼儿园课程目标的要求,一方面要兼顾德、智、体、美诸方面的内容;另一方面,也要考虑每一方面在基本知识、基本态度、基本行为上的内容,要全面、整体地考虑内容,不可偏废。

2.适宜性原则

分析所面对的、现实中的幼儿,是选择课程内容时遵循适宜性原则的关键。分析幼儿,首先要掌握不同年龄阶段孩子的特点。其次,要精心观察现实中的每一个幼儿。

3.生活化原则

应尽可能从幼儿的生活中寻找合目标的内容,不要舍近求远、求新求奇。要在生活中挖掘课程内容,让孩子亲身感受,自然学习,再通过生活化课程的内容,帮助幼儿整理、提升经验,促使他们进一步发展。但生活化的课程内容不能等同于生活本身,要注意课程内容基于生活而又高于生活的原则要求。

4.兴趣性原则

遵循兴趣性原则,在选择内容的时候,首先要从幼儿感兴趣的事物中寻找富含教育价值的内容,使幼儿的兴趣与我们所选择的内容相一致。同时还要考虑和关注幼儿兴趣所生成的内容。

5.基础性原则

遵循基础性原则,参照标准为:可以看它是否与儿童的现在生活、学习有直接关系;是否必须现在学,以后再学就失去最佳时机;是否是文化或人类知识中的最基本成分,而且是今后学习所必需的基础;是否有最大的应用性和迁移性。同时还必须涵盖课程内容的文化性。

6.逻辑性原则

遵循逻辑性原则,要求我们明确学科所存在的内在规律性,形成"教学大纲"。能够心中有"教学大纲",眼中有"儿童大纲",帮助幼儿在原有水平上获得提高,体现教育独特的价值。

三、幼儿园课程组织

(一)幼儿园课程组织的含义

幼儿园课程组织是指创设良好的课程环境,使幼儿园课程活动兴趣化、有序化、结构化,以产生适宜的学习经验和优化的教育效果,从而实现幼儿园课程目标的过程。

(二)幼儿园课程组织的方法

1.逻辑顺序与心理顺序

(1)逻辑顺序

根据知识本身的系统及内在联系来组织课程内容的一种方法,强调知识本身的逻辑顺序,对幼儿掌握系统的知识是有益的。

(2)心理顺序

根据学习者的心理发展特点,以适应学习者需要的一种组织课程内容的方法,强调幼儿的发展特点、经验、兴趣、需要,对调动幼儿学习的积极性、主动性作用很大。

2.纵向组织与横向组织

（1）纵向组织

按照课程组织的某些准则，以先后顺序排列课程内容。纵向组织方式强调知识和技能的层次性，即幼儿学习较为复杂的、抽象的知识是以较简单的、具体的知识为基础的，而纵向组织的方式有益于这种从简单到复杂，从具体到抽象的过程的依次推进。

（2）横向组织

横向组织指的是按"广义概念"组织课程内容，即打破传统的知识体系，使课程内容与幼儿已有经验联为一体。

横向组织强调的则是各种知识的融合，强调知识的运用，强调知识与幼儿成长的联系，而不是知识本身，这种组织的方式似乎与学龄前儿童的发展特征和学习方式更为接近。

3.直线式组织与螺旋式组织

（1）直线式组织

直线式组织指的是将课程内容组织成一条在逻辑上前后联系的直线，使前后内容互不重复。直线式组织有益于幼儿逻辑地思考问题，而且对于一些接受性知识和技能的传递，具有较高的效能。

（2）螺旋式组织

螺旋式组织指的是在不同的阶段，课程内容会重复出现，但是这些重复出现的内容在深度和广度上都有所加强。学龄前儿童的思维是以直觉思维为主的，因此幼儿园课程内容的组织一般较多采用螺旋式组织方式，这种组织方式在"综合教育""单元教学""方案教学"等许多幼儿园课程类型中都能看到。

四、幼儿园课程的实施

幼儿园课程的实施是指把一项课程计划付诸实践的过程，是达到预期课程目标的基本途径。

（一）幼儿园课程实施的取向

1.忠实取向

忠实取向就是将课程实施看作是忠实地执行预定课程方案的过程。衡量课程实施成功与否的基本标准是课程实施过程中实现预定的课程方案的程度。

2.相互适应取向

相互适应取向即把课程实施视为课程设计人员与课程实施者双方同意进行修正调整，采用最有效的方法以确保课程实施成效的过程。

3.课程创生取向

课程创生取向即把课程实施视为师幼在具体的活动情境中共同合作、创造新的教育经验的过程。

(二)幼儿园课程实施的途径

1.教学活动

教学活动是教师按照明确的课程目标和课程内容,有计划、有组织、循序渐进地引导幼儿获得有益的学习经验的一种教育途径。

教学活动特点是目标明确、内容精选、计划性强、教师的组织指导作用明显。

常用的教学方法:以体验、操作为主的教学方法,游戏法,角色扮演法,情境体验法,以引导探究为主的方法,以直接感知为主的方法(观察法、演示法、示范法、示例法),以语言信息传递为主的方法(讲解法、谈话法、故事法、讨论法)。

2.游戏活动

儿童以游戏为主要的活动形式,由此,以游戏作为实施课程的途径能够最大程度上吸引幼儿的注意力,促进幼儿在认知、情感、社会性等维度的发展。教师要将游戏活动与课程实施有效结合,有目的、有计划地投放游戏材料,创设宽松、自由的游戏情境,让儿童自由选择游戏材料和游戏伙伴,自主决定游戏的主题和游戏方式,使儿童在游戏中获得应有的发展。

3.生活活动

幼儿园生活活动一般是指幼儿的入园、就餐、饮水、盥洗、如厕、睡眠、离园等环节的活动。生活活动经常被忽视其教育作用,并且生活活动占据了幼儿在园的大部分时间,生活活动蕴含了丰富的教育价值和取之不尽的教育资源。一日生活也应作为课程实施的重要途径,有计划的教育活动与一日生活的活动融合,以渗透性的课程实施形式展开教育。这样,儿童学习的方式和内容就无处不在,非常灵活随机。

五、幼儿园课程的评价

(一)幼儿园课程评价的含义与作用

1.幼儿园课程评价的含义

幼儿园课程评价是评价者根据幼儿园课程的构成要素,收集、分析相关信息,对幼儿园课程的价值、适宜性、效益做出判断的过程。幼儿园课程评价的对象包括课程计划、课程实施的过程以及课程活动的结果,即幼儿和教师的发展。通过对幼儿园课程的评价,幼教工作者可以了解课程的适宜性、有效性。这些信息有助于调整和改进课程,从而提高教育质量,使课程更有效地为每个幼儿的发展服务。可见,课程评价在幼儿园课程系统中占有十分重要的地位,是课程建构、生成与发展必不可少的环节。

2.评价的目的

幼儿园课程评价的目的在于:第一,了解幼儿的实际发展状况,使教师能够针对幼儿的需要、特点及个体差异,确定教育活动的目标、内容及活动形式、指导方式等;第二,了解课程的目标、内容、实施过程,以及幼儿整体的发展状况,从而评价课程是否符合教育目的,是否适合幼儿的发展。

3.评价的作用

幼儿园课程评价的作用大致有两个方面:其一是可以满足教师、课程专业人员、幼儿园行政管理人员以及其他负责课程编制人员的需要,通过课程评价,检验或完善原有的幼儿园课程,或者开发和发展新的幼儿园课程;其二是可以满足幼儿教育政策制定者、幼儿园行政管理人员以及社会其他成员获得教育方面信息的需要,以便管理课程,做出影响课程的各种决策。

(二)幼儿园课程评价的主体

课程评价的主体即评价者。教育行政管理人员、幼儿园园长、教师、幼儿、家长等均是幼儿园课程的评价者。在这里,要特别指出的是**教师和幼儿既是课程评价的"对象",又是评价的"主体"**。

幼儿作为评价的主体不是通过语言,而是通过自己的行为反应和发展变化来发表对课程的看法,他们的行为表现和发展变化具有重要的评价意义。

(三)幼儿园课程评价的客体

评价客体即评价的对象,包括课程方案、实施过程、课程效果。

1.课程方案的评价

课程方案的评价是课程实施的开端,主要是为了考察和评定幼儿园课程所持有的基本理念,以及所强调的主要价值取向是否与幼儿园所在的社会文化背景相契合,是否与幼儿园教育实际状况相契合;考察和评定幼儿园课程的目标、内容、方法和评价等课程的各种成分是否在课程理念的统合之下形成一个协调的整体,并发挥其总体的功能。

2.课程实施过程的评价

课程方案的实施是整个课程系统运作的中心环节,主要是为了考察和评定课程实施过程中的诸多动态因素,如师幼互动的质量、幼儿和教师在课程运行过程中的态度和行为、幼儿园环境的创设和利用,以及动态变化中的各种因素之间的关系等等。

3.课程效果的评价

课程效果的评价是一种终结性评价,是课程评价的一个重要功能。它是对课程实施后,将幼儿和教师身上所引起的发展变化作为分析和评判,是衡量课程方案和教师教育教学行为适宜性的最终环节。课程效果,有的是显性的,有的是隐性的;有的是长效的,有的是短效的;有的是预期的,有的是非预期的。对课程效果的考察和评定,会涉及什么是效果,以及如何去衡量效果的问题。

模块三　国内外经典课程模式介绍

一、我国典型课程模式介绍

(一)陈鹤琴的"五指活动课程"

"五指活动课程"是陈鹤琴创建的。他以五个连为一体的手指比喻课程内容的五个方面,虽有区分,却是整体的、连通的,以此说明他所谓的五指活动课程的特征。他打破了按学科编制幼儿园课程的方式,以大自然、大社会为中心选择和组织课程内容,形成了他所谓的五指活动:**健康活动、社会活动、科学活动、艺术活动和语文活动**。

(1)以"做人、做中国人、做现代中国人"为目标。

(2)以大自然、大社会为中心选择和组织课程内容。

(3)以"做中教、做中学、做中求进步"为课程实施的方法。

(二)张雪门的"行为课程"

张雪门这样解释他的"行为课程":"生活即是教育,五六岁的孩子们在幼稚园生活的实践,就是行为课程。"

行为课程的具体内容有游戏活动、自然活动、社会活动、工作和美术活动、音乐活动、言语活动、常识活动等。这些具体内容要以"行为"为中心,以单元来进行设计与教学。

幼稚园课程的编制原则:整体性原则;偏重直接经验原则;偏重个体发展原则。

二、国外典型课程模式介绍

(一)蒙台梭利的课程方案

蒙台梭利是意大利幼儿教育家,被誉为在世界幼儿教育史上,自福禄贝尔以来影响最大的一个人。她在1909年撰写的《蒙台梭利教学法》和1933年撰写的《童年的秘密》等著作里,充分地阐述了以感官教育为基础的幼儿园课程模式。

1.课程目标

蒙台梭利课程模式以培养儿童成为身心均衡发展的人格为目标,通过作业的方式,让儿童把内在的生命力表现出来,在作业过程中培养儿童的注意力,在自由和主动的活动中让儿童自我纠正,使儿童在为其设置的环境中成为具有特质的人。

2.课程内容

蒙台梭利课程模式设置了以感官教育为核心的教育内容,包括日常生活教育、感觉教育、数学教育、语言教育、自然人文教育、社会文化教育和音乐艺术教育等几部分。

3.课程实施的方法

蒙台梭利课程实施的方法由三要素构成:有准备的环境、教师和教具。

(二)瑞吉欧课程模式

瑞吉欧·艾米里亚是意大利北部的一个小镇,在过去的30多年里,该镇建立了一个公共的儿童保教体系。该体系形成了一套特殊的、创新的教育哲学和教育理念,学校管理方法以及环境设计想法,成为一个有机的整体,称为瑞吉欧·艾米里亚教育实践,它被视为欧洲教育改革的典范,并对当今世界各国的学前教育产生了重要影响。

1.课程目标

瑞吉欧课程模式主张"让儿童更健康、更聪明、更具潜力、更愿意学习、更好奇、更敏感、更具随机应变的能力,对象征语言更感兴趣、更能反省自己、更渴望友谊"。

该课程模式的目标充分体现了其人文主义特色。课程模式是为了促使儿童健康成长和提高适应社会生活的能力,并强调对儿童进行主动性与创造性等品质的培养。

2.课程内容

瑞吉欧没有明确规定的课程内容,更没有固定的"教材"或先设计好的"教育活动方案"。瑞吉欧课程内容来自周围的环境,来自儿童生活中感兴趣的事物、现象和问题,来自他们的各种方法。

日常生活是取之不尽的课程内容的资源。瑞吉欧的课程实践表明,并非经验的新颖或奇异决定幼儿的兴趣和学习的意义;恰恰相反,充分地揭示日常生活中的意义对幼儿更具有深刻的价值和趣味。

(三)斑克街早期儿童教育课程模式

斑克街早期儿童教育方案的理念主要来源于三个方面,一是弗洛伊德及其追随者的心理动力学理论;二是皮亚杰、温纳等儿童认知发展心理学家的理论,这些心理学家对教育并不特别关注;三是杜威的进步主义教育理论。近些年来,维果斯基的研究也影响了斑克街早期儿童教育方案,方案的设计者们关注了儿童发展和学习的社会背景,并将之整合于"发展—互动"的概念。

1.课程目标

斑克街早期儿童教育方案的教育目标:

(1)培养儿童有效性地作用于环境的能力,包括各方面的能力以及运用这些能力的动机;

(2)促进儿童自主性和个性的发展,包括自我认同、自主行动、自行抉择、承担责任和接受帮助的能力;

(3)培养儿童的社会性,包括关心他人、成为集体的一员、友爱同伴等;

(4)鼓励儿童的创造性。

该课程模式目标是要培养包括身体的、智力的、社会的、情感的和审美的等身心各方面共同发展的人,即培养"整个儿童",也就是其课程具有综合性。

2.课程内容

斑克街早期儿童教育方案常以"社会学习"的问题为综合性的课程主题,教师为儿童获取学习社会和掌握重要技能的经验提供机会。以社会学习为核心展开的课程,共分为6个大类:(1)人类与环境的互动;(2)人类为生存而产生的从家庭到国家的各级社会单位及其与人的关系;(3)人类世代相传;(4)通过宗教、科学和艺术等,了解生命的意义;(5)个体和群体的行为;(6)变化的世界。

(四)海伊斯科普课程

海伊斯科普课程在我国又被称为"高瞻课程"或"高宽课程"。

海伊斯科普课程开始于1962年,是美国"开端计划"中第一批通过的帮助处境不利的学龄前儿童摆脱贫苦的学前教育方案,在全世界范围内推广与应用。

1.理论基础

课程设计者们声称该课程的理论基础是皮亚杰的儿童发展理论。

该课程的发展经历了三个阶段:第一阶段,课程设计者将关注点放在对儿童进入小学做好准备的知识和技能方面;第二阶段,课程设计者接受了儿童处于不同发展阶段的观点,尝试把那些代表该儿童发展阶段水平的技能教给儿童;第三阶段,皮亚杰的儿童作为知识建构者的思想在课程中得到了体现,课程设计者将儿童看成是主动学习者,认定儿童能在其自己计划、进行和反应的活动中获得较好的学习。

2.课程目标、内容和方法

课程发展的第二阶段,课程设计者强调的是运算要素,制定的总目标是教"皮亚杰式技能",课程目标是根据日内瓦研究课题——分类、排序、时间关系和空间关系而制定的。

课程发展的第三阶段,总目标依然是认知性的,但发生了几方面变化:保留认知发展的关键经验,但增加了主动学习的部分;设计者们强调他们的意图是将结构化的目标隐含在儿童活动的背景中;具体的目标领域发生了变化;考虑了儿童社会情感方面的目标。

主动学习是儿童发展过程的核心。课程设计者们确定了58条关键经验,以此作为制定课程和进行评价的指标。关键经验包括创造性表征、语言和文字、主动的社会关系、运动、音乐、分类、排序、数字、空间和时间等几方面。关键经验可被教师用作为安排和解释课程的一种组织化的工具,是教师指导儿童活动及评价儿童发展的框架。

3.课程实施

课程的实施是由"计划—操作(工作)—回忆"三个环节以及其他一些活动组成。这三个环节是课程实施的最重要部分,通过这些环节,儿童有机会充分表达自己所参与活动的打算,也能使教师密切地参与到整个活动过程中。除了三个环节的活动外,还有一些其他的活动,包括小型活动、户外活动及团体活动。

4.课程评价

教师可参照58条关键经验制定教育目标,设计并实施各领域的教育活动,也可以在一日生活的各个环节有目的、有计划地观察幼儿,在各个活动区提供能够支持幼儿获得关键经验的、有趣的、值得探究的材料,有效地促进幼儿主动学习。58条关键经验被划分在8大领域之中,主要包括以下内容:

领域	主要内容
学习品质	1.主动性;2.计划性;3.专注性;4.问题解决;5.资源利用;6.反思
社会性和情感发展	7.自我认同;8.胜任感;9.情感;10.同理心;11.集体;12.建立关系;13.合作游戏;14.道德发展;15.冲突解决
身体发展与健康	16.大肌肉动作发展;17.精细运动发展;18.身体意识;19.自我照顾;20.健康的行为
语言、素养和沟通	21.理解;22.表达;23.词汇;24.语音意识;25.字母知识;26.阅读;27.日常随笔画;28.书本知识;29.书写;30.英语学习
数学	31.数字单词和符号;32.数数;33.整体关系;34.形状;35.空间意识;36.测量;37.单位;38.模式;39.数据分析
创意艺术	40.视觉艺术;41.音乐;42.律动;43.假装游戏;44.欣赏艺术
科学技术	45.观察;46.分类;47.实验;48.预测;49.得出结论;50.交流思想;51.自然和自然世界;52.工具和技术:儿童探索和使用工具和技术
社会研究	53.多样性;54.社区作用;55.决策;56.地理;57.历史;58.生态学

▲【真题链接】

为什么幼儿园教育内容要贴近幼儿的生活?

【解析】1.幼儿的年龄特点和身心发展需要,决定了幼儿园保育和教育二者合一的教育原则,因此也决定了幼儿园课程内容需要包括日常生活活动。

2.幼儿的年龄特征和学校特点决定了幼儿园课程内容要与幼儿的生活相关联,而日常生活活动包含了潜在的、丰富的教育内容,因而是幼儿园课程设计和实施的重要背景和来源。

◇【本章小结】

幼儿园课程与其他各级各类教育的课程相比,更加关注它的教育对象,即3~6岁幼儿的个体发展,则具有目标的全面性、启蒙性,内容的生活性、浅显性,结构的整体性、综合性,实施的活动性、经验性以及特殊性、不可替代性和潜在性等特点。从抽象意义的要素方面看,幼儿园课程具有教育理念、目的、内容、实施和计划等要素,其中教育理念是最核心的也是具有决定性的要素。

课程目标总是体现着一定的立场,对儿童发展、社会需求和知识的性质以及这三者之间的关系的不同理解,使课程目标存在不同的价值趋向,即行为目标、生成性目标和表现性目标。

幼儿园课程内容是指依照幼儿园课程目标选定的通过一定的形式表现和组织的基本知识、基本态度、基本行为。幼儿园课程内容的选择要遵循一定的原则,即目的性原则、适宜性原则、生活化原则、兴趣性原则、基础性原则。同时,在选择课程内容时要注意容易出现的问题:课程目标缺失、课程内容超载、课程内容选择脱离幼儿生活和兴趣。

课程内容的组织方式包括逻辑顺序与心理顺序、纵向组织与横向组织、直线式组织与螺旋式组织。幼儿园课程内容的组织过程中应遵循一定的基本原则:顺序性、连续性和整合性。

课程实施是指把一项课程计划或方案付诸实践的过程,即教师根据课程计划组织课程活动的过程。课程实施的取向有三种:忠实取向、相互适应取向和课程创生取向。幼儿园课程的实施主要借助课程中的各种教育活动,包括游戏活动、教学活动和日常生活活动等三种基本的途径。这三类活动既有各自独特的作用,同时又常常相互转化、彼此加强。课程评价是对课程的价值作出判断的过程。

幼儿园课程评价是针对幼儿园课程的特点和组成成分,分析和判断幼儿园课程的价值的过程,即评估由幼儿园课程的影响所引起的变化的数量和程度,幼儿园课程评价的基本要素包括幼儿园课程评价的主体、幼儿园课程评价的客体、幼儿园课程评价的标准和指标。

◇【**本章思考与练习**】

一、选择题(识记)

1.属于幼儿园课程主要特点的是(　　　)。

　　A.游戏性　　　　　　　　　　　　B.非义务性

　　C.基础性　　　　　　　　　　　　D.适宜发展性

2.在蒙台梭利的感觉教育中,感官训练最为重要的是(　　　)。

　　A.视觉训练　　　　　　　　　　　B.听觉训练

　　C.触觉训练　　　　　　　　　　　D.嗅觉训练

3.强调个体的兴趣和需要,注重让儿童在生活情境中学习,这是以经验为中心的课程组织形式,也是(　　　)。

　　A.以学科为中心的课程组织形式

　　B.以社会问题为中心的课程组织形式

　　C.以学问为中心的课程组织形式

　　D.以儿童为中心的课程组织形式

4.课程评价本质上应该是(　　　)。

　　A.对人不对事的评价　　　　　　　B.对事不对人的评价

　　C.既对人也对事的评价　　　　　　D.既不对人也不对事的评价

5.五指活动课程的创始人是(　　)。

    A.蒙台梭利　　　　　　　　　　　　B.陈鹤琴

    C.陶行知　　　　　　　　　　　　　D.皮亚杰

6.瑞吉欧的教育者认为,一切教育得以成功的最关键因素是(　　)。

    A.教师指导　　　　　　　　　　　　B.家长参与

    C.社区支持　　　　　　　　　　　　D.对儿童的正确理解

7.对待各种课程模式的正确态度是(　　)。

    A.博采众长　　　　　　　　　　　　B.全盘照搬

    C.全盘抛弃　　　　　　　　　　　　D.选择一种最好的课程模式为我所用

8.以实际问题解决为组织形式,以学生自主学习和直接体验为基本学习方式的是(　　)。

    A.学问中心课程的特征　　　　　　　B.经验中心课程的特征

    C.综合课程的特征　　　　　　　　　D.活动课程的特征

9.幼儿园课程带有浓厚的生活化特征,这是(　　)。

    A.幼儿园课程的基本性质　　　　　　B.幼儿园课程的特点

    C.幼儿园课程的形态特征　　　　　　D.幼儿园课程的结构特征

10.受教育者的年龄越小,教育的着眼点越应放在促进其身心的(　　)。

    A.认知领域的发展上　　　　　　　　B.情感领域的发展上

    C.动作技能领域的发展上　　　　　　D.一般发展上

11.间接教学中幼儿的学习方式(　　)。

    A.以接受学习为主　　　　　　　　　B.以发现学习为主

    C.以机械学习为主　　　　　　　　　D.以无意学习为主

12."大自然、大社会都是活教材"的观点,是陈鹤琴活教育的理论中(　　)。

    A.对活教育目的的阐述　　　　　　　B.对活教育课程的阐述

    C.对活教育方法的阐述　　　　　　　D.对活教育原则的阐述

13.学前知识系统化教学中,幼儿园活动的类型主要分为日常生活活动和(　　)。

    A.游戏活动　　　　　　　　　　　　B.项目活动

    C.作业　　　　　　　　　　　　　　D.传统活动

二、简答题(简单运用)

    1.幼儿园课程的含义及特征是什么?

    2.幼儿园课程内容的组织有哪几种方式?

    3.维果斯基的最近发展区理论对幼儿园课程有何影响?

    4.幼儿园健康教育的目标包括哪些?

    5.选择和确立幼儿园的课程目标有哪些依据?

    6.选择幼儿园课程内容的基本原则有哪些?

三、论述题(综合运用)

    1.结合实际论述幼儿园教学的特点。

2.你是如何理解日常生活活动、游戏和教学三者之间的关系的？

四、活动设计题(综合运用)

试以"风"为内容给中班(4~5岁)的幼儿设计一个教学活动。

五、案例分析题(综合运用)

请分析以下案例中所反映的幼儿园课程价值取向以及小学入学考试对幼儿园课程价值取向的影响。

我们班的一位女孩王××，聪明文静，是班里名列前茅的宝宝。马上要毕业升小学了，我带着她去参加江北区某外国语小学的笔试，1000余名考生中，她以第120名的笔试成绩脱颖而出。一周后，我又带她去该校面试，面试内容是阅读一篇中文儿歌、做100以内的加减法以及一个全英语的游戏活动。最后面试的成绩是第400名。事后，面试教师告诉我：她数学方面完成得不错。做英语游戏活动时，声音太轻了，念儿歌的时候也是，念到第三句就再也不愿意念下去了。王××后来解释：儿歌里很多字都不认识，不想念了。

专题八　幼儿园教育活动

■ 学习目标

1.了解幼儿园教育活动的概念及类型。

2.了解幼儿园生活活动的含义、意义;掌握一日生活活动的环节和一日生活常规养成的策略,能根据幼儿年龄特点制定一日生活安排表。

3.理解幼儿园教学活动的含义、特点;掌握教学活动的方法和原则,能运用教学相关原理分析、评价幼儿园教师课堂教学行为。

4.理解幼儿园游戏活动的含义、特点、价值及类型;掌握游戏活动的指导策略;能灵活地指导幼儿进行各种类型的游戏。

5.掌握幼儿园教学活动方案设计的基本规范。

■ 本章导学/含考纲要点简要说明

本专题包含四个模块,模块一幼儿园教育活动概述,介绍幼儿园教育活动的概念、常见类型。模块二幼儿园的生活活动介绍生活活动的含义、意义,一日生活的环节以及一日生活常规的养成策略。模块三幼儿园的教学活动主要介绍教学活动的概念、特点、组织原则、方法和教学活设计及策略。模块四幼儿园的游戏活动介绍幼儿园游戏活动的含义、特征、价值、类型和指导策略。

从历年幼儿园教师资格考试真题及国家职业技能大赛试题来看,本章涉及的重点在于幼儿一日生活,幼儿园教学活动的特点、组织原则,所涉及的题型主要是单项题、简答题,主要侧重于知识的识记和领会。幼儿园教学活动设计及策略、幼儿园游戏活动中教师观察要点及指导策略。所涉及的题型主要是简答题、论述题、材料题,侧重于知识的领会和综合运用。

■ **本章思维导图**

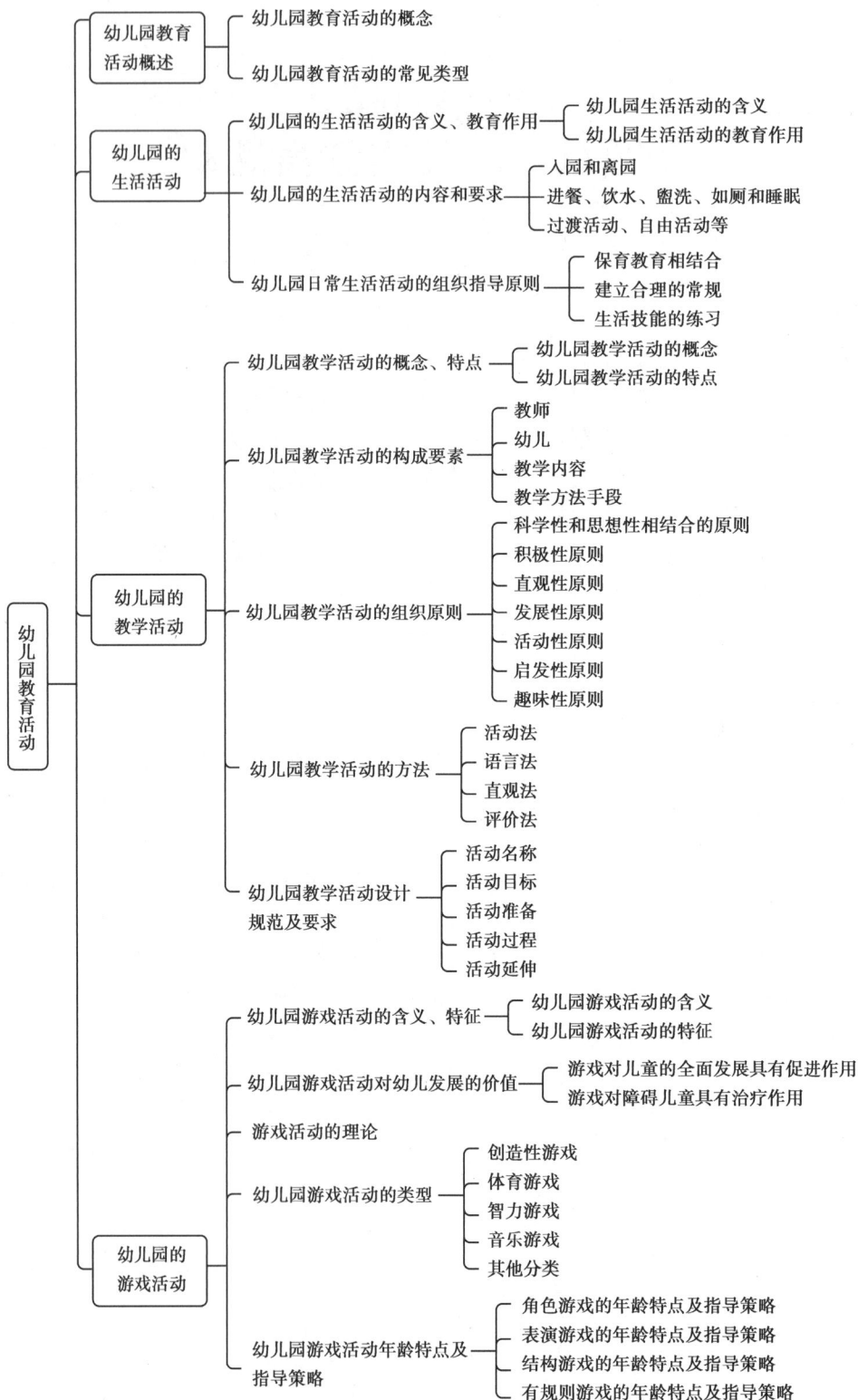

幼儿园教育
活动概述
├─ 幼儿园教育活动的概念
└─ 幼儿园教育活动的常见类型

幼儿园的
生活活动
├─ 幼儿园的生活活动的含义、教育作用
│　├─ 幼儿园生活活动的含义
│　└─ 幼儿园生活活动的教育作用
├─ 幼儿园的生活活动的内容和要求
│　├─ 入园和离园
│　├─ 进餐、饮水、盥洗、如厕和睡眠
│　└─ 过渡活动、自由活动等
└─ 幼儿园日常生活活动的组织指导原则
　　├─ 保育教育相结合
　　├─ 建立合理的常规
　　└─ 生活技能的练习

幼儿园教育活动

幼儿园的
教学活动
├─ 幼儿园教学活动的概念、特点
│　├─ 幼儿园教学活动的概念
│　└─ 幼儿园教学活动的特点
├─ 幼儿园教学活动的构成要素
│　├─ 教师
│　├─ 幼儿
│　├─ 教学内容
│　└─ 教学方法手段
├─ 幼儿园教学活动的组织原则
│　├─ 科学性和思想性相结合的原则
│　├─ 积极性原则
│　├─ 直观性原则
│　├─ 发展性原则
│　├─ 活动性原则
│　├─ 启发性原则
│　└─ 趣味性原则
├─ 幼儿园教学活动的方法
│　├─ 活动法
│　├─ 语言法
│　├─ 直观法
│　└─ 评价法
└─ 幼儿园教学活动设计规范及要求
　　├─ 活动名称
　　├─ 活动目标
　　├─ 活动准备
　　├─ 活动过程
　　└─ 活动延伸

幼儿园的
游戏活动
├─ 幼儿园游戏活动的含义、特征
│　├─ 幼儿园游戏活动的含义
│　└─ 幼儿园游戏活动的特征
├─ 幼儿园游戏活动对幼儿发展的价值
│　├─ 游戏对儿童的全面发展具有促进作用
│　└─ 游戏对障碍儿童具有治疗作用
├─ 游戏活动的理论
├─ 幼儿园游戏活动的类型
│　├─ 创造性游戏
│　├─ 体育游戏
│　├─ 智力游戏
│　├─ 音乐游戏
│　└─ 其他分类
└─ 幼儿园游戏活动年龄特点及指导策略
　　├─ 角色游戏的年龄特点及指导策略
　　├─ 表演游戏的年龄特点及指导策略
　　├─ 结构游戏的年龄特点及指导策略
　　└─ 有规则游戏的年龄特点及指导策略

知识要点解析

模块一 幼儿园教育活动概述

一、幼儿园教育活动的概念

在我国幼儿教育领域里,1989年《幼儿园工作规程(试行)》中首次出现了"教育活动"这一概念。1996年《幼儿园工作规程》第四章"幼儿园教育"第二十四条指出,幼儿园教育活动应是有目的、有计划引导幼儿生动、活泼、主动活动的、多种形式的教育过程。而2001年《幼儿园教育指导纲要(试行)》第三部分"组织与实施"第二条明确指出:幼儿园教育活动是教师以多种形式有目的、有计划地引导幼儿生动、活泼、主动活动的教育过程。幼儿园教育活动具有目的性和计划性,以教师和幼儿共同参与为存在条件,以双方的相互作用为基本过程展开,且双方的相互作用可以有多种形式。

广义上说,幼儿园教育活动是指在幼儿园内所发生的一切活动。包括生活活动、教学活动、游戏活动、体育活动等等。

狭义上说,幼儿园教育活动主要包括生活活动、教学活动、游戏活动。生活活动是幼儿园基础性活动,主要指一日生活常规。教学活动是指教师在一定的时间内专门组织的有目的、有计划的活动,主要指幼儿园五大领域的活动,是幼儿园重要的活动。游戏活动是幼儿最喜欢的活动,最符合幼儿天性的活动,也是最适合幼儿的发展,最能促进幼儿成长的活动。幼儿园应以游戏活动为基本活动。

幼儿园教育活动是促进幼儿身体全面和谐发展的重要途径;幼儿园教育活动是实现幼儿园教育目标、落实幼儿园教育活动的主要手段,对促进幼儿发展具有重要的意义。

二、幼儿园教育活动的常见类型

幼儿园教育活动是促进幼儿身体全面和谐发展的重要途径,幼儿园教育活动是实现幼儿园教育目标、落实幼儿园教育活动的主要手段。

按照不同的维度,有不同的分类,从教育活动的结构出发可以分为高结构活动和低结构活动;从教育活动的特征出发可以分为生活活动、游戏活动、教学活动;从教育活动的内容领域出发,可以相对划分为健康、语言、科学、社会、艺术领域的教育活动;从教育活动的性质出发可以分为预设和生成教育活动;从教育活动的组织形式可以分为集体活动、小组活动和个别活动。

模块二　幼儿园的生活活动

一、幼儿园的生活活动的含义、教育作用

(一)幼儿园生活活动的含义

《幼儿园教育指导纲要》指出："幼儿园应为幼儿提供健康、丰富的生活和活动环境，满足他们多方面发展的需要，使他们在快乐的童年生活中获得有益于身心发展的经验。"《3—6岁儿童学习与发展指南》指出："幼儿园教育的任务是要为人终身的人格完善和为适应社会不断变化奠定基础，就是为幼儿一生的可持续发展奠定基础。"

幼儿园生活活动是指幼儿一日活动中的生活环节即幼儿每天都要进行的日常活动。包括入园(晨检)、饮水、盥洗、进餐(餐点)、如厕、睡眠、离园、过渡活动、自由活动以及散步等。生活活动在一日活动中的占比达50%以上。

(二)幼儿园生活活动的教育作用

日常生活活动蕴含着保育和教育的因素。生活活动使幼儿尽快适应幼儿园里的生活，为今后的发展打下基础。日常生活是幼儿学习的重要途径，生活活动的教育作用体现在体、智、德、美各育之中。

幼儿体育中培养良好的生活卫生习惯的目标要求，需要在日常生活活动中反复训练才能实现。

日常生活活动渗透着幼儿的智育。结合各个生活环节的特点，可以对幼儿进行智力的训练，在日常的生活活动中，幼儿学会了生活知识、卫生保健知识等。

幼儿德育体现在日常生活的待人、接物、处事之中。日常生活活动对幼儿品德的形成有多方面的影响。生活活动与幼儿的自我服务劳动紧密相联，可以培养幼儿爱劳动的品质和习惯；幼儿通过学习必要的生活技能，培养了幼儿的自主性、独立性，提高了幼儿的自理能力等。幼儿园的日常生活活动是促进幼儿社会化的必要途径。

幼儿最初的美育是从日常生活开始的。幼儿的审美教育要与幼儿的生活相结合，在生活活动中发展幼儿对生活美的感受力和表现力，形成对待生活的积极态度。

二、幼儿园生活活动的内容和要求

日常生活活动是保教结合最紧密的幼儿园活动形式，既是对幼儿的保育过程，又是施教的机会。教师应明确地安排各种生活活动应该占用的时间，以保证活动有序地进行。

(一)入园和离园

1.入园

入园是幼儿一天集体生活的开始,也是对幼儿进行个别教育和开展家长工作的好时机。教师的主要任务是热情接待幼儿、安定其情绪,教师应主动与幼儿谈话进行随机教育,重视做好家园联系工作,关键是做好晨检和接待两项工作。

2.离园

离园时,教师要提醒幼儿做好整理工作,包括活动室玩具、用具的整理,自己仪表的整理,带好回家的用品等。等家长来到时,教师可用简短的语言向家长介绍幼儿在园的情况,尽可能及时与家长交换意见。教师应严格执行幼儿接送制度,保证幼儿的安全,使幼儿童愉快地离开幼儿园,照顾好不能按时离园的幼儿等。

▲【真题链接】

(2019年上)保教结合最紧密的幼儿园活动形式,既是对幼儿的保育过程,又是施教的机会。这种活动是(　　)。

A.游戏活动　　　　　　　　　　　B.日常生活活动

C.教学活动　　　　　　　　　　　D.课堂教学活动

答案:B。【解析】日常生活活动是保教结合最紧密的幼儿园课程形式,其中的每一项活动既是对幼儿的保育过程,又是施教的机会。故本题选B。

(二)进餐、饮水、盥洗、如厕和睡眠

1.进餐与点心

幼儿园应制定合理的饮食制度,开饭要准时,进餐要定量,进餐间隔时间应为3~4小时。教师应培养学前儿童良好的进餐习惯,指导他们正确使用餐具,营造愉快的进餐氛围,有计划地对幼儿进行营养卫生教育。餐前,教师应指导值日生或小组长做餐前准备工作;餐中,可介绍饭菜,帮助他们获得相关知识,进行生活中的健康教育;餐后,提醒学前儿童不宜剧烈活动。

▲【真题链接】

(2013年上)活动设计题:小班赵老师发现幼儿进餐时存在各种问题:有的幼儿情绪不稳定,吃饭时哭着找妈妈;有的幼儿不会拿勺子吃,一定要老师喂;有的幼儿挑食,不吃这个,不吃那个;还有的幼儿吃一会儿,玩一会儿,饭凉了都还没吃完。请设计一份解决上述问题的教育方案。(要求写出对问题的分析、教育目标和解决问题的主要方法。)

答题要点:略。

2.饮水

饮水是重要的但往往被忽视的生活活动。幼儿生长迅速,新陈代谢旺盛,对水的需

求量高于成人。保证幼儿每天喝足够和清洁的开水是教师的职责。幼儿园应为幼儿创造清洁卫生、自取便利的饮水环境,保证学前儿童有个人专用水杯,并严格坚持每天洗净消毒,防止疾病的交叉感染。同时,让幼儿养成会主动喝水及喝白开水的好习惯,不喝生水,少喝冷饮;使幼儿粗略地知道水和健康的关系等。

3.盥洗

盥洗活动包括大小便、洗手、洗脸、洗澡等。幼儿园应教会学前儿童正确的洗手、洗脸方法,督促他们饭前便后、手脸弄脏后主动清洗,养成保持个人清洁卫生的习惯。

盥洗是培养幼儿自我服务能力的有力途径,要求幼儿在掌握盥洗技能的基础上,养成科学卫生而又便捷合理的盥洗习惯。

4.如厕

幼儿园要保持厕所整洁,使幼儿得到潜移默化的文明教育。教师要悉心照料幼儿的如厕活动,对年龄小的幼儿给予具体帮助,在集体如厕的时间之外,允许幼儿随时如厕,不限制大小便的次数;善于观察,会从幼儿的排便中发现疾病的征兆;建立常规,教幼儿学会使用便器和手纸的方法,并培养保持厕所整洁的习惯。培养幼儿定时大便的习惯,让幼儿知道憋便、憋尿对身体的危害,并知道随地大、小便是不文明的行为。

5.睡眠

睡眠也是护理和教育相结合,培养幼儿自理能力的最好时机。首先,教师要与家长配合保证幼儿有充足的睡眠时间,培养良好的睡眠习惯和自我服务的能力。其次,应建立寝室常规,如轻轻地走路和说话,衣物放在特定的地方,禁止在躺卧时玩玩具或口含小件物品及玩具,不妨碍他人睡眠等。

睡眠前后,教师应指导幼儿正确有序地穿脱衣裤;睡眠过程中,教师要经常巡回观察,发现异常及时处理,声音、动作要轻。总体而言,要求教师为幼儿创设安静舒适的睡眠环境,帮助他们养成良好的睡眠习惯。

(三)过渡活动、自由活动等

1.过渡活动

过渡活动是幼儿从一个活动到另一个活动之间的转换活动。这种活动时间短暂、形式灵活多样,一般包括两次教学活动之间以及进餐前、入睡前、如厕后的生活环节。

过渡活动的意义在于,让幼儿得到休息和调整;帮助幼儿建立初步的时间观念;丰富幼儿的生活内容,避免无谓的消极等待和不必要的排队、静坐或散乱,使生活环节转换自然有序。

过渡活动的组织需要教师工作的计划性、灵活性和随机性,其安排视上下两次活动的内容形式及活动量而定,室内室外或动或静不拘。

2.自由活动

自由活动是让幼儿自己选择活动内容、玩具材料、玩伴等的活动。其特点虽然是"自由",但仍离不开教师的组织与指导,要充分认识开展自由活动对促进幼儿发展的积极作用,让幼儿在愉快、有益的自由活动中得到童年的欢乐。

教师要为幼儿的自由活动创设条件,提供自由活动的时间、地点和充足的玩具材料,充分挖掘和利用自由活动中的教育契机。教师要抓住时机观察幼儿的行为和表现,发现和支持幼儿自发的个别探索活动,进行随机教育。

三、幼儿园日常生活活动的组织指导原则

(一)保育教育相结合

由于幼儿独立生活能力较差,为保证他们的健康、安全和个性,全面和谐地发展,教师要对幼儿的生活给予全面、细心的照顾;幼儿力所能及的、应该掌握的事情,教师要鼓励他们自己去完成,做到放手不放眼,以增强他们的自理、自立能力和自我保护意识。

(二)建立合理的常规

常规是幼儿必须遵守的日常生活的行为规则,是教师组织管理幼儿日常生活行之有效的方法。合理的常规有助于培养幼儿的自制能力和良好的行为习惯。如在午餐时间的安排上,可以进行弹性处理。进餐慢的幼儿可以早些入座就餐,而进餐快的幼儿可以为他们提供一些为同伴服务的机会。当幼儿就餐完毕,根据进餐速度的快慢随时进行餐后活动。例如,看图书或散步、读古诗、做手指游戏等,不断地提高计划执行的灵活性、创造性。力求使一日活动的安排与实施体现出"统而不死,活而有序"的有效性,从而促进幼儿生动活泼、健康和谐地发展。

▲【真题链接】

(2012 年下)制定班级幼儿生活常规的主要目的是(　　　)。

A.帮助幼儿学会自我管理　　　　　　　B.便于教师管理

C.让幼儿学会服从　　　　　　　　　　D.维持纪律

答案:A。【解析】班级生活常规可以培养幼儿良好的行为习惯,还可以帮助幼儿适应幼儿园环境,培养幼儿的自律能力,所以制定幼儿班级生活常规的主要目的是帮助幼儿学会自我管理。

(三)生活技能的练习

练习是一种教育方法,是在一定的条件下通过实践活动重复训练而巩固某种技能的方法。任何一种生活技能都是在经常性的要求和长时间的练习中形成的。生活技能的练习过程是幼儿多种感官和身体动作参与活动的过程。幼儿通过模仿和练习边学边做,在实践活动中养成生活自理能力、卫生行为习惯和独立的精神。

模块三 幼儿园的教学活动

一、幼儿园教学活动的概念、特点

(一)幼儿园教学活动的概念

幼儿园教学活动是指教师从幼儿的兴趣和实际水平出发,有目的有计划地组织和指导幼儿主动学习,以增进幼儿对周围环境的认识,培养学习兴趣,帮助幼儿获取有利于其身心发展的经验的活动。可见幼儿园教学活动的主要任务以帮助幼儿获取大量的感性经验为主要任务,幼儿园教学活动的其他任务在于培养幼儿良好的学习兴趣、学习习惯、学习方法。教和学不只是传授和接受,"教"更是一种组织、指导、引导、支持、帮助;"学"则是一种经验的习得和主动建构过程。

▲【国赛链接】

(2020年)幼儿园的教育活动包括(   )。

A.教师的"教"和幼儿的"学"　　　　B.教师的"教"

C.幼儿的"学"　　　　　　　　　　D.直接的"教"和间接的"教"

答案:A。【解析】对幼儿园教育活动的正确理解是教和学不只是传授和接受,"教"更是一种组织、指导、引导、支持、帮助;"学"则是一种经验的习得和主动建构过程。幼儿园的教育活动包括教师的"教"和幼儿的"学"。

(二)幼儿园教学活动的特点

1.生活性与启蒙性

幼儿园教学要从帮助幼儿积累生活的感性经验出发,其内容和途径必须贴近幼儿的实际生活,教学设计必须针对幼儿生活中出现的问题和幼儿的实际需要,以促进幼儿适应生活为重要目标。

幼儿年龄小,知识经验贫乏,思维带有明显的具体形象性,思维的抽象概括性刚刚开始发展,难以理解抽象的事物。因此,在幼儿园教学活动中,注重在认识简单的事物和现象中,引导幼儿认识事物之间的关系,强调教师在教学过程中运用幼儿已有的生活经验,并注意通过教学丰富幼儿的有益经验,帮助幼儿学习并适应生活,获得粗浅的知识,使他们的经验和视野得以拓展。

2.活动性与参与性

幼儿的学习是以直接经验为基础的,直接经验的获得离不开具体的活动,幼儿园教学活动强调每个幼儿的实践与参与。

在教学中,教师要调动幼儿的多种感官,鼓励他们去看一看、听一听、闻一闻、尝一尝、摸一摸或者摆弄摆弄,以帮助他们在多种活动中更好地认识环境中的事物。

3.游戏性和情境性

游戏是幼儿最喜欢的活动,也是最适合幼儿的发展,最能满足幼儿的需要,最能促进幼儿成长的活动。幼儿园应以游戏为基本活动。

幼儿思维具体形象,注意容易分散,教师在组织教学活动时需要借助一定的游戏或情境,加强幼儿注意的持久性,唤起和调动幼儿的有关经验,吸引他们在游戏的假想情境中积极地交往、大胆地想象、主动地表达,在玩中学。离开游戏性和情境性,幼儿园的教学活动就容易小学化。

4.综合性和整合性

《幼儿园教育指导纲要》指出,教育活动内容的选择要考虑幼儿感兴趣的事物和问题,各领域的内容要有机联系,相互渗透,注重综合性、趣味性、活动性,从不同的角度促进幼儿情感、态度、能力、知识、技能等方面的发展。幼儿园围绕着一个主题在各领域开展活动就体现了幼儿园教学活动的综合性和整合性。

▲【真题链接】

(2012年上)幼儿园教育的基本特点是什么?

答案要点:幼儿园教育的特点是启蒙性、生活化、游戏性、活动性、潜在性。

▲【国赛链接】

1.(2020年)幼儿教师在语言课上只讲故事,音乐课上只能唱歌,体育课上只做游戏的做法,违背了(　　)教育原则。

　　A.启蒙性　　　　　　　　　　B.发展适宜性

　　C.活动性　　　　　　　　　　D.综合性

答案:D。【解析】《幼儿园教育指导纲要》指出,教育活动内容的选择要考虑幼儿感兴趣的事物和问题,各领域的内容要有机联系,相互渗透,注重综合性、趣味性、活动性,从不同的角度促进幼儿情感、态度、能力、知识、技能等方面的发展。本题幼儿老师的做法违背了综合性的原则。

2.(2020年)当雨后的天空出现了一道彩虹,教师马上不失时机地组织幼儿观察彩虹的形状、颜色,了解彩虹形成的原因等。教师的这种做法体现了幼儿园教育活动的什么特点?(　　)

　　A.趣味性和游戏化　　　　　　B.综合性和整合性

　　C.随机性和潜在性　　　　　　D.广泛性和启蒙性

答案:C。【解析】本题中教师在雨后不失时机地组织幼儿观察彩虹的形状、颜色等,不失时机地对幼儿进行教育,体现了幼儿园教育活动的随机性和潜在性。

二、幼儿园教学活动的构成要素

（一）教师

教学活动离不开教师的教，教师是教学过程的主导因素，是"教"的主体。教师是"教"的活动的组织者、指导者和支持者。具体体现在教师需要根据教学任务、要求和幼儿的实际需要，确定相应的活动目标，选择合适的内容，运用适当的方法，设计科学的环节，控制教学活动方向来对幼儿实施有目的、有计划的教育，引导幼儿向教育目标要求的方向发展。

（二）幼儿

幼儿是主动的学习者，在教学过程中，幼儿是学习的主体。具体体现在，他们会根据自己的经验和兴趣来对教师组织的活动内容做出选择：对于感兴趣的活动，他们会积极参与、主动探究；对于不感兴趣的活动，他们则可能表现得无所事事，或者出现游离的眼神或莫名其妙的行为。在教学过程中，幼儿是否处于学习的最佳状态，能否发挥主动性、积极性，是教学过程成败的重要因素。

（三）教学内容

《幼儿园教育指导纲要（试行）》指出，"幼儿教学活动内容"可以相对划分为健康、语言、社会、科学、艺术五个领域。教学内容是进行教学活动的原料，也是教师对幼儿施加教育影响，完成教学目标的中介和载体。教学内容是教师所选择的教学内容合适与否，直接影响到教学目标的实现程度。

（四）教学方法手段

幼儿园普遍使用的教学手段主要有实物、图书、图片、照片、幻灯片、录像等。在现代社会中，教师应努力学习使用电脑、投影仪、幻灯机、录音机、录像机等电化教具，尤其是利用电脑从网上下载大量的图片和信息，自制多媒体课件，既方便快捷又经济，是实现教学最优化的有效手段。

幼儿园常用的教学方法有语言法、活动法、直观法。教学方法与手段是实现教学目标的一个重要的中介因素。有效的方法和恰当的手段能激发幼儿的学习兴趣，帮助幼儿理解学习内容，保证教学过程的顺利进行。

教师、幼儿、教学内容和教学手段是教学过程不可缺少的四个基本因素。教师和幼儿是教学活动的双主体，构成了教学活动的双边活动过程。幼儿的"学"是根本，教师的"教"是为幼儿的"学"服务。教育内容和手段是中介，教师借助教育内容和手段，与幼儿相互作用。

三、幼儿园教学活动的组织原则

幼儿园教育教学活动的原则,是指组织教学活动必须遵循的基本要求和基本准则。幼儿园教育教学原则贯穿于幼儿园教育教学的全过程,指导幼儿园教育教学活动,它是根据幼儿园教育的目的、任务和幼儿的年龄特点制定的,反映了幼儿园教育教学过程的客观规律,是幼儿园教师长期教育教学实践经验的概括和总结。幼儿园教育教学活动需遵循以下原则:

(一)科学性和思想性相结合的原则

科学性原则是指教师在教学过程中向幼儿传授的知识技能是正确的、符合客观规律的;所采用的教学组织形式和教学方法应符合幼儿的认知特点,是切实可行的。要保证幼儿园教育教学全过程的科学性。**思想性是指教师在教学过程中应实施德育,促进幼儿的品德和社会性发展。**也就是说要寓德育于各项教育活动之中。

贯彻科学性和思想性相结合的原则应注意:(1)教师加强学习,以保障教给幼儿科学的知识,引导幼儿获得正确的经验。(2)发挥教师的榜样作用,科学地回答幼儿的提问,帮助幼儿形成对待科学的正确态度。(3)结合教学内容对幼儿进行情感渗透,切忌说教。

(二)积极性原则

积极性原则是指教师在教学中应注意激发幼儿主动学习的愿望,引发和促进幼儿积极地与环境、材料相互作用,得到发展。

贯彻这个原则时应注意以下几点:(1)科学选材,精心设计,灵活调整教学计划。(2)加强师幼交流,建立平等的师生关系,鼓励幼儿参与和创造。(3)关注幼儿与众不同的行为,允许幼儿出错,促使幼儿在学习过程中得到积极的情感体验。

(三)直观性原则

直观性原则是指在教学过程中,教师应当利用实物或教具材料,充分调动幼儿的各种感官,丰富其感性经验,使他们获得直接具体的感知。直观性原则在幼儿园教学活动中有特殊意义,因为幼儿生活经验缺乏,思维具体形象,他们是通过直接感知认识周围事物,形成表象并发展为概念的。贯彻直观性原则应注意:

(1)根据教学目标、内容及幼儿实际恰当选择和运用直观手段。幼儿园常用直观手段有实物直观、模具直观、电化教具直观、语言直观等。(2)直观手段要与训练幼儿感官结合。(3)运用直观手段特别要注意与教师语言指导和动作示范相结合。(4)使生动形象的直观、抽象的思维活动和实际操作相结合。

(四)发展性原则

发展性原则指幼儿园教育教学活动必须促进幼儿知识水平和体力、智力、情感、道德、个性等方面的发展,使幼儿从现在的发展区域向最近发展区域发展。同时,幼儿园教学要能使每一个幼儿在原有基础上得到最大限度的发展。

贯彻这个原则时应注意以下几点：（1）树立终身可持续发展观念。（2）了解幼儿的发展需要，深入调查幼儿的发展水平和发展潜力，对幼儿的学习能力做出科学的估计。（3）科学选材，教育教学内容深浅难易要适当，充分考虑幼儿的可接受性。一般应有一定的难度，略高于现有的发展水平，又不超过发展的可能性，要求幼儿经过一定的努力才能掌握。（4）方法科学，综合运用各种教学方法，并不断加以改进，按照知识的逻辑顺序和幼儿认知能力在发展的最近区域进行教学，使幼儿利用已有的知识去获得更多的新知识，同时发展智力。（5）照顾幼儿的个别差异，因材施教，量力而行，使每个幼儿都能在原有基础上获得最大限度的发展。

（五）活动性原则

活动性原则是指教学时应保证幼儿充分地活动，以使他们在主动的活动中来学习并获得发展。根据皮亚杰的认知发生论，幼儿是在活动中建构他们的认知结构，发展智力和社会性行为的。在教育教学活动中，幼儿在他们原有发展水平上，通过与物体相互作用的操作活动，与教师和同伴的交互活动，建构他们自己的认知结构，发展其智力，体验和理解自我与他人间的相互关系和情感。贯彻活动性原则应注意：

（1）教师在教学活动中要为幼儿提供丰富的材料、充分的活动时间，以及较多的同伴交往机会，吸引幼儿选择参加，让他们成为活动的主人。（2）组织的活动要全面多样。鼓励幼儿在活动中的积极性、主动性和创造性。

（六）启发性原则

启发性原则是指教学过程中，教师要尽可能地避免直接告诉儿童现成的、结论性的知识，而是引导学前儿童的思维。启发性原则符合幼儿的认知规律和教学过程的特点。幼儿对客观世界的认识，不是消极、被动的，而是积极、主动的。贯彻启发性原则应注意：

（1）教师应有明确的目的，并选择适合幼儿水平、能促进幼儿发展和幼儿感兴趣的教材，吸引幼儿注意力，激发幼儿求知欲。（2）采取灵活多样的教学形式，激发幼儿学习兴趣，调动幼儿学习的主动性和积极性。（3）教育教学活动中应采用启发式的教学方法，让幼儿多看、多听、多想、多说、多做，积极地进行想象、思维和创造性的智力活动，去获取知识和技能。（4）在教育教学活动中应以鼓励和表扬为主，批评为辅。

（七）趣味性原则

趣味性原则是指在教学活动中，教育者应使教学的各环节充满趣味，以引发幼儿浓厚的学习兴趣，促使儿童在兴趣的驱动之下，带着喜悦的情绪全身心地投入活动中，在不知不觉中获取知识技能。具体而言，贯彻趣味性原则应注意：（1）提供富有趣味性的教学素材，使教学内容变得形象生动。（2）开展各种形式的游戏活动。（3）结合学前儿童身心特点开展各种活动，以活动的趣味性来激发儿童的主动性和积极性。

四、幼儿园教学活动的方法

　　教学方法是指为了完成一定的教学任务,师生在共同活动中采用的手段,既包括教的方法,也包括学的方法。教学方法运用的科学性和有效性在于:保证幼儿正确地掌握知识、技能,有利于激发幼儿的学习欲望,使他们生动、活泼、主动地学习,培养他们的创造精神。

　　幼儿园常用的教学方法有活动法(游戏法、实验法、操作练习法)、语言法(谈话法、讲解、指令)、直观法(观察法、演示、示范)、评价法(表扬与奖励、批评与惩罚)。从活动上划分,以教师为主的方法是演示、示范、讲解等;以幼儿活动为主的方法是观察、游戏、练习等;谈话法则是教师和幼儿互相作用的活动形式。

(一)活动法

　　活动法是以幼儿的实践活动为主的方法,指教师通过创设情境或提供材料,引导幼儿通过各种实践活动,去探索、发现学习内容的一种方法。主要包括游戏法、实验法、操作法。

　　1.游戏法。**游戏法是指教师用游戏的口吻或有目的地选用各种规则性游戏组织教学的方法。**教师既可以将游戏用于教学中的某个环节,也可以将游戏贯穿于整个教学活动全过程。

　　2.实验法。**实验法是教师提供一定的材料或设备,鼓励幼儿通过亲自动手操作来验证自己设想的一种方法。**运用实验法时要注意实验的安全性;教师需预先操作实验;实验法强调的是幼儿亲自动手,要让每个幼儿都有操作的机会;实验结束后引导幼儿自己寻找、归纳实验结果。实验法比较多地运用在科学领域。

　　3.操作法。**操作法是指在教师的指导下,幼儿对必须掌握的语言、行为进行多次实践练习而掌握和巩固某种技能的教育方法。**操作法分为练习性操作和探索性操作。操作法首先应明确练习目的、要求和方法,以幼儿感兴趣的方式进行练习;其次,观察幼儿的练习情况,及时做出反馈。幼儿园的科学、艺术、健康领域通常会运用到操作法。

　　实验法和操作法的相同点是都要动手操作,实验法离不开操作。不同点是实验法是对假设进行的验证,操作法重在掌握、巩固某种技能。

▲【国赛链接】

　　(2019年)在数学活动《可爱的图形》中,幼儿自己尝试将一个正方形变成两个三角形,此环节采用(　　)。

　　A.游戏法　　　　　　B.操作法　　　　　　C.示范法　　　　　　D.表达法

　　答案:B。【解析】操作法分为练习性操作和探索性操作。幼儿园的科学、艺术、健康领域通常会运用到操作法。题目中幼儿自己尝试将一个正方形变成两个三角形运用的是探索性操作法。

（二）语言法

语言法是指教师运用语言对幼儿进行教育的一种方法。语言法包括谈话法、讲解讲述法、指令法。

1.谈话法。谈话法是指教师用语言向幼儿提出问题，让幼儿回答或展开讨论的方法。运用谈话法时应注意谈话必须在幼儿已有的知识经验基础上进行。所提的问题围绕主题，紧扣教学目的，具体明确，富有逻辑性、启发性。教师应鼓励幼儿大胆说出自己的想法，并充分尊重他们的意见，允许幼儿争论。

2.讲解讲述法。讲解是运用口头语言向幼儿说明、解释事物或事情的方法。讲述是运用语言向幼儿叙述事实材料或描绘所讲对象的方法。运用讲解讲述法时，要求教师运用儿童化语言，生动形象，清晰准确，富有感情，简明扼要。讲解讲述法通常和其他方法如操作、提问、讨论等结合使用。

3.指令法。指教师用语言以积极的方式告诉幼儿做什么、怎么做。运用指令法时，教师发出的指令要具体明确，要强调正面的行为，并用积极的方式告诉幼儿应该做什么而不是不应该做什么。

（三）直观法

直观法是指运用直观手段，引导幼儿直接感知认识对象的方法。幼儿园常用的直观手段有实物直观、模具直观、电化教具直观、语言直观。直观法包括观察法、演示法、示范法等。

1.观察法。是指教师有目的、有计划地指导幼儿利用多种感官感知客观事物的一种方法。观察前，做好观察准备；观察开始时，向幼儿提出过程目的，引起观察兴趣；观察过程中，教给幼儿观察的方法，如让幼儿有顺序地观察、用比较的方法观察；观察结束后，与幼儿一起总结观察印象。

2.演示法。是指教师向幼儿展示各种实物、直观教具或实验。运用演示时要注意，演示的直观教具和实物要求形象生动、色彩鲜艳；演示过程要清晰可见，便于全体幼儿观察。

3.示范法。是指教师通过自己的语言、动作向幼儿演示某种技能或行为，为幼儿提供榜样的一种方法。分语言示范和动作示范两种。运用示范法时要注意，动作示范要面向全体做镜面示范，示范动作要慢一些，而且要清楚准确，并适当加以解释。语言示范声音要洪亮，吐字清晰，用词正确，富有表现力。

（四）评价法

评价法是指教师按一定的标准对幼儿的言行进行肯定或否定的方法。评价法包括表扬法和批评法。

1.表扬法。是指对幼儿正确言行进行肯定评价的一种方法。运用该方法时要注意表扬要具体明确、富有感情，避免模式化、笼统。表扬要因人而异，注意个别差异。表扬要公正合理,适时适度。

2.批评法。是指对幼儿不良言行进行否定评价的一种方法。运用该方法时要注意具体明确、恰当选择批评的方式和场合,考虑个别特点,因人而异。批评要公平合理,适时适度。要先表扬,再批评,以表扬为主、批评为辅。

五、幼儿园教学活动设计规范及要求

幼儿园教学活动设计又称幼儿园教学活动计划,一般包括活动名称、活动目标、活动准备、活动过程、活动延伸五个基本要素。有的活动计划在这五个元素的基础上还包括设计意图、活动重点、活动难点、活动反思几个要素。

(一)活动名称

活动名称由年龄班、活动内容领域、具体活动的名称三个基本要素组成。正确的表述如中班艺术活动:大树妈妈。书写时要求位于纸张顶端的正中间。

(二)活动目标

活动目标是指在具体活动中,幼儿应获得知识与技能,掌握的学习过程与方法,得到的能力发展以及培养的情感体验与态度等。它是对活动提出的预期。活动目标设计要注意以下要求:(1)活动目标设计要全面,要适宜,要突出个别差异。活动目标设计要全面即体现整体性,活动目标设计要从认知目标、能力发展目标、情感态度目标三个维度来描述。认知目标常用的动词有:"了解、理解、知道、懂得……";能力目标常用的动词有:"能听懂、能运用、能掌握、会……";情感态度目标常用的动词有:"感受、喜欢、愿意、乐于……"等等。(2)活动目标的表述要具体可观察、幼儿角度优先、简洁清晰。

▲【真题链接】

(2015年下)《幼儿园教育指导纲要(试行)》中的教育目标较多使用"体验""感受""喜欢""乐意"等等词汇,这表明幼儿园教育强调(   )。

A.知识取向   B.情感态度取向   C.能力取向   D.技能取向

答案:B。【解析】《幼儿园教育指导纲要(试行)》在目标表述上较多地使用了"体验""感受""喜欢""乐意"等词汇,突出了情感、兴趣、态度、个性等方面的价值取向,着眼于培养终身学习的基础和动力。

(三)活动准备

活动准备指为保证某活动顺利进行,在该活动开展之前所需要做的精神方面和物质方面的准备。精神准备是指幼儿参加该活动需要具有的知识经验或体验。物质准备则包括活动场地的选择与布置,教具的选用或制作,有关设备、设施、器材的种类和数量及人员配备等。物质准备在活动设计中一定要写出来,精神或经验准备视情况而定;一般是先写精神准备,再写物质准备。

(四)活动过程

活动过程包括开始部分、基本部分和结束部分。其中最重要的部分是基本部分即展开部分。

开始部分的主要任务是创设情境、导入活动,以激发幼儿参与活动的兴趣。导入活动的方法多种多样,常用的方法有游戏、律动、讲故事、猜谜等。基本部分是教师引导幼儿主动学习、积极探索,以实现活动目标的过程。在展开部分教师应灵活、熟练地实现从一个环节向另一个环节的过渡,运用启发性的提问引导幼儿观察、思考、探索、表现,主动学习。常用的教学方法有提问、操作、实验和游戏。在结束部分,教师的主要任务是小结幼儿学习的情况,并对幼儿的学习经验给予评价,引起幼儿继续学习的愿望。常用的方法有游戏、舞蹈、小结等。

活动过程书写时遵循以下要求:(1)逻辑层次清楚,环节清晰,正确使用各环节标号。(2)每个环节使用小标题,小标题言简意赅,写清楚方法、任务即可。(3)环环相扣,环节之间过渡自然。导入语、关键提问、引导语、指导语、过渡语、结束语等教师用语可以写出来,幼儿的答语一定不要写出来。

(五)活动延伸

活动延伸是活动的扩展和补充,不占用本次活动的时间,起到巩固、迁移、深入本次活动的作用。常用的活动延伸的方法有家庭延伸、区角延伸和户外延伸,其中家庭延伸的方法最常用。

幼儿园常见的活动设计模板规范如下图:

活动名称
设计意图
……
活动目标
活动重点
活动难点
活动准备
活动过程
一、
二、
(一)
1.
(1)
三、
活动延伸
活动反思

活动名称
活动目标
1.
2.
活动准备
1.
活动过程
一、
二、
三、
四、
五、
活动延伸

模块四 幼儿园的游戏活动

一、幼儿园游戏活动的含义、特征

(一)幼儿园游戏活动的含义

游戏是儿童最喜欢的活动,最能促进儿童发展。可以说有儿童就有游戏,儿童是在游戏中发展和成长的。

"游戏"是一个高度抽象、内涵丰富的概念,因此,教育学家、心理学家对游戏的概念一直争论不止,没有一个确定的定义。但相对比较认同的概念有,**游戏是儿童喜爱的、自愿的、主动的活动,是儿童通过亲身体验而获得生命活动意义的活动。游戏是幼儿最喜爱的,最符合幼儿身心发展的活动,游戏是幼儿生活的主要内容,也是幼儿特有的一种学习方式。**

(二)幼儿园游戏活动的特征

幼儿游戏活动是幼儿园一日活动的重要组成部分。同学习活动、生活活动、劳动活动相比,游戏具有以下特点。

1.自主自愿性

游戏是幼儿主动参加的活动,是由内部动机支配的。游戏是出于幼儿自己的兴趣和愿望,自发自愿的活动。幼儿可以自主选择游戏的主题和内容,自主决定游戏的伙伴和情节,自主决定游戏的时间和环境等。

同时,游戏符合儿童的生理和心理发展水平,使儿童愿意加入到游戏中来。游戏有动作,有情节,有玩具和游戏材料,游戏内容和形式丰富多彩,灵活多变,引人入胜,所以幼儿乐于从事游戏,并易于在游戏中受教育。

2.虚构性

幼儿游戏是幼儿生活的写照,反映其知识经验。游戏是幼儿的一种假想性活动。游戏并不是对类似于游戏的活动的真实重演,而是"假装的",它可以不受具体时间、地点、条件的限制,所需要的玩具材料可以是主要特征相似的替代物。总之,幼儿游戏的角色、情节、玩具、材料等均具有明显的虚构性,幼儿是在虚构的游戏情境中反映周围的现实生活的。

3.愉悦趣味性

每一种游戏都含有趣味性,正是游戏的这一特性,给幼儿带来愉快和满足。幼儿在游戏中能积极活动,能自己控制所处的环境,表现自己的能力和实现愿望,从成功和创造中获得愉快。因为小脑是运动控制中心,控制身体平衡,调节肌肉运动,小脑又与情绪控制中心相联系,所以儿童在活动的同时,带来了愉快情绪。游戏中没有强制的目标,因而可减轻为达到目标而产生的紧张,使幼儿感到轻松、愉快。

4.内在规则性

游戏是一种没有外在约束的相对自由的活动。所谓"自由"是指游戏不受外部规则的制约,不是被迫或强制进行的。但这种"自由"是"相对自由",因为游戏往往是由某种规则或玩法所支配,并不是完全自由的。

从以上可以看出,幼儿的游戏具有显著的区别于任何其他活动的特征。游戏的特点要求幼儿园要重视幼儿游戏的主动性,保持和加强这些特点,才可以更好地发挥游戏的教育作用,使游戏朝着正确的方向发展。

▲【真题链接】

(2011年下)简述幼儿游戏的基本特征。

答案要点:

(1)游戏是儿童主动的自愿的活动,具有自主自愿性。

(2)游戏是在假想的情境中反映周围生活,具有虚构性。

(3)游戏伴随着愉悦的情绪,具有愉悦趣味性。

(4)游戏往往是由某种规则或玩法所支配,具有内在规则性。

(5)游戏没有社会的实用价值,没有强制性的社会义务,不直接创造财富。

▲【国赛链接】

(2020年)"儿童早期的各种游戏,是一切未来生活的胚芽。"福禄贝尔这句话体现的学前教育原则是(   )。

A.保教合一的原则

B.以游戏为基本活动的原则

C.教育的活动性和直观性原则

D.生活化和一日活动整体性的原则

答案:B。【解析】福禄贝尔是第一个阐明游戏具有教育价值的人,在他的代表作《人的教育》中提到游戏是儿童整个未来生活的胚芽,因为整个人的最纯洁的素质和最内在的思想就是在游戏中得到发展和表现的。他还指出游戏是表现和发展儿童的自动性和创造性以及促进儿童全面发展的最好的活动方式。福禄贝尔制定了一个完整的游戏体系,力图使儿童通过游戏活动来发展认知能力、创造力、想象力和体力,并培养良好的道德品质。

二、幼儿园游戏活动对幼儿发展的价值

研究表明,游戏对儿童全面发展具有促进作用;游戏对障碍儿童具有治疗作用。

(一)游戏对儿童的全面发展具有促进作用

    1.**游戏促进儿童身体发展。**游戏具有促进学前儿童身体生长发育、运动能力、适应能力的发展等价值。

    2.**游戏促进儿童认知发展。**游戏具有提高学前儿童的感知能力,激发想象力,发展语言能力、思维能力、问题解决能力等认知发展价值。

    3.**游戏促进儿童创造力发展。**游戏能促进儿童创造力的发展。特别是象征性游戏,对创造力水平的提高有直接的影响。

    4.**游戏促进儿童社会性发展。**游戏是学前儿童社会性交往的主要形式,也是社会性发展的重要途径。社会性游戏往往要求学前儿童去理解对方动作的意图和意义,理解游戏规则,分享与协调自己与别人关于游戏的构思及行为等等。

    5.**游戏促进儿童情感发展。**游戏能给学前儿童带来积极的情感,而积极的情绪情感是心理健康的前提。游戏往往是自发自主的,没有太多外来的强制压力,因此能给学前儿童带来极大的快乐和满足。游戏能宣泄学前儿童的消极情感,具有明显的情绪治疗功能。

    6.**游戏促进儿童个性特征发展。**游戏与自信、独立等多种积极的个性特征呈正相关。游戏对学前儿童身心发展的作用,不仅体现在身心发展的各个方面,也体现在一个"完整的儿童"的个性特征上。

(二)游戏对障碍儿童具有治疗作用

    卡特伦认为:"游戏是幼儿生活中的一种有价值的治疗方式。"卡斯也说过:游戏通过"提供对伤害和悲伤的治疗"而促进情感的健康发展。可见,游戏不但可促进正常儿童的发展,而且对障碍儿童还具有治疗作用。

▲【真题链接】

(2012 年上)简述游戏满足了幼儿身心发展的哪些需要。

答案要点:

(1)游戏满足了幼儿身体发展的需要。

(2)游戏满足了幼儿智力发展的需要。

(3)游戏满足了幼儿社会性发展的需要。

(4)游戏满足了幼儿情感发展的需要。

三、游戏活动的理论

    19 世纪后半期,系统解释游戏的原则、功能、建构系统化的游戏理论才开始出现。有代表性的早期游戏理论主要包括剩余精力说、松弛说、复演说和生活预备说,有代表性的现代游戏理论有精神分析学派的游戏理论、认知发展派的游戏理论、社会文化历史学派的游戏理论、后皮亚杰理论等等。主要代表人物及观点如下表:

主要游戏理论代表人物和主要观点

	游戏理论	代表人物	主要观点
早期游戏理论	剩余精力说	德国席勒、英国斯宾塞	游戏的动力来自机体的"剩余精力"
	松弛说	德国哲学家拉察鲁斯	儿童由于身心发展水平的限制和生活经验的缺乏,对复杂的外部世界难以适应,很容易产生疲劳,所以需要游戏使自己得到放松和恢复精力
	复演说	美国心理学家霍尔	游戏是早期种族活动的遗迹,个体再现祖先的动作和活动
	生活预备说	德国的心理学家、哲学家格鲁斯	游戏是生物适应技能,是对与生俱来的,但不完善、不成熟的本能行为进行练习,为未来生活做准备
现代游戏理论	精神分析学派的游戏理论	弗洛伊德、埃里克森等	游戏是表现原始的、受压抑的冲动和欲望的隐晦曲折的最好的一种方式,具有治疗作用,能调节受挫的心理,释放消极的情绪,促进人格健康发展
	认知发展学派的游戏理论	美国的心理学家皮亚杰	游戏是智力活动的一个方向,同化与顺应之间的协调或平衡就是智力活动的特征,游戏的特征是"同化"超过了"顺应",即学前儿童自身的兴趣与需要超过外部影响而占据主导地位,儿童只是为自我的需要与愿望去转变现实而很少考虑事物的客观特征,游戏的主要功能在于对新的心理机能进行"练习",同时帮助儿童解决情感冲突,实现在现实生活中不能实现的愿望,游戏的发展水平与儿童认知发展水平相适应
	社会文化历史学派的游戏理论	苏联维果斯基、艾里康宁等	活动在学前儿童心理发展中起主导作用;游戏是学前期的主导活动;反对当时在西方盛行的"本能论",强调游戏的社会性本质,强调成人的教育影响;当学前儿童在发展过程中出现大量超出学前儿童实际能力的、不能立即实现的愿望时,游戏就产生了;游戏具有促进学前儿童表征思维能力发展和意志行动发展的价值
	……		

▲【真题链接】

(2012年下)认为"游戏是为未来生活做准备"的游戏理论是(　　　)。

A.预演说　　　　　　B.复演说　　　　　C.松弛消遣说　　　　D.剩余精力说

答案:A。【解析】哲学家谷鲁斯认为,游戏不是消除原始本能,而是加强未来所需的本能。游戏的目的就是提供给儿童一种安全的方法,帮助他们去预演成人生活所需要的本能。即游戏是儿童对未来生活的预演。

四、幼儿园游戏活动的类型

《幼儿园教育指导纲要》指出,按游戏的教育作用,可将游戏分为创造性游戏(角色游戏、表演游戏、结构游戏)、体育游戏、智力游戏、音乐游戏和娱乐游戏等。

(一)创造性游戏

1.角色游戏

角色游戏是幼儿通过扮演角色,运用想象,创造性地表现其生活体验的一种游戏。角色游戏通常有一定的主题,如娃娃家、商店、医院等等。角色游戏是幼儿期最典型、最有特色的一种游戏。

角色游戏的特点:(1)幼儿对社会现实生活的印象是角色游戏的源泉。(2)想象活动是角色游戏的支柱。

2.表演游戏

表演游戏是幼儿根据故事、童话等文学作品的内容、情节、角色,通过自己的语言、表情、动作创造性地进行表演的一种游戏。根据角色扮演形式的不同,表演游戏主要有自身表演、桌面表演、影子戏和木偶戏等表现形式。

表演游戏的特点:(1)艺术表演性,表演游戏是幼儿根据文艺作品的内容进行表演的游戏。(2)创造性,表演游戏是幼儿进行创造性表演的一种游戏。

3.结构游戏

结构游戏是幼儿利用各种不同的游戏材料,通过手的创作活动来反映现实生活的游戏。根据结构游戏使用的材料和结构的形式,可将其分为积木建筑游戏,积塑构造游戏,积竹游戏,金属结构游戏,拼图游戏,穿珠、串线、编织游戏,玩沙、玩水、玩雪游戏等。

结构游戏具有三个特点:(1)操作性,结构游戏是学前儿童的一种操作活动。(2)创造性,以结构玩具作为素材,组成各种物体形象,需要丰富的想象力和创造力。(3)造型艺术性,结构游戏不仅反映了学前儿童的美术欣赏能力,同时也需要掌握艺术造型的简单知识与技能,如构图及设计技能、空间想象、色彩、平衡、比例及知觉整合能力等。

▲【真题链接】

(2015年下)幼儿以积木、沙、雪等材料为道具模仿周围现实生活的游戏是(　　)。

A.表演游戏　　　　B.结构游戏　　　　C.角色游戏　　　　D.规则游戏

答案:B。【解析】建构游戏,又称结构游戏,是指利用各种结构材料或玩具(如积木、沙石、泥、雪、金属材料等)进行建构活动的游戏。这种游戏对幼儿手的技能训练和发展思维能力有十分积极的作用,被称为"塑造工程师的游戏"。

(二)体育游戏

体育游戏是以发展幼儿基本动作,增强体质,促进身体健康为主的游戏,也被称为活动性游戏或运动游戏。体育游戏大多数是规则游戏。

体育游戏具有如下特点:(1)趣味性和竞赛性。如果只是单纯枯燥地让学前儿童练习走、跑、跳、攀爬等基本动作,他们可能不感兴趣,也很难坚持。如果将它变成体育游戏,加入趣味性和竞赛性,幼儿便会兴趣盎然、乐此不疲。(2)以增强体质为主。体育游戏是以增强学前儿童体质为主要目的的体育活动。

(三)智力游戏

智力游戏是指通过生动有趣的形式,使幼儿在愉快的情绪中来增进知识和发展智力的游戏。智力游戏主要包括发展观察力的智力游戏(包括听觉游戏、视觉游戏、触觉游戏、嗅味觉游戏),发展注意力和记忆力的智力游戏,发展想象力和创造力的智力游戏,发展思维能力和操作能力的智力游戏。

智力游戏的特点:(1)以发展智力为主,这是智力游戏和其他种类游戏的根本区别。(2)趣味性。智力游戏仍然是游戏,而不是真正的学习,因此,一定要采用生动活泼的游戏形式,保证智力游戏的趣味性,以激发和维持幼儿的兴趣。

(四)音乐游戏

音乐游戏是指幼儿在音乐或歌曲伴唱下所进行的游戏,主要作用是发展幼儿的音乐感知能力和动作。主要包括音乐听觉游戏、节奏游戏、歌唱游戏和舞蹈游戏。

音乐游戏的特点:(1)音乐性,音乐游戏的主要目的在于提高幼儿的音乐听觉能力、歌唱的兴趣和能力、节奏感,通过富有表情的韵律形体动作表现情感的能力。(2)游戏性,音乐游戏是游戏,具有游戏的类属性,应该与音乐专项训练区分开来。音乐游戏中应注重幼儿在音乐中的自主性、愉悦性和想象体验。

(五)其他分类

1.以认知发展为划分标准

皮亚杰根据儿童认知发展的阶段,将儿童的游戏划分为感觉运动游戏、象征性游戏、结构游戏和规则游戏四类。其中,感觉运动游戏也称为练习性游戏或机能性游戏,是儿童最早出现的一种游戏形式,一般处于幼儿从出生到两岁这个阶段。游戏的动因在于感觉和运动器官在活动过程中获得的快感,主要由简单的、重复的动作所组成。比如:婴幼儿反复拍打盆中的水,或者围着房间的桌子绕圈跑。此游戏形式随年龄增长而逐渐减少。

2.以社会性发展为划分标准

柏顿和豪伊斯以学前儿童社会性发展为划分标准,对幼儿游戏进行分类。柏顿认为,学前儿童之间的社会性互动随着年龄的增长而增加。他根据学前儿童在游戏中的社会性参与水平将游戏分成了以下六种:(1)偶然的行为或无所事事。(2)旁观。(3)独自游戏。(4)平行游戏。(5)协同游戏。(6)合作游戏。

豪伊斯根据儿童之间接触的密切程度将儿童的社会性游戏分为以下五种不同水平:(1)互不注意的平行游戏。(2)互相注意的平行游戏。(3)简单的社会性游戏。(4)互补的社会性游戏。(5)互补互惠的社会性游戏。

除了上述分类之外,还有其他各种分类。萨顿-史密斯认为游戏是学前儿童获取不同类型社会文化经验的中介,可以帮助儿童适应社会文化生活。他根据游戏活动的不同经验指向,将游戏分为四种类型:(1)模仿游戏:指向人际交往与角色扮演经验的获得。(2)探索游戏:指向物质世界的经验获得。(3)检验游戏:指向自我概念的发展,是对自我能力的检验或个体之间能力的竞争。(4)造型游戏:指向关于人类社会的经验获得。

加维根据游戏的对象,将游戏分为五种类型:(1)以身体运动为材料的游戏;(2)以物体为材料的游戏;(3)以语言为材料的游戏;(4)以社会生活为材料的游戏;(5)以规则为材料的游戏。

彪勒非常强调不同类型活动中占优势的心理成分,将游戏分成四类:(1)机能游戏。(2)想象游戏(模仿游戏)。(3)美感或欣赏游戏。(4)创作游戏或结构性游戏:儿童主动地创造与建构,并欣赏自己创造活动的结果,如绘画、积木、折纸、黏土等。

▲【国赛链接】

1.(2019年)乐乐和东东都在建构游戏区专注地用积木拼搭自己的玩具,几乎没说过一句话。他们的游戏属于(　　)。
　　A.联合游戏　　　　B.平行游戏　　　　C.独自游戏　　　　D.合作游戏
答案:B。【解析】平行游戏是一种幼儿游戏形式,是社会性游戏的初级形式,指两个或两个以上的幼儿在一起玩,他们操作同样的或相似的玩具,开展同样的或相似的游戏,他们不设法影响或改变同伴的游戏活动,各玩各的,有时幼儿相互模仿,但相互间没有任何联系,无意去支配别人的游戏活动,没有合作行为,没有一起玩的倾向,主要表现为相互模仿、给取玩具、微笑、搭话。

2.(2020年)以下几种游戏中,社会性程度最高的游戏是(　　)。
　　A.单独游戏　　　　B.平行游戏　　　　C.联合游戏　　　　D.合作游戏
答案:D。【解析】合作游戏是指若干学前儿童围绕一个共同的游戏主题,游戏过程中有分工合作,对于要用什么材料、如何使用材料、活动的目标和结果都有共同的计划和组织。活动分工,角色互补。在合作游戏中结成的玩伴关系持续的时间较长。

3.(2020年)智力游戏、体育游戏和音乐游戏是(　　)。
　　A.创造性游戏　　　B.有规则游戏　　　C.表演游戏　　　D.个人游戏
答案:B。【解析】《幼儿园教育指导纲要》指出,按游戏的教育作用,可将游戏分为创造性游戏(角色游戏、表演游戏、结构游戏)、体育游戏、智力游戏、音乐游戏和娱乐游戏等。体育游戏、智力游戏、音乐游戏统称为有规则游戏。

▲【真题链接】

1.(2012 年上)幼儿园的"娃娃家"游戏属于( )。

    A.结构游戏   B.表演游戏   C.角色游戏   D.智力游戏

答案:C。【解析】幼儿园的"娃娃家"游戏属于角色游戏。

2.(2014 年上)幼儿反复敲打桌子,在房间里跑来跑去,在椅子上摇来摇去,这类游戏属于( )。

    A.结构游戏   B.象征性游戏   C.规则游戏   D.机能性游戏

答案:D。【解析】机能游戏是指幼儿反复做某个动作或活动以示快乐和满足。这类游戏能够自然地锻炼感觉运动器官,有效地发展身心机能。

五、幼儿园游戏活动年龄特点及指导策略

(一)角色游戏的年龄特点及指导策略

1.角色游戏的年龄特点

年龄班	特点
小班	①以模仿为主;②直接依赖玩具;③处于平行游戏阶段,与同伴之间很少交往;④没有明确的主题,往往重复某个同样的动作;⑤角色意识不强,往往意识不到自己正在扮演角色
中班	①内容情节较小班丰富,但还是比较简单;②持续时间相对较长;③处于社会性游戏阶段,有了与同伴交往的愿望,但交往技能较欠缺,常发生纠纷;④主题不稳定,经常出现半路换场的现象;⑤角色意识较强,会给自己找一个感兴趣的角色,然后根据经验去做这个角色分内的事情
大班	①能主动在角色游戏中反映多种多样的生活;②游戏的独立性、合作性、复杂性进一步增强

2.角色游戏的指导策略

阶段	指导策略
游戏前	①丰富幼儿的生活经验,拓宽角色游戏的内容来源;②提供固定的场所和设备,准备丰富、可塑的玩具和游戏材料;③提供充足的游戏时间
游戏中	①协助幼儿按自己意愿选择和确定游戏的主题;②指导幼儿选择和分配角色;③指导幼儿丰富游戏内容和情节;④引导幼儿加强角色之间的内在联系,按角色的职责行动
游戏后	①在愉快自然、情绪尚未低落的状态下结束游戏以保持幼儿下次继续游戏的积极性;②引导幼儿在游戏后完成整理场地、收拾玩具的工作,培养良好的生活卫生习惯;③教师要组织幼儿参与游戏讲评,不以教师评价为主,可从游戏情节、游戏材料和玩具的制作与使用、游戏中幼儿的行为等方面进行评价

▲【真题链接】

1.(2018年上)在角色游戏中,教师观察幼儿能否主动协商处理玩伴关系,主要考查的是(   )。

　　A.幼儿的情绪表达能力　　　　　B.幼儿的社会交往能力

　　C.幼儿的规则意识　　　　　　　D.幼儿的思维发展水平

答案:B。解析:不同年龄阶段的幼儿在玩角色游戏时表现出不同的特点,中班幼儿角色意识较强,会给自己找一个感兴趣的角色;大班幼儿能主动在角色游戏中反映多种多样的生活,随着社会交往能力的提高,在游戏中的合作性等开始增强。

2.(2015年上)简述角色游戏活动中教师的观察要点及其目的。

答案要点:角色游戏是幼儿期最典型、最有特色的一种游戏。教师对角色游戏的观察是多维度的,对于不同年龄班的幼儿,角色游戏观察的观察要点和目的也不一样,具体表现为:

(1)大班观察要点:游戏主题能否主动反映生活经验和人际关系,合理地按照自己的意愿计划游戏,解决问题的能力是否提高。

目的:培养幼儿的独立性,鼓励幼儿在游戏中的创造性。通过讲评让幼儿相互学习,拓展思路,不断提高角色游戏水平。这也是角色游戏的高级水平。

(2)中班观察要点:游戏主题是否稳定,有没有与别人交往的愿望,是否具备交往的技能,发生纠纷的情节和原因。

目的:指导幼儿学会并掌握交往技能和规范,促进幼儿与同伴的交往,在游戏中解决简单的问题,引导幼儿分享游戏经验。这是角色游戏的中级水平。

(3)小班观察要点:游戏内容是否重复操作、摆弄玩具、主题单一、情节简单。

目的:注意规则意识的培养,让幼儿在游戏中学会独立。这是角色游戏的初级水平。

3.(2012年上)材料:小班幼儿在角色游戏区活动。文文在邮局里无所事事,摆弄一个称重器。在此之前,孩子们没有"邮局"这个角色游戏的经验。教师看到这种情况,拿了一个盒子走过去,对文文说:"我想把这个寄到超市去(旁边有超市游戏区),你能帮我称一下吗?"文文马上接过盒子,放在称重器上,看了一下,说:"100克!"教师问:"多少钱?""10块钱。"教师假装付了钱,文文立刻把盒子送到了隔壁的超市。接着,有几个小朋友也学着教师的样子将一些东西寄到旁边的医院、美容院、娃娃家,邮局变得热闹起来。

问题:请分析在这个案例中,教师是如何干预幼儿游戏的。

答案要点:在这个案例中,教师采用的是内部干预的方法,以顾客身份参与幼儿的邮局游戏,虽然没有直接建议幼儿该怎么做,但以角色行为暗示了游戏方法,提示幼儿可以如何进行游戏。对于没有多少生活经验的小班幼儿来说,教师参与游戏、通过角色行为给予游戏暗示的方法比简单的几句建议来得更有效。

4.(2012年下)材料:刘老师发现幼儿园大班理发店的顾客很少,"顾客"对理发店不感兴趣。于是,刘老师带幼儿到理发店参观。在理发店里,刘老师引导幼儿观察理发店里的设施,理发师与顾客的活动,鼓励幼儿就感兴趣的问题询问理发师;记录幼儿的问题与发现,还拍下了许多照片,如顾客躺着洗头,梳漂亮的发型以及理发店里的各种工具等。回到幼儿园,刘老师组织幼儿讨论"怎样开好理发店"。她呈现理发店拍的照片,引发幼儿回顾,有的幼儿说:"我们也想躺着洗头,可是没有躺椅呀。"有的说:"我要给顾客梳漂亮的头发,可是没有发型书怎么办呢?"刘老师说:"可不可以用我们身边的材料来做呢?"在老师的启发下,幼儿提出用积木搭建躺椅,自己画发型图等想法。刘老师支持幼儿的做法,并提供大型积木、收藏发型图的活页夹等材料。之后,顾客在理发店里能躺着洗头,能选漂亮的发型烫发,理发店又红火起来了。

问题:请分析案例中教师采用了哪些策略来支持幼儿的游戏活动。

答案要点:教师指导游戏就需要介入幼儿的游戏当中去,介入的目的是引导幼儿继续游戏,促进幼儿游戏向高一级水平发展,从而提高游戏质量,促进幼儿社会性发展。在这个案例中,教师采用的是外部干预的介入方式来指导游戏,外部干预是指成人并不直接参与游戏,而是以一个外在的角色,引导说明、建议、鼓励游戏中幼儿的行为。

该案例中,刘老师采用了如下策略来支持幼儿的游戏活动。

(1)及时帮助幼儿记录与总结角色游戏中的突出特点。刘老师观察游戏中幼儿的表现以及游戏主题及材料的使用情况。及时记录幼儿在游戏中的特点,帮助幼儿把无意识的游戏变为有意识的学习过程,以不断得到重复与提高。另外,还可以让幼儿通过参观、记录、提问的方式发现问题,自己制作躺椅、画发型来参与游戏。刘老师通过这些,不断地充实和深化幼儿的角色游戏。

(2)以交流体验为媒介。刘老师引导幼儿自发地进行交流(幼儿向理发师咨询问题,记录幼儿的问题),积极地表达情感,相互体验,共享快乐,共解难题,进一步为幼儿提供表现和交往学习的机会。自发交流是游戏同伴间对自己游戏的交流,自发交流改变了过去交流只是教师对幼儿的自上而下的片面做法,突显了幼儿在整个游戏过程的主体地位,更有利于幼儿自主独立创造的个性和社会性人格情感的培养发展。

(二)表演游戏的年龄特点及指导策略

1.表演游戏的年龄特点

年龄班	特点
小班	①由教师分配角色,一般不会更换角色;②游戏的目的性差,需要教师不断地提示才能完成游戏主题;③游戏的计划性差,对故事内容不太感兴趣,展开游戏需要很长时间;④表演技巧较差,一般以模仿为主,很少用适宜的语气、语调、表情等来表现角色
中班	①能够自行分配角色但角色更换的意识不强;②游戏的目的性差,需要教师一定的提示才能完成游戏主题;③游戏的计划性差,展开游戏需要较长时间;④以一般性表现为主,以动作为主要表现手段,较少运用夸张但适宜逼真形象的语气、语调、表情等来表现角色,表演的生动性非常有限

年龄班	特点
大班	①能独立完成角色分配任务,并有很强的角色更换意识;②游戏的目的性、计划性较强,能自觉表现故事内容;③具有一定的表演意识,但尚待提高;④具备一定的表演技巧,能灵活运用多种表现手段,但表现水平尚待提高

2.表演游戏的指导策略

(1)协助幼儿选择合适的文学作品;

(2)和幼儿一起创设表演游戏的环境;

(3)指导幼儿分配角色;

(4)指导幼儿提高表演技能和表演游戏水平。

▲【真题链接】

(2013年上)材料:刘老师设计了一个"三只蝴蝶"的游戏活动。她选了三位幼儿扮演蝴蝶,又选了若干幼儿扮演花朵。结果,幼儿兴趣不高,表现被动。还没等游戏结束,一个幼儿就问刘老师:"老师,游戏完了吗? 我们可以自己玩了吧?"

问题:对这种现象,请从幼儿游戏特征和游戏指导的角度进行论述。

答案要点:从幼儿游戏特征的角度分析,幼儿游戏应具备以下特征:

(1)游戏是幼儿主动的自愿的活动,具有自主自愿性。

(2)游戏是在假想的情境中反映周围生活,具有虚构性。

(3)游戏伴随着愉悦的情绪,具有愉悦趣味性。

(4)游戏往往是由某种规则或玩法所支配,具有内在规则性。

(5)游戏没有社会的实用价值,没有强制性的社会义务,不直接创造财富。

从教师对游戏指导的角度:李老师在游戏中是导演的角色,以导演角色介入游戏中,告诉幼儿在游戏中应该做什么,不应该做什么,完全控制了幼儿游戏,就很有可能破坏幼儿游戏,变成"游戏幼儿"而不是"幼儿游戏"。

(三)结构游戏的年龄特点及指导策略

1.结构游戏的年龄特点

年龄班	特点
小班	①没有预设的目的,基本上没有计划;②只是对建构的动作感兴趣,不关注建构的结果;③一般没有主题,小班末期渐渐有主题但不稳定;④不会利用结构玩具开展游戏,独立整理玩具能力较差
中班	①目的较明确,有一定的计划性;②关心建构过程及建构成果;③能按主题独立建构较复杂的物体;④能围绕结构物开展游戏;⑤能独立整理玩具,主动要求美化结构物

续表

年龄班	特点
大班	①能围绕一个主题进行长时间的建构活动,直到完成;②追求结构的逼真、漂亮和新颖;③能多人合作建构

2.结构游戏的指导策略

(1)丰富和加深幼儿对物体的印象;

(2)帮助幼儿掌握建构的基本知识和技能;

(3)引导和鼓励幼儿进行创造性的建构;

(4)培养幼儿良好的行为习惯。

(四)有规则游戏的年龄特点及指导策略

有规则游戏包括体育游戏、智力游戏和音乐游戏等。

1.规则游戏的年龄特点

年龄班	特点
小班	①小班幼儿的规则意识处在"动即快乐"的阶段,他们对游戏中角色动作、材料感兴趣,而且表现出"自我中心",只对自己所做的事感兴趣,不会把自己的做法和想法与别人作比较。②他们不在乎游戏结果,也发现不了别人的违规,而且自己会破坏规则
中班	中班幼儿已具有规则意识,能够遵守规则并开始关注游戏的结果,比较喜欢鲜明的互补性规则游戏
大班	①大班幼儿能理解规则对于比赛结果的重要性,规则意识强且特别重视游戏结果,喜欢竞赛性的规则游戏。②能很好地遵守游戏规则,并会关注其他幼儿遵守规则的情况,发现违规者就会提出抗议,要求对违规者加以惩罚,因此游戏过程中的纠纷较多。③大班幼儿还喜欢改变游戏情节、游戏规则以增加游戏的新颖性

2.规则游戏的指导策略

(1)选择和编制适合的规则游戏;

(2)引导幼儿熟悉游戏的内容和规则;

(3)引导幼儿正确对待输赢。

◇【本章小结】

幼儿园的教育活动主要可以分为生活活动、教学活动、游戏活动。各类活动相互关联又相对独立,每项活动都有其独特的功能与价值。幼儿园生活活动是幼儿学习的重要途径,教师应在熟悉生活活动的主要环节及掌握生活活动的指导策略的基础上科学合理安排幼儿生活活动。

　　教学活动是幼儿园教育的主要实施途径,是实践幼儿全面发展教育的重要手段。教学活动的设计、组织管理、实施能力是其必备的核心能力之一。幼儿园教学活动有生活性启蒙性、活动性参与性、游戏性趣味性等特点;组织幼儿园教学活动时应遵循科学性和思想性相结合的原则、积极性原则、发展性原则、直观性原则、活动性原则、启发式原则、趣味性原则;幼儿园常用的教学方法有活动法、语言法、直观法和评价法等。

　　游戏是幼儿最喜欢、最符合幼儿天性的活动,对幼儿的身体发展、智力发展和社会性发展都有着极为重要的价值。我国幼儿园普遍将游戏分成创造性游戏、体育游戏、智力游戏、音乐游戏几大类;创造性游戏包括角色游戏、表演游戏和结构游戏;体育游戏、智力游戏、音乐游戏都属于有规则游戏。对幼儿的游戏进行指导时应结合学前儿童的年龄特点,根据不同的游戏类型选择适当的方法,这样才能最大化发挥游戏的功能,进而最大限度地促进幼儿的发展。

◇【本章思考与练习】

一、单项选择题(识记)

　　1.幼儿园的日常生活活动是促进幼儿社会化的(　　)。

　　　　A.必要途径　　　　B.必然方法　　　　C.基本方式　　　　D.重要手段

　　2.幼儿最初的美育是从(　　)开始的。

　　　　A.教学　　　　B.日常生活　　　　C.环境　　　　D.游戏

　　3.(　　)是保教结合最紧密的幼儿园课程形式,其中的每一项活动既是对幼儿的保育过程,又是施教的机会。

　　　　A.游戏　　　　B.日常生活活动　　　　C.教学　　　　D.课堂教学

　　4.一天中重要的往往被忽视的生活活动是(　　)。

　　　　A.入园　　　　B.睡眠　　　　C.饮水　　　　D.如厕

　　5.培养幼儿自我服务能力的有力途径是(　　)。

　　　　A.睡眠　　　　B.饮水　　　　C.盥洗　　　　D.如厕

　　6.活动时间短暂,形式灵活多样的活动是(　　)。

　　　　A.游戏　　　　B.教学　　　　C.过度活动　　　　D.散步

　　7.幼儿园日常生活的活动过程不具有(　　)特点。

　　　　A.复杂性　　　　B.灵活性　　　　C.重复性　　　　D.随机性

　　8.(　　)是教师帮助幼儿理解、掌握、熟悉行为规则的过程。

　　　　A.日常生活活动　　　　B.常规教育　　　　C.游戏活动　　　　D.教学活动

　　9.生活技能的练习是日常生活活动中的(　　)。

　　　　A.手段　　　　B.方法　　　　C.重要环节　　　　D.重要策略

　　10.(　　)是对幼儿进行个别教育和开展家长工作的好时机。

　　　　A.入园和离园　　　　B.过度活动　　　　C.自由活动　　　　D.散步

　　11.养成幼儿良好生活、学习习惯的主要途径有(　　)。

　　　　A.幼儿园日常生活活动　　　　B.幼儿劳动、节日和娱乐活动

C.游戏活动　　　　　　　　　　　　　　D.教学活动

12.关于幼儿园过度活动的说法,不正确的是(　　)。

　　A.过度活动是幼儿从一个活动到另一个活动之间的转换活动

　　B.过度活动可以让幼儿得到休息和调整,不需要教师的组织和计划

　　C.过度活动可帮助幼儿建立初步的时间观念

　　D.过度活动可丰富幼儿的生活内容,使生活环节转换自然有序

13.关于幼儿散步,说法不正确的是(　　)。

　　A.散步时,幼儿不可以在队列中自由自在地走、停、玩、讲

　　B.组织散步活动应事先了解散步地点和沿途安全卫生状况,并提醒幼儿如厕、
　　　饮水

　　C.散步中,要引导幼儿对环境的观察,并随时注意清点人数

　　D.教师可以在散步过程中因时因景进行随机教育和个别教育

14.幼儿学习的基础是(　　)。

　　A.直接经验　　　　B.课堂学习　　　　C.间接经验　　　　D.理解记忆

15.户外游戏"老猫睡觉醒不了""切西瓜"体现了教育活动的(　　)特点。

　　A.广泛性和启蒙性　　　　　　　　B.趣味性和游戏性

　　C.综合性和整合性　　　　　　　　D.随机性和潜在性

16.基础教育课程改革要求教学活动要设计三维目标,这三维目标是(　　)。

　　①认知目标　②动作技能目标　③情感态度目标　④政治思想目标

　　A.①②③　　　　B.①②④　　　　C.②③④　　　　D.①③④

17.幼儿园的教育内容是全面的、启蒙性的,可以相对划分为(　　)等五个领域。

　　A.健康、文学、社会、科学、艺术　　　　B.健康、语言、常识、科学、艺术

　　C.健康、语言、社会、数学、艺术　　　　D.健康、语言、社会、科学、艺术

18.幼儿教师选择教育教学内容最主要的依据是(　　)。

　　A.学科知识　　　　　　　　　　　B.社会需求

　　C.幼儿发展　　　　　　　　　　　D.教师特长

19.幼儿园活动内容选择要有一定的科学依据。下列各项中错误的一项是(　　)。

　　A.学前儿童的兴趣、经验　　　　　　B.教师的特长和爱好

　　C.儿童的教育目标　　　　　　　　D.知识的内在联系

20.在幼儿园阶段,下列不属于幼儿学习内容的是(　　)。

　　A.学习 30 以上的加减法　　　　　　B.洗手如厕

　　C.与同伴一起游戏　　　　　　　　D.听故事

21.某幼儿园将识字作为基本活动。该园的做法(　　)。

　　A.正确,有助于增长幼儿知识

　　B.不正确,幼儿园应以游戏为基本活动

　　C.正确,有助于提升教学质量

　　D.不正确,幼儿园不能组织教学活动

22.教师选择教给幼儿的学习内容,应有一定的难度,而且是逐渐加深的,需要幼儿作出一定的努力才能学会。这体现了幼儿园教育活动的(　　　)。

　　A.活动性原则　　　　　　　　　　B.发展性原则

　　C.直观性原则　　　　　　　　　　D.个别对待原则

23.教师给幼儿讲了小马过河的故事,问幼儿:"在回家的路上有小水坑挡住了去路,你该怎么办?"这体现了(　　　)。

　　A.趣味直观性原则　　　　　　　　B.思想教育性原则

　　C.启发探索性原则　　　　　　　　D.艺术创造性原则

24.在"春姑娘的礼物"活动中,老师通过图片、图书、贴绒、沙盘等向学前儿童介绍了春天的知识。这里老师运用的是(　　　)。

　　A.实物直观　　　　　　　　　　　B.模具直观

　　C.语言直观　　　　　　　　　　　D.动作直观

25.关于直观教学,下列说法错误的是(　　　)。

　　A.直观教具的运用要注意与教学内容和教学需要相契合

　　B.直观过程要与讲解相结合

　　C.直观运用得越多,学习效果越好

　　D.形象的描述、通俗的比较也属于直观手段

26.每次老师提问,小虎总爱抢着回答,但基本上都答错,老师应该(　　　)。

　　A.引导小虎仔细思考　　　　　　　B.安排小虎多做作业

　　C.批评小虎思考不认真　　　　　　D.对小虎举手置之不理

27.由于幼儿是以自我为中心辨别左右方向的,幼儿教师在动作示范时应该(　　　)。

　　A.背对幼儿,采用镜面示范　　　　B.面对幼儿,采用镜面示范

　　C.面对幼儿,采用正常示范　　　　D.背对幼儿采用正常示范

28.在幼儿教育活动中,最能为幼儿提供交谈机会的组织形式是(　　　)。

　　A.全园活动　　　　　　　　　　　B.班集体活动

　　C.小组活动　　　　　　　　　　　D.个别活动

29.幼儿园教学活动过程的基本结构包括(　　　)。

　　A.开始部分、基本部分、结束部分　　B.准备部分、基本部分、结束部分

　　C.开始部分、基本部分、小结部分　　D.准备部分、开始部分、结束部分

30.下列属于幼儿园语言教育目标的是(　　　)。

　　A.能认读拼音字母

　　B.能清楚地说出自己想说的事

　　C.能认读一定量的汉字

　　D.能正确书写常用汉字

31.幼儿园阶段幼儿的基本活动是(　　　)。

　　A.游戏　　　　　B.读书　　　　　C.上课　　　　　D.玩耍

32.在指导学前儿童结构游戏时,要求中班学前儿童学会的结构知识是(　　　)。

    A.识别形体、大小、颜色

    B.识别高低、宽窄、厚薄、长短、前后

    C.要求将建构物制作得更加精细

    D.识别上下、中间

33.下列几种游戏中,属于创造性游戏的是(　　　)。

    A.智力游戏　　　　　B.体育游戏　　　　　C.音乐游戏　　　　　D.角色游戏

34.角色游戏属于(　　　)。

    A.规则游戏　　　　　B.表演游戏　　　　　C.智力游戏　　　　　D.创造性游戏

35."剩余精力说"的代表人物是(　　　)。

    A.斯宾塞　　　　　　B.拉察鲁斯　　　　　C.霍尔　　　　　　　D.格鲁斯

36.主张游戏是早期种族活动的遗迹,是个体再现祖先的动作和活动,如钓鱼、爬树,从而让个体摆脱原始的、不必要的本能动作,为当代的复杂活动做准备。持这种观点的游戏理论是(　　　)。

    A.生活预备说　　　　B.剩余精力说　　　　C.复演说　　　　　　D.松弛说

37.生活预备说的游戏理论认为(　　　)。

    A.游戏是剩余精力的发泄

    B.游戏是消除疲劳、恢复精力的一种方式

    C.游戏是祖先生存斗争的复演

    D.游戏是生物本能驱动的产物

38.《幼儿园教育纲要(试行草案)》将游戏分为(　　　)。

    A.创造性游戏、体育游戏、智力游戏、音乐游戏和娱乐游戏

    B.练习性游戏、象征性游戏、规则游戏和结构游戏

    C.独自游戏、平行游戏、协同游戏和合作游戏

    D.模仿游戏、探索游戏、检验游戏和造型游戏

39.下列不属于结构游戏特征的是(　　　)。

    A.表征　　　　　　　B.操作性　　　　　　C.创造性　　　　　　D.造型艺术性

40.小班结构游戏的特点是(　　　)。

    A.目的较明确,有一定的计划性　　　　　B.能够围绕结构物开展游戏

    C.能够多人合作建构　　　　　　　　　　D.不会运用结构玩具开展游戏

41.关于中班表演游戏的特点,下列描述不正确的是(　　　)。

    A.具有一定的表演意识与表演技巧,但尚待提高

    B.计划性、目的性差

    C.可自行分配角色但角色更换的意识不强

    D.以动作为主要表现手段

42.幼儿园的"娃娃家"游戏属于(　　　)。

    A.结构游戏　　　　　B.表演游戏　　　　　C.角色游戏　　　　　D.智力游戏

43.认为"游戏是为未来生活做准备"的游戏理论是(　　　)。

    A.预演说　 B.复演说　 C.松弛消遣说　 D.剩余精力说

44.下列选项中不属于游戏特征的是(　　　)。

    A.主动性　 B.虚构性　 C.愉悦性　 D.选择性

45.儿童按照故事、童话的内容,分配角色,安排情节,通过动作、表情、语言、姿势等来进行的游戏被称为(　　　)。

    A.规则游戏　 B.建构游戏　 C.角色游戏　 D.表演游戏

46.下列关于幼儿游戏的说法不正确的是(　　　)。

    A.游戏是幼儿最喜爱的活动

    B.游戏是幼儿对生长的适应,符合幼儿身心发展的特点

    C.游戏是幼儿的自觉学习

    D.游戏是幼儿生活的主要内容

47.教师接近幼儿并与幼儿使用相同的游戏材料,但不与幼儿相互交往,不参加幼儿的游戏,这种教师介入方式属于(　　　)。

    A.平行游戏　 B.合作游戏　 C.指导游戏　 D.观察游戏

48.角色游戏过程中,教师介入时机不当的是(　　　)。

    A.当幼儿在游戏中出现问题或困难时

    B.当幼儿全身心投入游戏,兴趣正浓时

    C.当游戏需要给予提升时

    D.当教育目标需要在游戏中完成时

49.幼儿以积木、沙、雪等材料为道具来模仿周围现实生活的游戏是(　　　)。

    A.表演游戏　 B.结构游戏　 C.角色游戏　 D.规则游戏

50.下列游戏理论流派中,以埃利克斯为代表人物的游戏理论是(　　　)。

    A.精神分析论　 B.认知结构论　 C.学习论　 D.激励调节论

51.智力游戏、体育游戏和音乐游戏同属于(　　　)。

    A.创造性游戏　 B.有规则游戏　 C.表演游戏　 D.个人游戏

52.下列不能体现幼儿游戏自主性含义的一项是(　　　)。

    A.幼儿游戏是"我要玩"而不是"要我玩"

    B.游戏活动体现了幼儿的直接需要

    C.教师可以选择和决定幼儿做什么游戏以及怎样做

    D.游戏中幼儿心理需要不受游戏之外的因素支配

53.在幼儿游戏过程中不属于教师应该扮演的角色是(　　　)。

    A.环境创设者　 B.游戏观察者

    C.游戏指导者　 D.游戏监督者

54.下列关于表演游戏的指导原则,错误的是(　　　)。

    A.游戏性先于表演性

    B.要确保所组织的活动是"游戏"而不是单纯的表演

C.要注重传授表演技巧

D.游戏性与表演性应当很好地融合在一起

55.下列说法错误的是(　　)。

A.小班幼儿容易理解和完成比较简单的智力游戏

B.中班幼儿能够独立进行角色分配,但是进入游戏过程比较慢

C.幼儿在表演游戏中,往往以有无观众为表演条件

D.幼儿表演游戏是幼儿对周围客观世界的一种创造性反映活动

56.下列不属于智力游戏的组织与指导的一项是(　　)。

A.选择和编制合适的智力游戏　　　　B.帮助幼儿构建规则意识

C.培养幼儿的游戏策略意识　　　　　D.教给幼儿游戏的策略

57.游戏在很大程度上受周围事物,如玩具、材料等的直接支配。具有这种特点的游戏一般发生在(　　)。

A.学前班　　　　　B.小班　　　　　C.中班　　　　　D.大班

58.体育游戏的指导原则不包括(　　)。

A.经常化原则　　B.多样化原则　　C.全面发展原则　　D.娱乐性原则

59.幼儿可随自己的兴趣和力量进行游戏、停止游戏或变换游戏。这是因为游戏具有(　　)。

A.自由性　　　　　B.趣味性　　　　　C.虚构性　　　　　D.社会性

二、简答题(简单运用)

1.幼儿园活动的类型。

2.幼儿园生活活动的内容。

3.幼儿园教学活动的组织原则。

4.简述幼儿园教育活动的意义。

5.幼儿游戏的特征。

6.我国幼儿园常见的游戏类型。

7.游戏满足了幼儿身心发展的哪些需要?

三、论述题(综合运用)

1.结合实例说明如何有效地开展幼儿园生活活动。

2.结合实例论述幼儿园教学活动中如何落实直观性原则。

3.结合实际论述如何有效地指导角色游戏。

4.结合实际论述如何有效地指导表演游戏。

5.结合实际论述如何有效地指导结构游戏。

6.结合实际论述如何有效地指导规则游戏。

四、材料题(综合运用)

材料:"线的世界"活动过程,指导幼儿观察、探索、发现线的特点。

教师:我们收集的这些线都是一样的吗?（不是)什么地方不同呢?（粗细、长短、颜

色、软硬等都不同）

让幼儿带着问题看一看、摸一摸、拉一拉、比一比,说说各种线的特点。

它们的样子怎样? 有哪些颜色? 有哪些形状? 它们像什么? 不同的线,摸上去分别有什么感觉? 拉一拉有没有变化? 哪一种线最容易断? 哪一种线最不容易断? 你是怎么知道哪根线硬、哪根线软的?

幼儿自由结伴去观察、探索和发现。幼儿观察时,教师可参与幼儿的活动,并给予指导,同时鼓励幼儿边观察边互相讨论商议,提醒幼儿观察电线时注意安全。

问题:

(1)材料中包含哪些教学原则?

(2)结合材料说明这位教师是如何运用这些原则的。

五、活动设计题(综合运用)

新入园的小班幼儿在洗手时出现了许多问题:有的把袖子弄湿、不洗手背、冲不干净皂液;有的争抢或拥挤、玩水忘记洗手、擦手后毛巾乱放在架子上;有的握不住大块肥皂,有的因毛巾架离水池远,一路甩水把地面弄得很湿……

请针对上述问题,设计一份改进洗手环节的工作方案。(要求写出对问题的分析,工作目标,解决各类问题的主要方法。)

幼儿园班级管理

■ 学习目标

1.了解幼儿园班级管理的内涵、目的。

2.识记幼儿园班级管理的基本内容。

3.理解幼儿园班级管理的基本原则。

4.能根据实际选择适当的方法处理幼儿园班级管理事务。

■ 本章导学/含考纲要点简要说明

本专题包含两个模块,模块一介绍幼儿园班级管理的内涵、目的与内容,要求了解和识记相关的知识点。模块二介绍幼儿园班级管理的原则、方法,学习重点是理解幼儿园班级管理的基本原则,在了解和掌握幼儿园班级管理基本内容的基础上,结合案例分析班级管理的原则和方法,并能将相关的理论应用于幼儿园班级管理实践。

从历年幼儿园教师资格考试真题及国家职业技能大赛试题来看,本章涉及的重点在于幼儿园班级管理目的、内容和原则,所涉及的题型主要是选择题,主要侧重于知识的了解和识记。

■ 本章思维导图

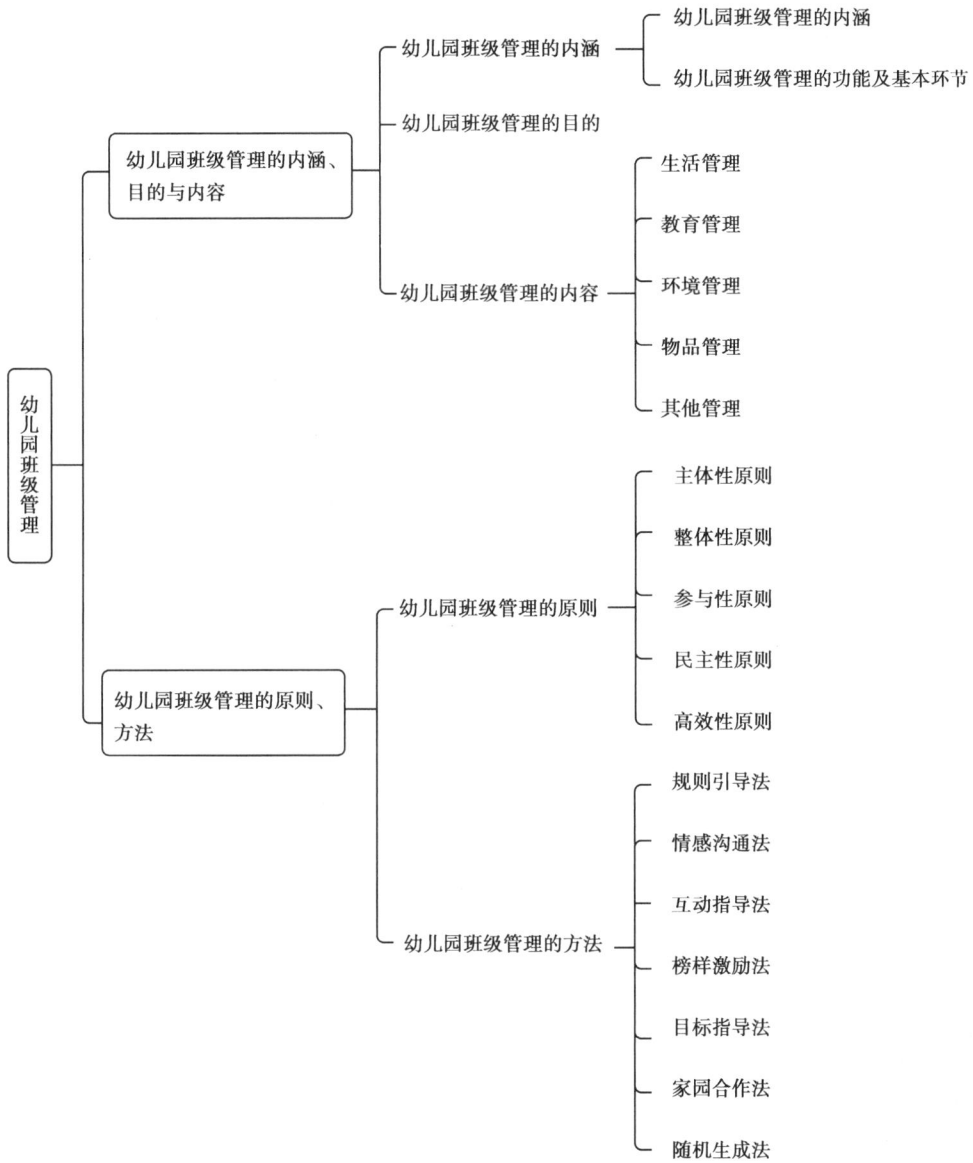

幼儿园班级管理
- 幼儿园班级管理的内涵、目的与内容
  - 幼儿园班级管理的内涵
    - 幼儿园班级管理的内涵
    - 幼儿园班级管理的功能及基本环节
  - 幼儿园班级管理的目的
  - 幼儿园班级管理的内容
    - 生活管理
    - 教育管理
    - 环境管理
    - 物品管理
    - 其他管理
- 幼儿园班级管理的原则、方法
  - 幼儿园班级管理的原则
    - 主体性原则
    - 整体性原则
    - 参与性原则
    - 民主性原则
    - 高效性原则
  - 幼儿园班级管理的方法
    - 规则引导法
    - 情感沟通法
    - 互动指导法
    - 榜样激励法
    - 目标指导法
    - 家园合作法
    - 随机生成法

知识要点解析

模块一　幼儿园班级管理的内涵、目的与内容

一、幼儿园班级管理的内涵

(一)幼儿园班级管理的内涵

班级管理是幼儿园管理的基本组成部分,是学前教育机构管理的核心工作。**幼儿园班级管理是指教师和行政人员遵循国家的学前教育政策、法规,按照儿童身心发展规律和保教工作规律,采用科学的工作方式和管理手段,将人、财、物、时间、空间、信息等各要素合理组织起来的为学前儿童发展创造良好环境和条件的服务过程。其根本目的是实现保育教育目标,促进学前儿童全面发展。**

(二)幼儿园班级管理的功能及基本环节

1.幼儿园班级管理的功能

班级是幼儿园计划、安排和组织保教活动的基本单位。在我国,一般以年龄作为班级划分的主要依据。根据学前儿童的年龄,幼儿园班级可以划分为大班、中班、小班和托班四个层次。《幼儿园工作规程》作了如下规定:

班级	年龄	人数
托班	2 岁半	不超过 20 人
小班	3~4 岁	25 人,混合班 30 人
中班	4~5 岁	30 人
大班	5~6 岁	35 人
小学附设学前班		不超过 40 人

班级是学前儿童学习、生活和成长的重要场所,在幼儿园教育教学工作中发挥着重要的作用。一般而言,**幼儿园班级具有生活功能、教育功能和社会服务功能。生活功能具体体现在生活引导、卫生保健以及身体锻炼三个方面的功能;教育功能主要体现在班级具有促进儿童认知、情感和道德发展的功能;社会功能是指班级具有促进学前儿童社会化的功能。**

▲【国赛链接】

（2019年）关于幼儿园的班级规模,以下说法正确的是(　　　　)。

A.小班(3～4周岁)25人

B.中班(4～5周岁)35人,不超过30人

C.大班(5周岁至6或7周岁)40人,不超过40人

D.混合班40人,学前幼儿班不超过50人

【答案】A。解析:《幼儿园工作规程》对幼儿园的班级管理功能作了如下规定:托班不超过20人;小班人数25人;中班30人;大班35人;小学附设学前班不超过40人。

2.幼儿园班级管理的基本环节

幼儿园班级管理就程序而言,大致包括四个基本环节:计划制订、组织与实施、检查与调整、总结与评估。

(1)**计划制订**。计划是确定行动的纲领和方案,促使行为趋向于目标的管理活动。它是一种预先确定目标和实现目标的手段。幼儿园班级工作计划是班级管理者为班级的未来确定目标,并提出达到这一目标的方法和步骤的管理活动。了解孩子的实际状况是我们制订计划的前提条件。

(2)**组织与实施**。计划和结果之间需要组织与实施。幼儿园班级工作的组织与实施是指将班级中的教师、幼儿、材料、物品、空间、时间等要素进行合理安排,使之具有一定的系统性和整体性,并加以实行。

(3)**检查与调整**。检查是对计划的检查,根据计划实施的情况对预先制订的计划进行调整。

(4)**总结与评估**。总结是管理过程的终结。它对班级工作计划的执行情况进行全面检查与评估,发现成绩和缺点,总结经验和教训。

以上四个环节是互为条件的,前一个环节是后一个环节的基础,后一个环节是前一个环节的落实与实施。它们之间相互联系,环环相扣。

二、幼儿园班级管理的目的

良好的班级管理艺术能够促进学前儿童的发展,保证班级管理目的的实现。因此,幼儿园班级管理是幼儿园管理的基础工程,是提高保教质量的基本保证,具有重要的意义。**幼儿园班级管理的内在目的在于把幼儿培养成为个体生活和社会生活的主体;外在目的是形成办园特色,打造办园品牌**。具体体现在以下几个方面:一是提高幼儿园管理的整体效益;二是保证保教工作的顺利开展;三是协调和统一各种教育力量;四是促进优良班集体的形成;五是培养学前儿童自我管理的能力。

▲【真题链接】

（2012 年下）制定幼儿班级生活常规的主要目的是（　　　）。

A.维持纪律　　　　　　　　　　　　B.便于教师管理

C.让幼儿学会服从　　　　　　　　　D.帮助幼儿学会自我管理

答案：D。【解析】幼儿园班级管理的主要的目的之一在于培养幼儿自我管理的能力，而教师制定幼儿班级生活常规的主要目的是帮助幼儿学会自我管理。

三、幼儿园班级管理的内容

幼儿园班级管理一般包括生活管理、教育管理、环境管理、物品管理、其他管理等几个方面的内容。其他管理包括家园交流管理、班级间交流管理、家庭教育管理以及社区活动管理等。在幼儿园，生活管理、教育管理是幼儿园班级管理的重要内容，其他方面的管理工作服务于幼儿园的生活管理和教育管理。

（一）生活管理

幼儿园班级生活管理是班级管理的重要内容。一般来说，生活管理是为了保证幼儿的身体正常发育、心理健康成长，保教人员围绕幼儿在幼儿园内的起居、饮食等生活方面而进行的管理工作。它是保育工作的重要内容，也是顺利进行班级管理和教育教学的必要条件。

（二）教育管理

幼儿园班级教育管理是幼儿园管理的核心内容，是指班级保教人员对教育过程精心设计组织，对教育结果进行细致评估，在班主任老师带领下对班级幼儿进行调查，这一系列的工作称为幼儿班级教育管理。幼儿园班级管理的内容包括幼儿行为习惯教育管理、幼儿知识兴趣教育管理、幼儿安全健康教育管理等。

（三）环境管理

幼儿园班级环境管理具体包括物质环境管理和心理环境管理。物质环境管理主要体现教室座位的安排轮换、区角及活动区环境的设计以及教室环境的保洁等；心理环境管理主要包括班级氛围、师幼关系、班级文化建设等方面。

（四）物品管理

幼儿园班级物品指的是除班级空间之外的一切设备设施和所用之物。幼儿园班级物品管理是指教师根据班级的教育目标，通过计划、组织、实施、调整等环节，将幼儿园班级内的一切物品进行规划、调整，优化班级物品管理，从而提高班级管理效率，促进教育目标的实现。

（五）其他管理

幼儿园班级管理除了着重进行生活管理和教育管理外，还有许多与之相关的其他管理，如家园交流管理、社区活动管理等。它们也是班级常规管理的重要组成部分。

▲【真题链接】

（2011 年下）幼儿园班级管理的内容包括哪些方面？

答案要点：幼儿园班级管理一般由生活管理、教育管理、环境管理、物品管理以及其他管理（包括家园交流管理、班级间交流管理、家庭教育管理以及社区活动管理等）组成。其他方面的管理工作服务于幼儿园的生活管理和教育管理。

模块二　幼儿园班级管理的原则、方法

一、幼儿园班级管理的原则

幼儿园班级管理的原则是对班级进行管理必须遵循的普遍性行为准则。它对班级的全面管理具有重要的指导意义。

（一）主体性原则

主体性原则是指教师作为班级管理的主体具有的自主性、创造性和主动性，同时明确儿童的主体地位，充分发挥儿童的主人翁精神，让儿童作为管理的主体参与班级管理。 贯彻这一原则应注意以下几点：（1）明确教师对班级管理的职责和权力；（2）作为班级管理者的教师应充分了解并把握班级的各种要素；（3）教师应充分尊重幼儿在班级管理中的主体地位。

（二）整体性原则

整体性原则是指班级管理应该是面向全体幼儿并涉及班内所有管理要素的管理。 贯彻这一原则应该主要以下几点：（1）将集体管理与个体管理相结合；（2）教师应充分利用班级作为一个整体的熏陶和约束作用；（3）教师要通盘考虑班级管理的人、物、时间、空间等因素的协调统一，进而产生最大的管理效益。

（三）参与性原则

参与性原则是指教师进行班级管理时，要以多种形式参与到幼儿的活动之中，在活动中民主、平等地对待幼儿，与幼儿共同开展有益的活动。 贯彻这一原则应该注意以下几点:(1)教师参与活动应注意角色的不断变化,以适应幼儿活动的需要;(2)在某种场合教师参与活动要根据幼儿的需要,取得幼儿的许可;(3)教师在参与活动中,指导和管理要适度。

(四)民主性原则

民主性原则是指在班级管理中,教师充分发扬民主作风,师幼互相尊重,畅所欲言,调动班级学前儿童、家长参与班级管理的积极性与创造性,通过集体的智慧来做好班级管理工作。贯彻这一原则应该注意以下几点:(1)保障儿童在班级管理中的地位和权利;(2)发挥班级管理的民主作风;(3)严格要求与尊重爱护相结合的原则。

(五)高效性原则

高效性原则是指教师在进行班级管理时,用最少的人力、物力和时间,更可能地使幼儿获得更全面、更好的发展。贯彻这一原则应该注意以下几点:(1)班级管理的目标应合理,计划制订要科学;(2)班级管理计划的实施要严格而灵活;(3)班级管理的方法要适当并重视检查反馈。

二、幼儿园班级管理的方法

为了对幼儿实施有效的生活和教育管理,从而达到幼儿园保教目标,保教人员必须掌握科学的班级管理的方法。幼儿园班级管理的方法主要有:

(一)规则引导法

规则引导法是班级管理中最直接、最常用的方法,指用规则引导学前儿童的言行,使其与班集体活动方向和要求保持一致,朝着班级管理既定的目标健康发展。运用规则引导法应注意:(1)规则的内容要明确且简单易行;(2)引导幼儿在实践活动中掌握规则;(3)保教人员要保持规则的一贯性。

(二)情感沟通法

情感沟通法是指通过激发和利用教师与幼儿之间的情感,以达到陶冶情操,并影响行为的方法。运用情感沟通法应注意:(1)教师要善于和细心观察幼儿的情感表现;(2)教师要保持和蔼可亲的形象;(3)教师要用心与幼儿做好情感沟通并对幼儿进行移情训练。

(三)互动指导法

互动指导法是指幼儿教师指导幼儿积极主动地与周围环境、人物进行有效互动的方法。运用互动指导法应注意:(1)教师对幼儿的指导要选择恰当的时机;(2)教师对幼儿的指导要把握一定的度。

(四)榜样激励法

榜样激励法是指通过树立榜样并引导幼儿学习榜样以规范幼儿行为,从而达到班级管理目的的方法。运用榜样激励法应注意:(1)选择健康、具体的榜样形象;(2)树立同伴榜样要公正、权威;(3)及时强化幼儿的榜样行为。

(五)目标指引法

目标指引法是教师以行为结果作为目标,引导幼儿的行为方向,规范幼儿行为方式的一种管理方法。运用目标指引法应注意:(1)目标要具体明确;(2)目标要切实可行;(3)目标与行为的联系要清晰可见;(4)注意将个人目标与集体目标相结合。

(六)家园合作法

家园合作法是为了共同的教学目标,本着相互信任、尊重、自由的原则,幼儿园与学前儿童家长共同进行班级管理的方法。运用家园合作法应注意:(1)帮助家长树立正确的教育观,提高家长的教育水平;(2)多种方式促进家园交流畅通。

(七)随机生成法

随机生成法是指随机抓住偶然出现的契机,从不同的角度完成教育目标的管理方法。运用随机生成法应注意:(1)随机生成时要能够因势利导;(2)随机生成时要扣住幼儿的身心特点和兴趣爱好。

幼儿园班级管理是一项长期而艰巨的工作,随着各种教育理论和管理经验的丰富,管理方法会不断地得以发展和完善。

◇【本章小结】

幼儿园的班级是幼儿园进行保教活动的基本单位,也是幼儿正式进入社会生活的第一个场所。班级管理的水平直接影响幼儿园管理的质量。班级管理的内容涉及生活管理、保育教育活动管理、环境管理和其他管理。教师在管理过程中要遵循相应的管理原则与要求,针对不同问题,采取恰当的方法进行管理。科学合理的班级管理能够保证幼儿园班级的正常运转,促进幼儿园保教工作质量的提高,促进学前儿童身心健康全面发展。

◇【本章思考与练习】

一、单项选择题(识记)

1.《幼儿园工作规程》规定幼儿园小、中、大班的幼儿人数分别为(　　　)人。

　　A.20—25—30　　　　B.20—30—35　　　　C.25—30—35　　　　D.30—35—40

2.《幼儿园工作规程》规定小学附设的学前班的幼儿人数最多不超过(　　　)。

　　A.20 人　　　　　　B.30 人　　　　　　C.40 人　　　　　　D.50 人

3.大二(1)班的明明与木木是一对冤家,见面不是斗嘴就是打架。王老师运用合作游戏、家长之间协调等方法使他俩认识到小朋友之间要团结友爱,互相帮助。过了一个学期,他俩渐渐成为好朋友。王老师的工作在班级管理中属于(   )。

    A.生活管理　　　　　B.日常管理　　　　　C.学习管理　　　　　D.安全管理

4.根据学前儿童模仿性强,易于接受具体形象事物的特点,班级管理中最适宜采用的方法是(   )。

    A.规则指导法　　　　　　　　　　B.目标指引法

    C.说服教育法　　　　　　　　　　D.榜样示范法

5.所谓"凡事预则立,不预则废",说明了班级管理中要重视(   )。

    A.计划制订　　　　　　　　　　　B.组织实施

    C.检查评估　　　　　　　　　　　D.总结评价

6.以下不属于班级一日活动管理中必须处理的关系是(   )。

    A.个体与集体的关系　　　　　　　B.自选与指定活动的关系

    C.分散与集中的关系　　　　　　　D.教师与家长的关系

7.新学期开始,刘老师在修改原来的班级规章时让学前儿童们积极提出修改意见,并适当加以采纳。刘老师的做法遵循了班级管理的(   )。

    A.高效性原则　　　　　　　　　　B.规范性原则

    C.方向性原则　　　　　　　　　　D.主体性原则

8.晨晨非常喜欢妮妮的玩具,于是趁妮妮不在时把妮妮的玩具拿走了。妮妮发现玩具不见了大哭起来。老师在弄清事实之后,先安抚妮妮,然后对晨晨说:"不经别人同意拿别人东西是不对的,要赶紧还给她并说对不起。根据班规,今天你可是要倒垃圾哦!"该老师的做法遵循了班级管理的(   )。

    A.民主性原则　　　　　　　　　　B.主体性原则

    C.规范性原则　　　　　　　　　　D.保教结合的原则

9.罗老师在组织"小推车"游戏活动。一开始让孩子们站成几个纵队,但后面的孩子因为看不到而乱了队形。她发现后立即把几个纵队改成几个交叉的横排,这样全班的孩子们都可以参与游戏了。罗老师遵循的班级管理原则是(   )。

    A.民主性原则　　　　　　　　　　B.高效性原则

    C.主体性原则　　　　　　　　　　D.规范性原则

10.周五,幼儿园组织到动物园春游,林老师让大家比赛谁认识的动物更多。每当孩子们不知道动物的名字的时候,先让他们相互询问。如果谁都不知道也不直接告诉他们答案,而是一步步引导,最终让孩子们自己得出答案。林老师运用的是班级管理中的(   )。

    A.互动指导法　　　B.规则引导法　　　C.目标指引法　　　D.说服教育法

11.抓住偶发事件中的积极因素,化不利为有利,化被动为主动,使之成为教育学前儿童的内容和良好的契机。这种方法是(   )。

    A.降温处理法　　　B.因势利导法　　　C.移花接木法　　　D.以退为进法

12.小华是班上的"调皮大王"。他傍晚和同桌君君闹矛盾了,老师没有立刻骂小华,而是让小华和君君都说说当时的具体情况,并作出了相应的处理。这位教师的做法遵循了处理班级偶发事件的(　　)。

　　A.主体性原则　　　　B.针对性原则　　　　C.教育性原则　　　　D.公正性原则

13.在幼儿园里,每个班的老师都要告诉学前儿童怎样正确洗手、如何吃饭和睡觉等等。这体现了幼儿园班级的(　　)。

　　A.教育功能　　　　B.生活功能　　　　C.社会功能　　　　D.保育功能

14.幼儿园的生活功能包括(　　)。

　　①解放父母功能　　②身体锻炼功能
　　③卫生保健功能　　④一日生活引导功能
　　A.①②③　　　　　　B.①②④　　　　　　C.①③④　　　　　　D.②③④

15.小明在滑梯上突然被其他小朋友从后面推了一下,飞快地滑了下来,吓得大声哭叫,下列最合理的处理方式是(　　)。

　　A.立刻制止小明哭叫,力图尽快恢复秩序

　　B.察看小明是否受伤,同时不制止他哭,让他把内心的恐惧发泄一下

　　C.马上寻找闯祸的小朋友,批评他,以安慰小明

　　D.当作什么事也没发生而不加任何处理

16.制定幼儿班级生活常规的主要目的是(　　)。

　　A.维持纪律　　　　　　　　　B.便于教师管理

　　C.让幼儿学会服从　　　　　　D.帮助幼儿学会自我管理

17.在目前条件下,幼儿园比较合适的师生比是(　　)。

　　A.1∶15~1∶20　　　　　　　B.1∶20~1∶25

　　C.1∶25~1∶30　　　　　　　D.1∶30~1∶35

18.用简单易行的规则来引导儿童行为,使其与集体活动要求保持一致,确保儿童自身安全和他人安全,保证活动秩序的管理方法称为(　　)。

　　A.规则引导法　　　　B.情感沟通法　　　　C.互动指导法　　　　D.目标指引法

19.幼儿园班级管理目的的实现体现在(　　)、教育功能、社会服务功能三个方面。

　　A.智力发展　　　　B.生活功能　　　　C.知识学习　　　　D.技能训练

20.下列选项中,(　　)不是幼儿园班级管理的内容。

　　A.生活管理　　　　B.教育管理　　　　C.保育管理　　　　D.物品管理

21.在管理幼儿园班级时,班级管理者为班级的未来确立目标并提出达到这一目标的方法和步骤的管理活动是指(　　)。

　　A.幼儿园班级管理　　　　　　B.幼儿园班级工作计划

　　C.幼儿园班级情况分析　　　　D.幼儿园班级工作安排

22."填写班级幼儿名册、家庭情况登记表等基本资料,明确家园联系方式"属于幼儿园班级管理中的(　　)管理。

　　A.教育　　　　　　B.生活　　　　　　C.互动　　　　　　D.情感

二、简答题(简单运用)

1.简述幼儿园班级管理的目的。

2.简述幼儿园班级的功能。

3.简述幼儿园班级管理的内容。

4.简述幼儿园班级管理的环节。

5.简述幼儿园班级管理的基本原则。

6.简述幼儿班级管理的方法。

三、论述题(综合运用)

1.在班级管理中如何运用规则引导法?请结合实际论述。

2.结合实例论述在班级管理中如何有效运用榜样激励法。

3.试述幼儿园班级管理的任务。

4.试论述生活管理的意义。

四、材料分析题(综合运用)

1.阅读材料,回答问题。

材料:下午快放学了,小朋友都到活动区玩玩具,等待家长的到来,只有媛媛躲在厕所里哭不肯出来。我走过去轻声问她:"小媛媛,怎么了,可以告诉老师吗?"她说:"刚才上厕所时,我的裤带太紧,脱不下来,所以……"听了孩子的一番话,我向她笑了笑,说:"没关系,别的小朋友不知道,老师帮你保密,咱们不跟别人说。"她听我这么一说,马上点了点头,为让她放心,我还跟她拉钩,发誓保密。

我把她带到寝室,帮她把裤子换下来,盖上被子,等她家长来接她,我看她表情很不自然,便问她:"你在家帮妈妈干活吗?"她马上兴奋地说:"我有时帮妈妈干活,妈妈夸我是好孩子。"我说:"老师也觉得你很能干,是个好孩子,不小心尿一次裤子不算什么。以后有尿要早点尿,不要穿裤带太紧的裤子,万一解不开裤带要及时告诉老师。告诉你一个小秘密,老师小时候也尿过床呢,每个大人小时候都尿过床,也都尿过裤子!"她听了先是一脸的惊讶,随后露出了轻松的笑容。

问题:

(1)上述尿裤子的性质是什么?

(2)这位教师对她尿裤子的处理体现了什么原则?请结合材料说明。

(3)教师在处理的时候运用了什么方法?请结合材料说明。

2.阅读材料,回答问题。

材料:肖老师正在组织小朋友洗手,只见斌斌洗手时用手指堵塞水龙头,水从手缝中喷出来,弄湿了衣服。肖老师并没有批评他,而是叫其他小朋友过来。

肖老师:"小朋友,你们看,为什么水从手缝里喷射出来而不是流出来?"

小朋友把眼睛睁得大大的,有的说:"不知道。"有的说:"手指堵塞水龙头,水只好从手缝里喷射出来。"

肖老师:"原来,当小朋友用手指堵塞水龙头时,水流动的空间变小了,水受到挤压,就产生了一种压力,有压力的水是喷射出来而不是流出来的。消防员叔叔在救火时,手里抓着大水管,水管里的水可以从地面喷射到几层楼高,这是因为在大水管接水的地方加了压力器,就和小朋友用手指堵塞水龙头的道理一样。不过,小朋友洗手时还是不要用手指堵塞水龙头,因为射出来的水很容易弄湿衣服,也浪费水。"

听完肖老师的话,小朋友瞪着好奇、求知的眼睛点点头,似乎懂了其中的道理。

问题:

(1)写出该材料中包含的班级管理原则。

(2)结合材料说明肖老师是如何运用这条原则的。

3.阅读材料,回答问题。

材料:宇宇是我班的孩子,当情绪不好时总是来拉我的手。一天早上,宇宇来幼儿园与妈妈分离时竟大哭大闹。这时我蹲下来温柔地抱起宇宇,亲亲他说:"宇宇怎么了? 有什么事要老师帮忙吗?"宇宇委屈地说:"妈妈今天早上骂我了。"说着又伤心地哭起来。我拍拍他,放下他,拉着他的手说:"没事的,咱们表现好些,妈妈今天就会表扬你了。"在后面的时间里,我一直拉着他的小手。宇宇的情绪慢慢稳定,不一会儿自己脱离了我的手,快乐地融入活动中去了。

问题:

(1)这位老师用了什么班级管理方法?

(2)如何有效运用这种方法? 请结合材料说明。

幼儿园与家庭、社区和小学的合作与衔接

■ **学习目标**

1.了解家庭教育、社区教育的内涵。

2.了解开展家园合作和家社合作的意义,掌握家园合作、家社合作的内容和策略,能够初步设计家园合作、园社合作活动。

3.理解幼小衔接的含义,厘清幼儿园、小学的差异,掌握幼小衔接的内容和方法,能够在实践中指导幼儿园及小学科学开展教育衔接工作。

4.正确认识家庭、社区、小学在学前教育中的重要作用,重视家园校社四位一体的合作。

■ **本章导学/含考纲要点简要说明**

本专题包含三个模块,模块一介绍家庭教育的含义,家园合作的意义、内容和方法;模块二介绍社区学前教育的内涵、意义、社园合作的内容和方法;模块三介绍幼小衔接的含义、意义、合作的内容与方法以及在幼小衔接工作中应注意的问题。三个模块需要在识记相关知识的基础上,掌握对应方法、策略并运用于实践。

从历年幼儿园教师资格考试真题及国家职业技能大赛试题来看,本章涉及的重点在于幼儿园家园合作、家社合作的意义与内容,幼小衔接的内容与方法、小学化的含义和危害等,所涉及的题型包括选择题、简答题、论述题,主要侧重于知识的识记,以及知识在具体案例中的分析运用。

■ **本章思维导图**

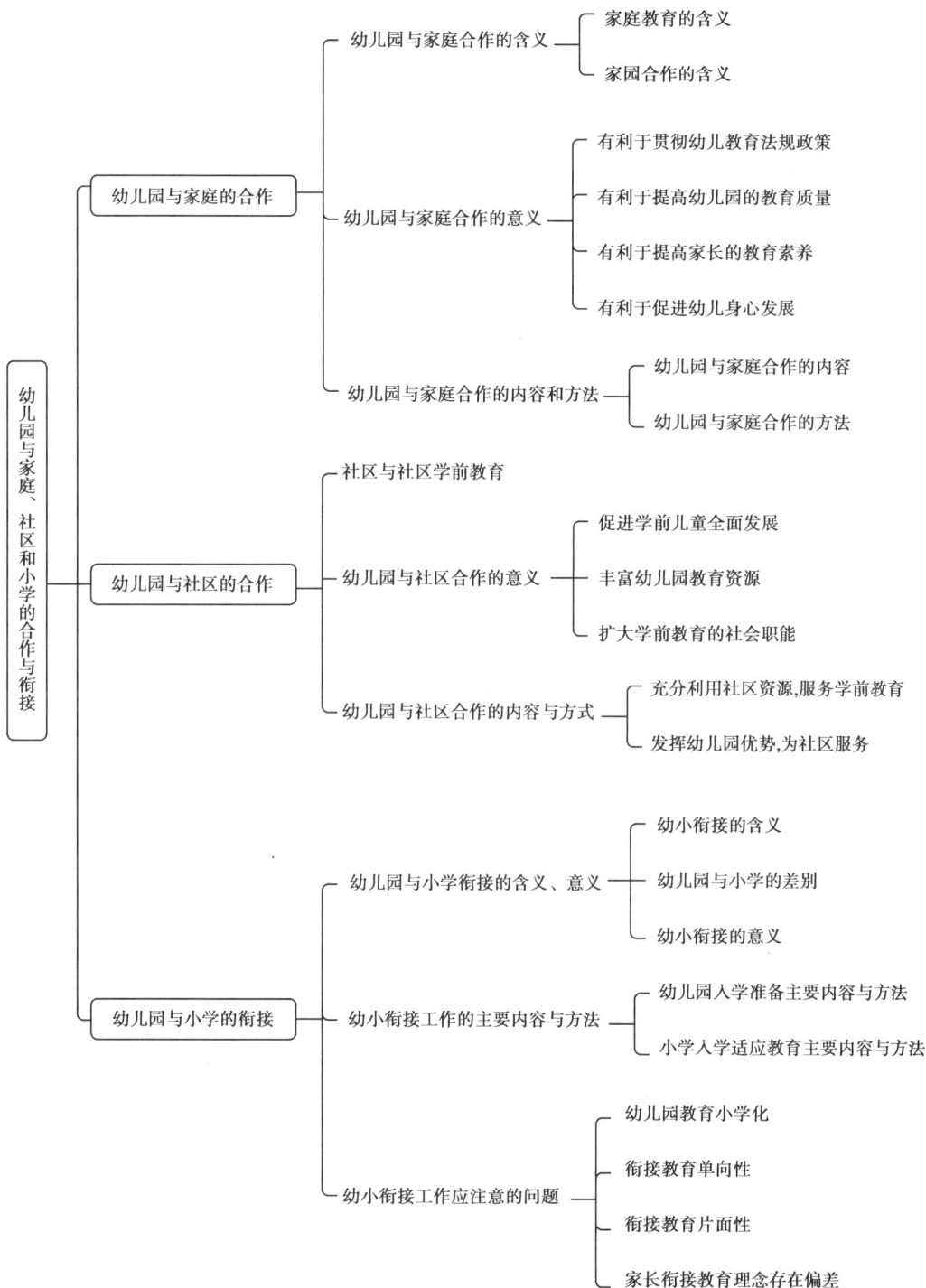

幼儿园与家庭、社区和小学的合作与衔接
- 幼儿园与家庭的合作
  - 幼儿园与家庭合作的含义
    - 家庭教育的含义
    - 家园合作的含义
  - 幼儿园与家庭合作的意义
    - 有利于贯彻幼儿教育法规政策
    - 有利于提高幼儿园的教育质量
    - 有利于提高家长的教育素养
    - 有利于促进幼儿身心发展
  - 幼儿园与家庭合作的内容和方法
    - 幼儿园与家庭合作的内容
    - 幼儿园与家庭合作的方法
- 幼儿园与社区的合作
  - 社区与社区学前教育
  - 幼儿园与社区合作的意义
    - 促进学前儿童全面发展
    - 丰富幼儿园教育资源
    - 扩大学前教育的社会职能
  - 幼儿园与社区合作的内容与方式
    - 充分利用社区资源,服务学前教育
    - 发挥幼儿园优势,为社区服务
- 幼儿园与小学的衔接
  - 幼儿园与小学衔接的含义、意义
    - 幼小衔接的含义
    - 幼儿园与小学的差别
    - 幼小衔接的意义
  - 幼小衔接工作的主要内容与方法
    - 幼儿园入学准备主要内容与方法
    - 小学入学适应教育主要内容与方法
  - 幼小衔接工作应注意的问题
    - 幼儿园教育小学化
    - 衔接教育单向性
    - 衔接教育片面性
    - 家长衔接教育理念存在偏差

🔍 **知识要点解析**

模块一 幼儿园与家庭的合作

一、幼儿园与家庭合作的含义

(一)家庭教育的含义

《中华人民共和国家庭教育促进法》明确指出,家庭教育,是指父母或者其他监护人为促进未成年人全面健康成长,对其实施的**道德品质、身体素质、生活技能、文化修养、行为习惯等方面的培育、引导和影响**。

(二)家园合作的含义

《幼儿园教育指导纲要》明确指出:"家庭是幼儿园重要的合作伙伴。"幼儿园与家庭的合作是指**幼儿园**和**家庭**作为促进幼儿发展的重要影响因素,双方应积极主动地**相互了解、相互配合、相互支持**,通过幼儿园与家庭的双向互动,共同促进幼儿身心的健康发展[①]。

▲【国赛链接】

(2020年)幼儿园应与(   )、(   )密切合作,与(   )相互衔接,综合利用各种教育资源,共同为幼儿的发展创造良好的条件。

A.家庭、社区、小学 　　　　　　　　B.家庭、小学、社区

C.社区、小学、家庭 　　　　　　　　D.小学、社区、家庭

答案:A。【解析】《幼儿园教育指导纲要(试行)》明确指出,幼儿园应与家庭、社区密切合作,与小学相互衔接,综合利用各种教育资源,共同为幼儿的发展创造良好的条件。

二、幼儿园与家庭合作的意义

(一)有利于贯彻幼儿教育法规政策

《幼儿园工作规程》明确要求幼儿园"主动与幼儿家庭沟通合作,为家长提供科学育儿宣传指导,帮助家长创设良好的家庭教育环境,共同担负教育幼儿的任务"。此外,《全国家庭教育指导大纲》《中华人民共和国家庭教育促进法》也强调幼儿园应当将家庭教育指导服务纳入工作计划。因此,幼儿园对家庭教育进行指导,是贯彻执行幼教法规政策

---

① 董吉贺.学前教育学[M]北京:北京大学出版社;2018.

的需要。

(二)有利于提高幼儿园的教育质量

幼儿教师可以借助家园合作获得更多有关幼儿的有效信息,加快了解幼儿的进度,增强了解幼儿的深度,并借助自身所拥有的专业知识和专业技能因材施教,促进幼儿健康发展。此外,基于良好的家园合作关系,幼儿园可以得到家长人力、物力等多种支持,家长不同职业特点和文化背景可以丰富幼儿园教育资源。

(三)有利于提高家长的教育素养

幼儿园加强家庭教育的指导,能有力地促进家长教育素养的提升。在家庭教育指导过程中,幼儿园通过向家长宣讲幼儿园教育目标,分享先进的教育理念、教育技术、教育经验以及丰富的教育资源,能够端正家长的教育态度,帮助家长树立正确的教育目标,提高家长的教育能力。

(四)有利于促进幼儿身心发展

教育生态学认为,幼儿的成长发展受到周围环境的影响。家庭和幼儿园作为幼儿生活和学习的两个关键场所,其教育影响应该方向一致,教师与家长之间建立密切合作的伙伴关系,可以相互支持、共同促进幼儿的身心发展。反之,则会阻碍幼儿与环境的相互作用,延缓幼儿成长的历程。

▲【真题链接】

(2021年下)教师与家长沟通的根本目的是( )。

A.让家长了解幼儿在园的表现   B.了解幼儿在家的表现

C.家园合作,形成教育合力   D.完成园长交给的任务

答案:C。【解析】教师与家长沟通既可以让家长了解幼儿在园的表现,又可以让教师从家长那里了解幼儿在家的表现,从而增进家园合力,更好地促进幼儿的发展。

三、幼儿园与家庭合作的内容和方法

(一)幼儿园与家庭合作的内容

1.家庭教育内容

《中华人民共和国家庭教育促进法》要求,未成年人的父母或者其他监护人应当针对不同年龄段未成年人的身心发展特点,以下列内容为指引,开展家庭教育。

(1)教育未成年人爱党、爱国、爱人民、爱集体、爱社会主义,树立维护国家统一的观念,铸牢中华民族共同体意识,培养家国情怀;

(2)教育未成年人崇德向善、尊老爱幼、热爱家庭、勤俭节约、团结互助、诚信友爱、遵

纪守法,培养其良好社会公德、家庭美德、个人品德意识和法治意识;

(3)帮助未成年人树立正确的成才观,引导其培养广泛兴趣爱好、健康审美追求和良好学习习惯,增强科学探索精神、创新意识和能力;

(4)保证未成年人营养均衡、科学运动、睡眠充足、身心愉悦,引导其养成良好生活习惯和行为习惯,促进其身心健康发展;

(5)关注未成年人心理健康,教导其珍爱生命,对其进行交通出行、健康上网和防欺凌、防溺水、防诈骗、防拐卖、防性侵等方面的安全知识教育,帮助其掌握安全知识和技能,增强其自我保护的意识和能力;

(6)帮助未成年人树立正确的劳动观念,参加力所能及的劳动,提高生活自理能力和独立生活能力,养成吃苦耐劳的优秀品格和热爱劳动的良好习惯。

2.学前儿童家庭教育指导内容

《全国家庭教育指导大纲》明确4~6岁年龄段的家庭教育指导内容要点包含以下六个方面。

(1)**加强儿童营养保健和体育锻炼**。指导家长带领儿童积极开展体育锻炼;根据儿童的个人特点,寻找科学合理而又能为儿童接受的膳食方式;科学搭配儿童饮食,做到营养均衡、种类多样、比例适当、饮食定量、调配得当;不断学习关于儿童营养的新理念、新知识。

(2)**培养儿童良好的生活和卫生习惯**。指导家长与儿童一起制定儿童的家庭生活作息制度;积极运用奖励与忽视并行的方式纠正并消除儿童不良的行为方式与癖好;定期带领儿童进行健康检查。

(3)**抓好安全教育,减少儿童意外伤害**。指导家长提高安全意识,尽可能消除居室和周边环境中的伤害性因素;以良好的榜样影响、教育、启迪儿童;结合儿童的生活和学习,在共同参与的过程中对儿童实施安全教育,提高儿童的生命意识;重视儿童的体能素质,通过活动提高其自我保护能力。

(4)**培养儿童良好的人际交往能力**。指导家长关注儿童日常交往行为,对儿童的交往态度、行为和技巧及时提供帮助和辅导;注意培养儿童多方面的兴趣、爱好和特长,增强儿童交往的自信心;开展角色扮演游戏,帮助儿童在家中练习社交技巧,并积极为儿童创造与同伴交往的机会,培养儿童乐于与人交往的习惯和品质。

(5)**增强儿童社会适应性,培养儿童抗挫折能力**。指导家长鼓励儿童以开放的心态充分展示自己,同时树立面对挫折的良好榜样;充分利用传播媒介,引导儿童学习面对挫折的方法;适时、适宜地在儿童成长过程中创设面对变化与应对挫折的生活情境与锻炼机会;在儿童遇到困难时以鼓励、疏导的方式给孩子以必要的帮助与支持。

(6)**丰富儿童感性知识,激发儿童早期智能**。指导家长带领儿童关心周围事物及现象,多开展户外活动,以开阔儿童的眼界,丰富儿童的感性知识;灵活采用个别化教育手段,有针对性地鼓励儿童积极活动、主动参与、积累经验、发展潜能;改变传统的灌输、说教方式,以开放互动的方式让儿童在玩中学、在操作中探索、在游戏中成长。

（二）幼儿园与家庭合作的方法

根据幼儿家长参与人数的情况,可将幼儿园和家庭合作方式分为家长个别参与和家长集体参与。（表 10-1、表 10-2）

表 10-1　家长个别参与

合作方法	含义	具体内容
家访	家访是指幼儿教师与家长面对面深入交流,进行一对一家庭教育深度指导的独特形式。可分为入园新生家访、每学期常规家访和特殊情况幼儿家访等	幼儿园通过家访,可以主动深入地去了解幼儿家庭情况,获取幼儿习惯、个性等形成的原因,介绍幼儿的表现,与家长共同探讨科学合理的教育方法,促使家园形成合力
家园联系手册	家园联系手册是幼儿教师与家长围绕幼儿的发展与教育进行书面联系和交流的有效方式	通过家园联系手册,教师将幼儿在园的情况表现记录入册,及时知悉幼儿的进步、出现的问题、家长需配合的要求;同时教师可以从联系手册中获得家长对幼儿园教育效果的反馈,了解幼儿在家的表现,获悉家长的意见和要求
早晚沟通	早晚沟通一般是指教师利用家长来园的机会与家长简短交谈,是幼儿教师最常用、效果最及时的家长工作方式	早上入园进行早沟通可以就当天幼儿身体、情绪等问题进行简短沟通;晚上离园进行晚沟通可以就幼儿当天在园情况进行沟通
约谈	约谈是幼儿教师与家长就幼儿身上存在的共同问题进行"一对一""一对多"的深层次交流,其目的性、计划性强	约谈基于双方自愿,具有强烈解决孩子身上问题的愿望。约谈前家园双方做好准备工作,汇集幼儿各方面发展情况,提取有代表性事例;约谈时营造宽松的谈话氛围;约谈双方应以平等的身份进行交流;约谈过程中注意话语措辞
家长助教	家长助教是指家长以"助教"的方式直接参与到幼儿园教学活动中	家长可以结合自身的职业和特长给幼儿们开展活动,也可以协助老师完成教学活动

表 10-2　家长集体参与

合作方法	含义	内容
家长会	家长会是幼儿园面对家长召开的会议。按照召开时间可分为学期前家长会、学期中家长会和学期末家长会;按照召开对象划分,可分为班级家长会和全园家长会	✓学期前家长会:向家长介绍幼儿园本学期的工作计划、主要活动、家长配合事项等。 ✓学期中家长会:向家长汇报开学以来幼儿园主要活动和幼儿取得的进步;下半学期工作重点等。 ✓学期末家长会:向家长汇报整个学期的幼儿园工作,对幼儿的整体发展提出表扬和建议,对幼儿家长的支持表示感谢。 ✓班级家长会:由教师组织本班家长开展,一般一个学期 1~3 次,主要讨论本学期活动计划、本班孩子发展情况、亲子活动开展等。 ✓全园家长会:由园长组织全园家长开展,一般安排在学期前或学期末。主要介绍幼儿园办园情况、办园理念和管理方式,帮助家长了解和熟悉幼儿园规程;宣传幼儿园教学理念,指导家长做好育儿工作
家长开放日	家长开放日是指在特定的时间里向家长开放园内外各种教育活动	家长通过观看幼儿园环境,观摩幼儿教学活动,了解幼儿园教育教学情况,以及幼儿在园的生活情况和发展水平
家园联系栏	家园联系栏是以文字、图片等形式向家长展示幼儿园教育教学工作情况、进行教育信息交流的重要桥梁	公布幼儿园的作息表、食谱、幼儿园工作人员构成,展示集体活动情况、幼儿教育理念和育儿小常识等
家委会	幼儿园家长委员会是在幼儿园园长指导下,由各班老师推荐 1~2 名家长代表组成	对幼儿园重要决策和事关幼儿切身利益的事项提出意见和建议;发挥家长的专业和资源优势,支持幼儿园保育教育工作;帮助家长了解幼儿园的工作计划和要求,协助幼儿园开展家庭教育指导和交流
家长学校	家长学校是宣传普及家庭教育知识,提升家长素质的重要场所,是指导推进家庭教育的主阵地和主渠道	向家长宣传党的教育方针,普及家庭教育知识,提供科学的指导,组织开展家庭教育实践活动,增进家园沟通

合作方法	含义	内容
网络平台	家园合作网络平台主要包括幼儿园官方网站、家园交流平台等	幼儿园官方网站是幼儿园宣传办园理念、展示办园成效的重要窗口。其中家园交流平台是针对幼儿园教师、家长开放，展示教育教学成效、班级活动、幼儿风采、交流育儿经验的平台。此外，还可通过 QQ 群、微信群等发布消息，进行家园沟通

▲【国赛链接】

（2019 年）某幼儿园为增强家园协作决定设立家长委员会协助开展工作。根据《幼儿园工作规程》的规定，家长委员会的主要任务是（　　　）。

A.负责与社会的联系和合作

B.组织交流家庭教育经验

C.管理园舍、设备和经费监督

D.指导幼儿园管理工作

答案：B。【解析】《幼儿园工作规程》明确家委会的主要任务是对幼儿园重要决策和事关幼儿切身利益的事项提出意见和建议；发挥家长的专业和资源优势，支持幼儿园保育教育工作；帮助家长了解幼儿园的工作计划和要求，协助幼儿园开展家庭教育指导和交流。

模块二　幼儿园与社区的合作

一、社区与社区学前教育

社区是由居民住在一定区域或地域范围内的人们构成的社会区域共同体[①]。社区教育是特定地域即社区中的教育。**社区学前教育**是整合社区内的各类社会资源，面向**幼儿及其家长、社区全体成员**进行**育儿知识、合作共育、文化宣传的教育活动**，是多层次、多内容、多种类的社会教育。它是以学前儿童为对象，以家庭为基础，以社区为依托的区域性教育。（表 10-3）

---

① 张兰香.学前教育学［M］.3 版.北京：高等教育出版社，2019.

表 10-3　社区学前教育特性

特性	具体表现
普及性	社区学前教育面向社区内全体幼儿、家长以及全体社区成员
地域性	社区独有的文化环境、地理环境、经济水平、居民构成等形成了社区的地域性,也赋予社区学前教育地域性
系统性	社区学前教育统整了社区教育、卫生保健、文化娱乐、社会服务、福利保障等相关资源,内容涉及医疗保健、婴幼儿保育、早期教育等

二、幼儿园与社区合作的意义

(一)促进学前儿童全面发展

社区的自然资源与人文环境是幼儿生存发展的重要场所。幼儿园与社区合作,因地制宜实施富有地域特色的保健与教育活动服务,能有效促进儿童身心全面发展。

(二)丰富幼儿园教育资源

社区充分的物质资源、自然资源、人力资源和文化资源,以及对相关部门工作的统筹、资源的整合能够拓展幼儿园的教育内容,创新幼儿园教育方法,丰富幼儿园教育形式,形成幼儿园院所特色,提升幼儿园教育质量。

(三)扩大学前教育的社会职能

社区教育可以扩大学前教育的社会职能,发挥教育对社区发展的作用,提升社区居民的学前教育意识和水平,营造关心下一代成长、支持文化教育事业发展的良好氛围,推动社区精神文明建设,打造学习型社会,更好地实现教育服务社会的职能。

三、幼儿园与社区合作的内容与方式

(一)充分利用社区资源,服务学前教育

1.充分利用社区人力资源

社区人员分工不同,幼儿家长从事各类职业,幼儿园应充分利用社区人员职业优势和专业技能,通过"请进来、走出去"的方式,整合幼儿园与社区教育力量,拓展幼儿生活和学习范围,增加幼儿与社区互动、增长社会见识、培养社会能力,促进幼儿社会性发展。

2.充分利用社区自然物质资源

社区拥有丰富的自然资源、公共设施、人文景观等丰富的教育素材,幼儿园可以将课

堂置于社区之中,充分利用社区的博物馆、科技馆、图书馆、文化馆、公园等自然物质资源直观开展教学,扩大幼儿的学习空间,创新教学方式。

3.充分利用社区文化资源

社区的文化资源包含社区的衣食住行、工作娱乐等物质生活方式、社区的精神生活方式和社区蕴含的文化历史。利用社区开展公益活动、节假日活动、重要活动等为契机,促使幼儿在耳濡目染中感受社区文明与社区文化历史,引导幼儿形成正确的价值观。

▲【真题链接】

(2020 年下)简述社区在幼儿园教育中的作用:

【解析】社区在幼儿园教育中的作用体现在以下几点。

(1)社区环境对幼儿产生潜移默化的影响。社区环境或多或少地影响着幼儿,一个自然环境攸关的社区会让幼儿产生美好的情感,和谐积极的社区人文环境会给幼儿一种良好的情绪体验。社区中的邻里关系、同伴关系、风土人情以及社区的建筑、活动设施、人文景观等都会对幼儿产生各种各样的影响。

(2)社区资源为幼儿园提供了现实支持。社区作为一个兼备生产功能、生活功能、文化功能的社会小区,能为幼儿园提供教育所需要的人力、物力、财力、教育场所等多方面的支持。社区的积极参与将会使幼儿园教育变得更生动,更富有时代气息。

(3)社区文化是一种现存的教育资源。优秀的社区文化是幼儿园教育的宝贵资源。如有的幼儿园在课程中将社区的历史风俗革命传统等作为乡土教材来利用,使幼儿园教育内容丰富而有特色。

(二)发挥幼儿园优势,为社区服务

1.用好幼儿园人力资源

幼儿园最大优势在于学前教育的专业性,幼儿教师接受过专门的学前教育学科专业知识学习和职后培训,拥有丰富的保教知识和技能。幼儿园凭借专业优势,开展科学育儿专题讲座,举办家庭教育信息咨询与辅导活动,开展家长沙龙,指导社区儿童玩具室、儿童图书室建设等,为社区提供便民教育和服务。

2.用好幼儿园物力资源

幼儿园拥有较为科学、齐备的幼儿教育设施,如户外活动场地、区角活动场地、各类玩具等,可以将其面向社区开放,服务社区学前教育发展。

模块三　幼儿园与小学的衔接

一、幼儿园与小学衔接的含义、意义

（一）幼小衔接的含义

《幼儿园工作规程》明确指出："幼儿园教育和小学应当密切联系，互相配合，注意两个阶段教育的相互衔接。"**幼小衔接指幼儿园与小学两个相连的教育阶段之间在教育上的互相连接。**

（二）幼儿园与小学的差别

幼儿园与小学的差别如表10-4所示。

表10-4　幼儿园与小学的差别

差别	幼儿园	小学
社会要求不同	幼儿园的任务是：贯彻国家的教育方针，按照保育与教育相结合的原则，遵循幼儿身心发展特点和规律，实施德、智、体、美等方面全面发展的教育，促进幼儿身心和谐发展。幼儿园同时面向幼儿家长提供科学育儿指导	小学的任务是：学习基础文化科学知识，培养各种基本能力。培养读、写、算的基本能力，推进素质教育，打好全面发展的基础；初步学会运用手脑、智慧与体力，为培养高素质的公民和提高全民族文化素质打基础
教学内容和教学方法不同	幼儿园教学内容包括健康、语言、社会、科学、艺术等五个领域。幼儿园教学以游戏为主，通过具体、形象、生动的教学形式向幼儿传授粗浅的知识	小学以学科课程为主，具有固定的教学大纲、教材、严谨的教学体系。小学主要以集体教学的方式培养学生的知识技能、学科思想方法、实践能力和创新意识
人际关系不同	幼儿园班级标准配置是两教一保，教师照顾儿童衣食住行，关注每个儿童需求，儿童对教师有较强的情感依恋	小学配备一位班主任和不同学科任课教师，师幼互动主要聚焦在课堂上，教师不再时时刻刻为儿童提供帮助，儿童需自己认识新的伙伴，面对各种困难
生活环境与作息制度不同	幼儿园的一日生活是保教结合、动静搭配。每天集体教学时间在2小时左右，每节课最长不超过30分钟	小学生有严格的作息制度和生活制度。每天集体教学时间为4~4.5小时，每节课40分钟

（三）幼小衔接的意义

全面推进幼儿园和小学实施入学准备和入学适应教育，能够使幼儿园和小学两个教育阶段各个方面相互交叉、相互融合,减缓衔接坡度,帮助儿童顺利实现从幼儿园到小学的过渡。

二、幼小衔接工作的主要内容与方法①

(一)幼儿园入学准备主要内容与方法

　　帮助幼儿科学做好入学准备教育,是幼儿园教育的重要内容。幼儿园应深入贯彻落实《3—6岁儿童学习与发展指南》和《幼儿园教育指导纲要》,充分尊重幼儿身心发展规律和特点,实施科学的保育教育,同时将入学准备教育有机渗透于幼儿园三年保育教育工作的全过程,帮助幼儿做好身心各方面准备,实现从幼儿园到小学的顺利过渡。**《幼儿园入学准备教育指导要点》**以促进幼儿身心全面准备为目标,围绕幼儿入学所需的关键素质,**提出身心准备、生活准备、社会准备和学习准备四个方面的内容。**

1.身心准备

发展目标	具体表现	教育建议
1.向往入学	1.初步了解小学,对小学生活充满期待。 2.希望成为一名小学生,愿意为入学做准备	对小学生活充满向往,有上小学的愿望,是幼儿开启小学学习生活的情感动力,也是重要的入学心理准备。 1.建立积极的入学期待。 2.帮助幼儿初步了解小学生活
2.情绪良好	1.能经常保持积极、稳定的情绪。 2.遇到困难和不开心的事情,不乱发脾气,不迁怒于他人	保持良好的情绪状态,具备一定的情绪调控能力,有助于幼儿积极适应小学新的环境和人际关系。 1.帮助幼儿获得积极的情绪体验。 2.帮助幼儿学会恰当表达和调控情绪
3.喜欢运动	1.积极参加多种形式的户外活动。 2.能连续参加体育活动半小时以上	喜欢运动,初步养成良好的运动习惯,有利于幼儿增强体质,保持充沛精力和良好情绪,少生病、少缺勤。
4.动作协调	手部动作协调,能使用简单的工具和材料	1.鼓励幼儿积极参加户外活动。 2.发展大肌肉动作。 3.锻炼精细动作

---

　　①　中华人民共和国教育部政府门户网站:教育部关于大力推进幼儿园与小学科学衔接的指导意见。

2.生活准备

发展目标	具体表现	教育建议
1.生活习惯	1.保持规律作息，坚持早睡早起、睡眠充足。 2.保持良好的个人卫生，有自觉洗手的习惯，有保护视力的意识	良好的生活和卫生习惯有利于幼儿较快适应小学的作息和生活。 1.逐步调整一日作息。 2.帮助幼儿养成良好的卫生习惯
2.生活自理	1.能按需喝水、如厕、增减衣服。 2.坚持自己的事情自己做，能分类整理和保管好自己的物品。 3.有初步的时间观念，做事不拖沓	较强的生活自理能力有助于幼儿做好入学后学习和生活的自我管理和服务，增强独立性和自信心。 1.指导幼儿做好个人生活管理。 2.引导幼儿学会分类整理和存放个人物品。 3.引导幼儿逐步树立时间观念
3.安全防护	1.能自觉遵守基本的安全规则和交通规则，有自我保护的意识。 2.知道基本的安全知识，遇到危险会求助	较强的自我保护意识和能力有助于幼儿适应新环境，避免发生危险和伤害。 1.增强幼儿自我保护的意识和能力。 2.指导幼儿学会求救的方法
4.参与劳动	1.能主动承担并完成分餐、清洁、整理等班级劳动。 2.能做一些力所能及的家务劳动	参与劳动有助于培养幼儿良好的劳动习惯，提高幼儿的自理能力和动手能力，增强自信心，培养初步的责任感。 1.引导幼儿承担适当的劳动任务。 2.鼓励幼儿参与力所能及的家务劳动。 3.引导幼儿尊重身边的劳动者，珍惜劳动成果

3.社会准备

发展目标	具体表现	教育建议
1.交往合作	1.能和同伴友好相处，乐于结交新朋友。 2.能与同伴分工合作共同完成任务，遇到困难互帮互助，发生冲突时尝试协商解决。 3.能主动向老师表达自己的想法和需求	良好的交往和合作能力有利于幼儿入学后结交新朋友、认识新老师，逐步适应小学新的人际关系。 1.扩展幼儿的交往范围。 2.丰富幼儿分工合作的经验。 3.营造宽容接纳的师幼交往氛围

续表

发展目标	具体表现	教育建议
2.诚实守规	1.能遵守游戏和日常生活中的规则。 2.知道要做诚实的人,说话算数	具有一定的规则意识,自觉遵守各项活动规则,有利于幼儿入学后积极遵守小学的班规、校规,赢得同伴、老师的接纳和认可,较快融入新集体。 1.增强规则意识,提高自觉守规的能力。 2.培养诚实守信的品质
3.任务意识	1.理解老师的任务要求,能向家长清晰地转述并主动去做。 2.能自觉、独立完成老师安排的任务	具备任务意识和执行任务的能力,有助于幼儿适应小学学习生活的要求,逐步做到独立完成各项学习任务。 1.强化任务意识。 2.培养独立完成任务的能力
4.热爱集体	1.喜爱自己的班级和幼儿园。 2.愿意为集体出主意、想办法、做事情。 3.初步形成爱家乡、爱祖国的情感	对集体的热爱有助于幼儿适应班级和学校的环境,初步建立对集体、家乡和祖国的归属感和认同感。 1.培养集体荣誉感。 2.激发爱家乡、爱祖国的情感

4.学习准备

发展目标	具体表现	教育建议
1.好奇好问	1.对身边的新事物感兴趣,有好奇心和探究欲。 2.喜欢刨根问底,乐于动手动脑	好奇心是终身学习的原动力。呵护幼儿的好奇心,尊重幼儿好问的天性,有助于幼儿对周围世界保持持续的探究欲望,不怕困难,积极主动学习。 1.保护幼儿的好奇心和主动性。 2.支持幼儿持续的探究行为
2.学习习惯	1.能专注地做事,分心时能在成人提醒下调整注意力。 2.能坚持做完一件事,遇到困难不放弃。 3.乐于独立思考并敢于表达。 4.做事有一定的计划性	专注力、坚持性、计划性等学习习惯的养成,有助于幼儿入学后更好胜任新的学习任务,且受益终身。 1.支持幼儿专注持续地完成任务。 2.鼓励幼儿独立思考。 3.引导幼儿有计划地做事

续表

发展目标	具体表现	教育建议
3.学习兴趣	1.对大自然和身边的事物有广泛的兴趣,努力寻找答案。 2.喜欢阅读,乐于和他人一起看书讲故事,遇到问题经常通过图书寻找答案。 3.对生活情境中的文字符号感兴趣,愿意用图画、符号等方式记录自己的想法和发现。 4.愿意用数学的方法尝试解决生活和游戏中的问题,体验解决问题的乐趣	兴趣是最好的老师,让幼儿喜欢学习、爱上学习,具备一定的学习能力比学到多少知识更重要。幼儿具有浓厚的学习兴趣和基础学习能力有助于入学后适应不同学科新知识、新技能的学习,更加主动、持久、投入地学习。 1.为幼儿提供广泛接触自然和社会的机会。 2.培养幼儿的倾听和表达能力。 3.培养幼儿的阅读兴趣和能力。 4.保护幼儿的书写兴趣。 5.做好必要的书写准备。 6.引导幼儿尝试用数学的方法解决日常生活中的问题
4.学习能力	1.在集体情境中能认真听并能听懂他人说话,有疑问时能主动提问。 2.能较清楚地讲述一件事情。 3.能说出图画书的主要情节,并有自己的理解和想法。 4.在绘画、拼图等活动中,能识别上下、左右等方位。 5.能认识并书写自己的名字。 6.能在教师指导下,尝试运用数数、排序、简单的统计和测量等数学方法解决日常生活中的问题	

(二)小学入学适应教育主要内容与方法

帮助新生顺利适应小学生活是小学一年级重要的教育任务,小学应尊重儿童的年龄特点和学习发展规律,主动加强与幼儿园教育的衔接,积极探索实施入学适应教育,帮助儿童逐步适应小学生活。《小学入学适应教育指导要点》以促进儿童身心全面适应为目标,围绕儿童进入小学所需的关键素质,提出**身心适应、生活适应、社会适应和学习适应**四个方面的内容。

1.身心适应

发展目标	具体表现	教育建议
1.喜欢上学	1.能记住校名和班级,知道自己是一名小学生。 2.愿意了解校园环境,积极参与学校和班级的活动	喜欢上学,是儿童入学适应的起点,积极的入学体验有助于儿童顺利开启小学生活。 1.创设与幼儿园衔接的学校环境。 2.帮助儿童逐步融入学校生活
2.快乐向上	1.能保持积极快乐的情绪。 2.对学习、生活中遇到的困难,愿意尝试自己解决问题	积极向上的情绪有助于儿童适应小学生活,面对新环境不紧张、不焦虑。 1.注重观察了解儿童。 2.营造关爱融洽的班级氛围。 3.引导儿童调节控制情绪
3.积极锻炼	1.喜欢参与多种形式的体育活动。 2.养成坚持参加体育锻炼的习惯	良好的运动习惯可以促进儿童的神经系统发育,有助于儿童精力充沛地应对小学学习与生活。 1.激发儿童的运动兴趣。 2.培养儿童体育锻炼的习惯。 3.促进精细动作发展
4.动作灵活	精细动作发展协调灵活,能熟练使用常用工具	

2.生活适应

发展目标	具体表现	教育建议
1.生活习惯	1.养成早睡早起的好习惯,能够逐步适应从幼儿园到小学的作息转变。 2.具有良好的生活和卫生习惯,能主动喝水,学习保护视力的基本方法	有规律的生活有助于儿童身心健康,保持充沛的精力,逐步适应小学生活。 1.合理安排作息时间。 2.培养儿童良好的用眼卫生习惯
2.自理能力	1.不用成人的提醒和帮助,能做基本的自我服务,照料好自己。 2.学会及时收纳、分类管理好自己的物品,做好课前准备	入学适应阶段,儿童会遇到更多需要独立应对的生活问题,自理能力的提升,有助于儿童解决问题,进一步增强独立性和自信心。 1.培养儿童生活自理能力。 2.指导儿童有序整理学习用品
3.安全自护	1.认识安全标志,学会简单的自救和求救的方法。 2.能安排好课间活动,不做危险游戏	小学环境中儿童活动的独立性和空间更大,增强自我保护意识和能力,有助于儿童适应小学新环境。 1.指导儿童认识理解安全标志。 2.指导儿童安全开展课间活动。 3.教会儿童自护和自救方法

续表

发展目标	具体表现	教育建议
4.热爱劳动	1.积极主动参与班级劳动。 2.能分担力所能及的家务劳动。 3.做事认真负责,有始有终	热爱劳动,具有良好的劳动习惯,有助于儿童融入集体,增强责任感。 1.鼓励儿童独立承担班级的自我服务。 2.指导家长安排孩子做适当的家务劳动

3.社会适应

发展目标	具体表现	教育建议
1.融入集体	1.知道自己是班级的一员,能逐步融入班集体。 2.积极参加集体活动,能感受集体生活的快乐	认同所在的班级,感受集体生活的快乐,有助于儿童开启美好的小学生活。 1.帮助儿童逐步融入新班级。 2.引导儿童感受集体生活的快乐
2.人际交往	1.愿意主动接近老师,有问题能找老师寻求帮助。 2.能与同伴友好相处,有经常一起玩的小伙伴。 3.能与同学分工合作完成任务,互帮互助,发生冲突时会协商解决	良好的人际交往能力,能帮助儿童熟悉老师、结交伙伴,逐步融入小学生活。 1.积极建立亲密的师生关系。 2.帮助儿童建立良好的伙伴关系
3.遵规守纪	1.了解并遵守《小学生日常行为规范》和校规的基本要求,有明确的规则意识。 2.能积极参与班级及各类活动规则的制定,想办法扩展游戏或推进活动	儿童具有明确的规则意识、较强的执行规则的能力,有利于适应并遵守新的班规、校规,逐步融入集体生活。 1.帮助儿童理解并学习遵守小学规则。 2.引导儿童自主制定班级和活动的规则
4.品德养成	1.能初步分辨是非,做了错事能承认和改正。 2.喜欢集体生活,爱护班级荣誉。 3.具有爱家乡、爱祖国的情感	具有初步的责任感,诚实守信、热爱集体,有助于儿童积极适应新学校,参与社会生活,形成对家乡和祖国的归属感和认同感。 1.注重在日常生活实践中培养儿童的良好品德。 2.增强集体责任感。 3.激发和培养儿童爱家乡、爱祖国的情感

4.学习适应

发展目标	具体表现	教育建议
1.乐学好问	1.在观察、阅读、互动讨论等情境中，能发现问题、提出问题。 2.有好奇心，能够对不懂的现象进行追问和探究	儿童天生好奇好问，好奇心、求知欲有助于儿童主动学习。 1.创设敢问想问的氛围。 2.激发儿童的求知欲
2.学习习惯	1.做事专注，能有意识地调整注意力。 2.做事有一定的计划性，逐步学会合理安排生活和学习。 3.遇到困难经常积极寻找解决办法	良好的学习习惯是儿童自主学习的重要基础。入学初期儿童面临新的学习任务，巩固和强化良好的学习习惯比获取知识更重要。 1.引导儿童专注做事。 2.指导儿童学习制订计划并坚持完成
3.学习兴趣	1.对新知识、新环境感兴趣，积极参加各类活动。 2.喜欢到图书馆或班级图书角看书，积极参加与阅读有关的活动。 3.愿意用数学的方法解决生活中的简单问题	学习兴趣是儿童入学后主动学习、积极适应的内在动力。初入学儿童的学习兴趣和能力存在较大的个体差异，教师应尊重和接纳儿童不同的起点。 1.为儿童提供丰富、可操作的材料。 2.创设轻松的听说环境。 3.营造浓厚的阅读氛围。 4.培养良好的书写习惯。 5.丰富儿童的数学经验
4.学习能力	1.在日常生活和课堂教学中能领会同学和老师说话的主要内容，并能积极做出回应。 2.喜欢阅读，对感兴趣的人物和事件有自己的理解和想法，能随着作品的展开产生相应的情感体验。 3.能较完整地讲述小故事，能简要讲述自己感兴趣的见闻。 4.乐于在阅读的语境中识字。学习认识汉字的笔画和间架结构，初步掌握写字的基本笔画、笔顺规则。 5.能在日常生活中发现并提出简单的数学问题，尝试用不同的方法解决	

▲【国赛链接】

1.(2021 年)下列有关幼小衔接的说法,正确的是(　　)。

　A.幼儿入学适应困难,是因为幼儿园教育过于游戏化

　B.幼儿园的幼小衔接工作不仅仅在大班,小中班也应该开展

　C.幼小衔接完全是幼儿园的责任

　D.幼小衔接主要是教幼儿拼音、认字等内容

答案:B。【解析】幼儿园有效衔接工作贯穿幼儿园各个阶段,不仅仅在大班开展。幼儿园教育是以游戏为主,所以 A 错误。幼小衔接工作是幼儿园和小学共同的责任,所以 C 错误。幼小衔接内容包括身心准备、生活准备、社会准备和学习准备四个方面的内容,所以 D 错误。

2.有些幼儿园将小学阶段的算术、唐诗宋词内容硬塞给幼儿。这违背了(　　)的教育原则。

A.全面发展 　　　　　　　　　　B.以游戏为基本活动

C.发展适宜性 　　　　　　　　　　D.保教结合

答案:C。【解析】幼儿园教育应尊重幼儿身心发展的规律和学习特点,以游戏为基本活动,保教并重,关注个别差异,促进每个幼儿富有个性地发展。小学阶段的学习内容硬塞给幼儿,不符合幼儿身心发展规律,违背了发展适宜性原则。

三、幼小衔接工作应注意的问题

(一)幼儿园教育小学化

幼儿园教育"小学化"是指幼儿园提前教授小学知识、增设小学课程内容,并且将小学教育环境、小学教学方式、作息规律等方面套用到幼儿学习生活活动。"小学化"式的教育违背了儿童身心发展水平和教育教学规律,导致幼儿学习压力过大,失去学习兴趣,身体缺少锻炼,不仅不利于幼儿适应小学生活,还会危害幼儿的身心健康,制约智力发展,给儿童长远发展带来极大的负面影响。

▲【国赛链接】

(2021 年)关于学前教育小学化的说法,错误的是(　　)。

A.压制幼儿良好个性的形成

B.有利于幼儿入学后良好学习习惯的养成

C.迎合了家长"望子成龙"的心态

D.制约幼儿智力的发展

答案:B。【解析】学前教育小学化违背了幼儿身心发展水平和教育教学规律,会危害幼儿身心健康,制约智力发展,给幼儿长远发展带来极大负面影响。

(二)衔接教育单向性

衔接工作是幼儿园和小学共同的责任。目前,许多幼儿园将幼小衔接工作作为重要工作开展,从生活作息、学习习惯、教育内容、主题活动组织等方面积极向小学靠拢。而小学存在幼小衔接工作滞后、不主动与幼儿园对接、对处于过渡期幼儿身心特点缺乏关注,形成幼小衔接工作的单边化、单向衔接。

(三)衔接教育片面性

幼小衔接工作往往出现片面性。一是在衔接内容上存在重理论知识的衔接而轻能力培养。即注重儿童理论知识的储备,而忽视儿童生活行为习惯、学习习惯、社会适应能力等方面的培养。幼小衔接教育应具有全面性,而不是片面衔接、局部衔接。二是在衔接工作开展时间上错误地认为有效衔接工作只在大班开展。幼小衔接工作是幼儿园教育工作的一部分,在时间上应贯穿于幼儿园教育的各个阶段。

(四)家长衔接教育理念存在偏差

家庭教育所具有的广泛性、持久性等特点,决定着家长在幼小衔接工作中有着不可或缺的重要作用。由于社会竞争的加剧,家长普遍感到焦虑,对孩子怀有过高期望,形成了错误的教育观,在幼小衔接中表现出急功近利。因此,幼儿园应重视做好家长工作,向家长宣传幼小衔接的本质,帮助家长树立科学的幼小衔接理念,实现家园共育。

▲【真题链接】

(2021年上)在某幼儿园大班的家长会上,家长们纷纷提出:孩子快上小学了,幼儿园应减少游戏时间,增加算术、识字等教学内容,以便孩子适应小学的学习生活。

问题:(1)请根据上述说法,分析家长观念中存在的问题。

(2)请针对问题,提出解决办法。

【解析】(1)家长对有效衔接理解片面,存在小学化倾向,具体如下:

①没有认识到幼小衔接工作的长期性。

幼儿园教育是终身教育的重要组成部分,旨在为幼儿的终身发展奠定良好的基础。幼小衔接工作是幼儿园教育工作的一部分,在时间上应贯穿于幼儿园教育的各个阶段,从小班开始就应培养幼儿各方面的良好素质。材料中家长认为孩子上大班了,快上小学了,要进行幼小衔接工作,错误地认为幼小衔接工作只用在大班突击进行。

②偏重智育,忽视了幼儿的全面发展。

幼小衔接工作需要开展全方位的素质教育,应从幼儿德、智、体、美各方面全面整体推进,而不应仅偏重在"智"的方面。材料中家长认为幼儿园应增加算术、识字等教学内容,以便幼儿适应小学的学习生活,体现其偏重智育的倾向,忽视了幼儿的全面发展。

③不了解幼儿的身心发展特点,认为幼小衔接工作就是小学化。

幼小衔接工作要坚持幼儿园教育的特点,采用适宜幼儿身心发展特点的教学组织形式和方法,培养幼儿的入学适应性,而不能把小学的一套简单地搬到幼儿园,把幼儿园变成小学。材料中家长认为幼儿园应减少游戏时间,增加算术、识字等教学内容,体现了其不了解幼儿认知的特点及学习的方式,认为幼小衔接工作就是提前用小学的教育方式、教育内容来训练幼儿。

(2)解决策略如下:

①提升家长对幼小衔接的认识。

幼儿园要做好家长工作,转变家长观念,使家长在幼小衔接工作上与幼儿园建立共识。例如,幼儿园和教师可以发挥自身的主体作用,通过多渠道、多形式的家园合作方式,如家长学校、专题讲座、微信交流平台等向家长宣传正确的幼小衔接观,让家长认识到幼小衔接不仅是知识、技能的衔接,也是情感、态度、能力的衔接,只有全面衔接和采用直观化的教学方式才能促进幼儿身心和谐发展,从而促使家长和幼儿园共同合作,做好过渡期的教育工作。

②提升家长幼小衔接的教育实践能力。

幼儿园和教师要提升家长幼小衔接的教育实践能力,让家长配合幼儿园共同做好幼小衔接工作。首先,家长应当通过多种方式让幼儿了解小学、喜欢小学,培养幼儿对小学生活的热爱和向往。其次,家长应有意识地在日常生活中培养幼儿的主动性、独立性、人际交往能力等,帮助其树立一定的规则意识和任务意识,为幼儿适应小学生活做好准备。最后,家长要帮助幼儿做好入学前的学习准备,在日常的学习和游戏活动中培养幼儿的倾听能力、阅读能力、语言表达能力,以及认真专注、敢于探究和尝试、乐于想象和创造的学习品质。

◇【**本章思考与练习**】

一、单项选择题(识记)

1.以下不属于学前儿童家庭教育指导内容的是( )。

A.加强儿童营养保健和体育锻炼

B.培养儿童良好的生活和卫生习惯

C.抓好安全教育,减少儿童意外伤害。

D.抓好儿童学习,提前学习小学知识

2.以下哪一项属于家长个别参与家园合作? ( )

A.家园联系手册 B.家园联系栏 C.家长会 D.家长学校

3.向家长汇报整个学期的幼儿园工作,对幼儿的整体发展提出表扬和建议,对幼儿家长支持表示感谢,属于( )。

A.学期前家长会 B.学期末家长会

C.班级家长会 D.全园家长会

4.以下不属于家委会的主要任务的是( )。

A.对幼儿园重要决策和事关幼儿切身利益的事项提出意见和建议

B.发挥家长的专业和资源优势,管理幼儿园保育教育工作

C.帮助家长了解幼儿园的工作计划和要求

D.协助幼儿园开展家庭教育指导和交流

5.以下不属于社区学前教育特性的是( )。

A.地域性 B.普及性 C.单一性 D.系统性

6.以下不属于幼儿园幼小衔接入学准备中生活准备的目标的是( )。

A.生活习惯 B.情绪良好 C.安全防护 D.参与劳动

7.以下不属于幼儿园幼小衔接入学准备中学习习惯发展的方法的是(　　)。

　　A.保护幼儿的好奇心和主动性

　　B.支持幼儿专注持续地完成任务

　　C.鼓励幼儿独立思考

　　D.引导幼儿有计划地做事

8.以下不属于小学幼小衔接入学适应教育中社会适应发展目标的是(　　)。

　　A.融入集体　　　　　B.遵守纪律　　　　　C.品德养成　　　　　D.交往合作

9.某幼儿园在其教学计划中大量增加小学一年级的课程内容,该幼儿园的做法(　　)。

　　A.正确,有利于幼儿园和小学的衔接

　　B.错误,背离了幼儿园教育的基本目标

　　C.正确,有利于促进儿童认知发展水平

　　D.错误,只能适量增加小学教育的内容

二、简答题(简单运用)

　　1.什么是家庭教育?家庭教育的内容有哪些?

　　2.什么是家园合作?家园合作的方式有哪些?

　　3.什么是社区学前教育?

　　4.什么是幼小衔接?幼小衔接中需要注意哪些问题?

三、论述题(综合运用)

　　请您谈一谈开展幼小衔接的重要意义,幼小衔接的主要内容和策略有哪些。

四、活动设计题(综合运用)

　　运用所学知识,制订一个家园合作计划。

幼儿园教育评价

■ 学习目标

1.了解幼儿园教育评价的内涵,掌握幼儿园教育评价的功能。

2.掌握幼儿园评价的内容、类型及实施步骤,初步具备幼儿园教育评价实施的能力。

3.正确认识幼儿园教育评价的意义,树立科学的评价观。

■ 本章导学/含考纲要点简要说明

本专题包含两个模块,模块一介绍幼儿园教育评价的概念、意义和功能;模块二介绍幼儿园教育评价的内容、类型及一般过程。两个模块需要在识记相关知识的基础上,掌握对应方法、策略并运用于实践。

从历年幼儿园教师资格考试真题及国家职业技能大赛试题来看,本章涉及的重点在于幼儿园教育评价的意义、功能、类型等,所涉及的题型主要为选择题,侧重于知识的识记,以及知识在具体案例中的分析运用。

■ 本章思维导图

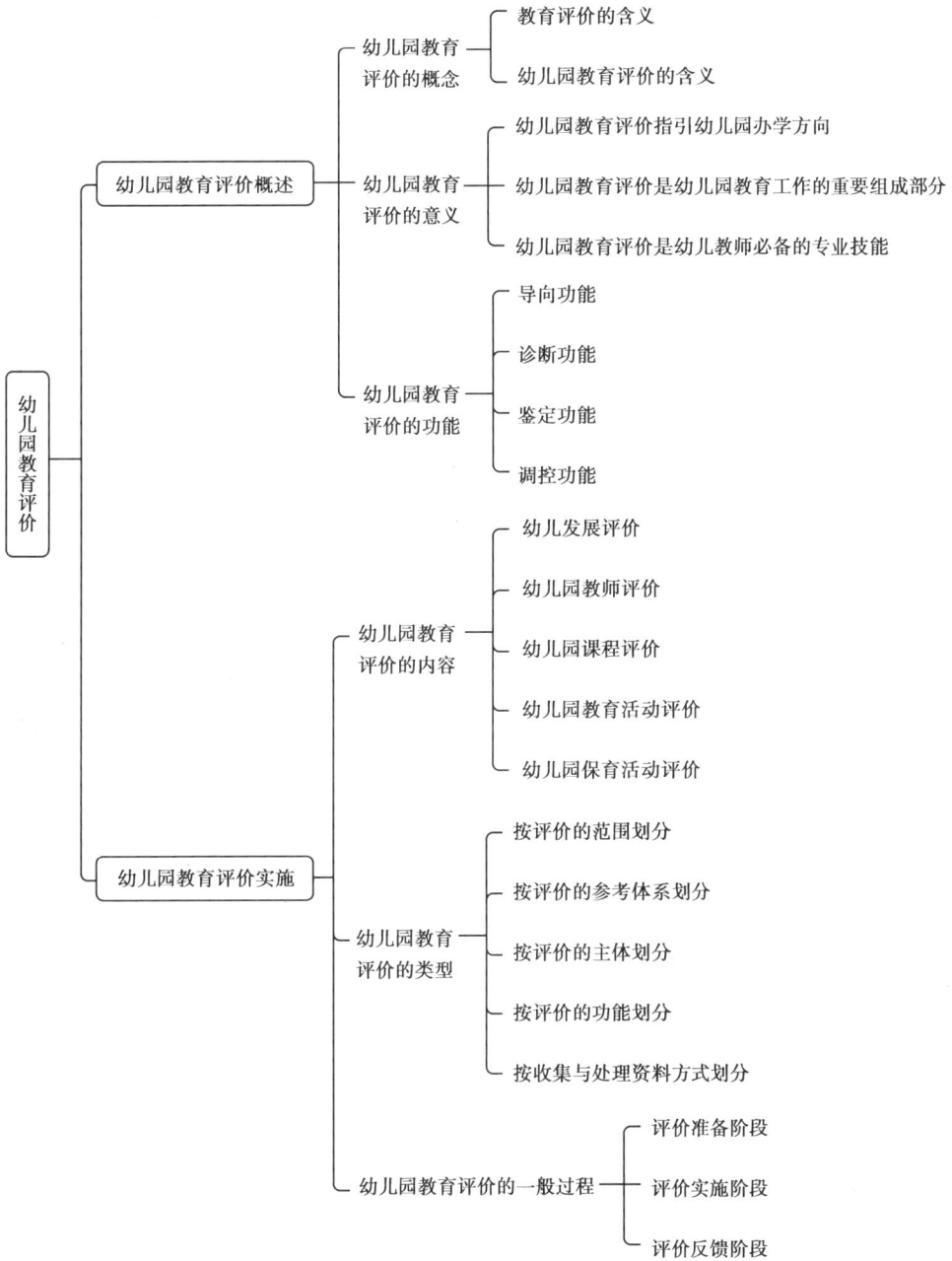

幼儿园教育评价
- 幼儿园教育评价概述
  - 幼儿园教育评价的概念
    - 教育评价的含义
    - 幼儿园教育评价的含义
  - 幼儿园教育评价的意义
    - 幼儿园教育评价指引幼儿园办学方向
    - 幼儿园教育评价是幼儿园教育工作的重要组成部分
    - 幼儿园教育评价是幼儿教师必备的专业技能
  - 幼儿园教育评价的功能
    - 导向功能
    - 诊断功能
    - 鉴定功能
    - 调控功能
- 幼儿园教育评价实施
  - 幼儿园教育评价的内容
    - 幼儿发展评价
    - 幼儿园教师评价
    - 幼儿园课程评价
    - 幼儿园教育活动评价
    - 幼儿园保育活动评价
  - 幼儿园教育评价的类型
    - 按评价的范围划分
    - 按评价的参考体系划分
    - 按评价的主体划分
    - 按评价的功能划分
    - 按收集与处理资料方式划分
  - 幼儿园教育评价的一般过程
    - 评价准备阶段
    - 评价实施阶段
    - 评价反馈阶段

🔍 知识要点解析

模块一　幼儿园教育评价概述

一、幼儿园教育评价的概念

(一)教育评价的含义

　　什么是教育评价,不同历史时期人们有不同回答,至今没有统一的表述。国外对教育评价的界定中,美国学者格朗兰德的定义比较具有代表性,他认为:**评价=测量或非测量+价值判断**,因为我们可以认为教育评价就是对教育进行价值判断①。

(二)幼儿园教育评价的含义

　　幼儿园教育评价就是对幼儿园教育进行价值评价,是教育评价的一个重要组成部分。借用美国学者格朗兰德的公式:幼儿园教育评价=幼儿园教育测量(量的记述)或非测量(质的记述)+价值判断。

二、幼儿园教育评价的意义

(一)幼儿园教育评价指引幼儿园办学方向

　　《深化新时代教育评价改革总体方案》指出,教育评价事关教育发展方向,有什么样的评价指挥棒,就有什么样的办学导向。强调要完善幼儿园评价,重点评价幼儿园科学保教、规范办园、安全卫生、队伍建设、克服小学化倾向等情况。国家制定幼儿园保教质量评估指南,各省(自治区、直辖市)完善幼儿园质量评估标准,将各类幼儿园纳入质量评估范畴,定期向社会公布评估结果。

(二)幼儿园教育评价是幼儿园教育工作的重要组成部分

　　《幼儿园教育指导纲要(试行)》对幼儿园评价给予了高度重视,提出了幼儿园教育评价的一些基本观念:教育评价是幼儿园教育工作的重要组成部分,是了解教育适宜性、有效性、调整和改进工作,促进每个幼儿发展,提高教育质量的必要手段。幼儿园教育工作评价实行以教师自评为主,园长以及有关管理人员、其他教师和家长等参与评价的制度。评价过程是各方共同参与、相互支持与合作的过程。

---

　　① 胡云聪,申健强,李容香.学前教育评级[M].北京:人民邮电出版社,2015.

▲【国赛链接】

1.（2021年）幼儿园教育工作评价实行以（　　　）为主，园长及有关管理人员、其他教师和（　　　）等参与评价的制度。

　　A.幼儿评价；家长　　　　　　　　　　B.教师自评；家长

　　C.家长；幼儿评价　　　　　　　　　　D.家长；教师自评

答案：B。【解析】《幼儿园教育指导纲要（试行）》明确指出，幼儿园教育工作评价实行以教师自评为主，园长以及有关管理人员、其他教师和家长等参与评价的制度。

2.（2019年）《幼儿园教育指导纲要（试行）》明确规定，幼儿园教育评价工作的参与者不包括（　　　）。

　　A.幼儿教师　　　　　　　　　　　　　B.社区行政人员

　　C.幼儿　　　　　　　　　　　　　　　D.幼儿家长

答案：B。【解析】《幼儿园教育指导纲要（试行）》指出，管理人员、教师、幼儿及其家长均是幼儿园教育评价工作的参与者。

（三）幼儿园教育评价是幼儿教师必备的专业技能

《幼儿园教育指导纲要（试行）》指出，评价的过程，是教师运用专业知识审视教育实践，发现、分析、研究、解决问题的过程，也是其自我成长的重要途径。《幼儿园教师专业标准》将激励与评价作为教师重要的专业能力，明确教师要有效运用观察、谈话、家园联系、作品分析等多种方法，客观地、全面地了解和评价幼儿；有效运用评价结果，指导下一步教育活动的开展。《学前教育专业师范生教师职业能力标准（试行）》也强调幼儿教师实施教育评价的职业能力，要了解幼儿园教育评价的目的与方法，运用观察、谈话、家园联系、作品分析等多种方法，了解和评价幼儿。能够基于幼儿身心特点，利用技术工具分析幼儿学习过程，收集幼儿学习反馈。能够运用评价结果，分析、改进教育活动开展，促进幼儿发展。

▲【国赛链接】

（2019年）评价的过程，是教师运用（　　　）审视教育实践，发现、分析、研究、解决问题的过程，也是其自我成长的重要途径。

　　A.专业理念　　　　B.专业知识　　　　C.专业能力　　　　D.师德

答案：B。【解析】《幼儿园教育指导纲要（试行）》指出，评价的过程，是教师运用专业知识审视教育实践，发现、分析、研究、解决问题的过程，也是其自我成长的重要途径。

▲【真题链接】

（2018年下半年保教知识与能力）教育过程中，教师评价幼儿的适宜做法是（　　　）。

　　A.用统一的标准评价幼儿

　　B.根据一次测评的结果评价幼儿

C.用标准化的测评工具评价幼儿

D.根据日常观察所获得的信息评价幼儿

答案:D。【解析】《幼儿园教育指导纲要(试行)》指出,对幼儿发展状况的评估,要注意在日常活动与教育教学过程中采用自然的方法进行,平时观察所获得具有典型意义的幼儿行为表现和所积累的各种作品等,是评价的重要依据;承认和关注幼儿的个体差异,避免用划一的标准评价不同的幼儿。对幼儿的发展状况进行评价时,以发展的眼光看待幼儿,既要了解现有水平,更要关注其发展的速度、特点和倾向等。因此,教师评价幼儿的适宜做法是根据日常观察所获得的信息进行评价。

三、幼儿园教育评价的功能

(一)导向功能

评价具有导向性,幼儿园评价标准的依据是教育目标,其具有明确的方向性和目的性,能够成为幼教工作者和儿童的行为目标。幼儿园教育评价的导向功能,既指对幼儿园教育活动和保育活动的评价过程,又是促进幼儿园保教活动的各个环节努力实现教育方针政策、教育理想等过程。

(二)诊断功能

幼儿园教育评价最基本的目的就是对幼儿园各方面的情况进行诊断,发现教育工作中存在的问题,对产生问题的原因进行调查分析,找出症结所在,从而为解决问题和制定策略提供依据。

(三)鉴定功能

价值判断是教育评价的本质功能。因此,幼儿园教育评价具有鉴定优劣、区分等级、排列名次、评选先进、资格审查等鉴定功能。如教育部印发的《幼儿园办园行为督导评估办法》(教督〔2017〕7号),将评估结果作为幼儿园年检、确定级类和园长评优评先的重要依据。

(四)调控功能

幼儿园教育评价是幼儿园教育系统中的反馈调节系统,它将评价结果反馈给教育活动的主体,对评价对象的教育教学或学习活动等具有调节的功效和能力。

▲【国赛链接】

(2021年)教师对课程实施过程进行评价,及时发现幼儿对课程内容的兴趣高低,评价幼儿学习方法的适宜性,并及时调整,以保证课程实施效果。这体现了评价的(　　)功能。

A.诊断　　　　　　　B.调控　　　　　　　C.鉴定　　　　　　　D.导向

答案:B。【解析】题中教师对幼儿课程实施评价,针对评价结果对课堂教学进行了适时调整,体现了评价的调控功能。

模块二　幼儿园教育评价实施

一、幼儿园教育评价的内容

幼儿园教育评价的内容囊括了幼儿园教育的各个方面,是一个复杂而开放的系统。具体包括以下方面:

(一)幼儿发展评价

包括学前儿童社会性与情感、认知与语言、健康与动作技能、习惯与自理能力等方面的评价。具体可参照《3—6岁儿童学习与发展指南》实施评价。(表11-1)

表11-1　3—6岁儿童学习与发展指南

领域	维度	目标
健康	(一)身心状况	1.具有健康的体态 2.情绪安定愉快 3.具有一定的适应能力
	(二)动作发展	1.具有一定的平衡能力,动作协调、灵敏 2.具有一定的力量和耐力 3.手的动作灵活协调
	(三)生活习惯与生活能力	1.具有良好的生活与卫生习惯 2.具有基本的生活自理能力 3.具备基本的安全知识和自我保护能力
语言	(一)倾听与表达	1.认真听并能听懂常用语言 2.愿意讲话并能清楚地表达 3.具有文明的语言习惯
	(二)阅读与书写准备	1.喜欢听故事,看图书 2.具有初步的阅读理解能力 3.具有书面表达的愿望和初步技能

续表

领域	维度	目标
社会	（一）人际交往	1.愿意与人交往 2.能与同伴友好相处 3.具有自尊、自信、自主的表现 4.关心尊重他人
	（二）社会适应	1.喜欢并适应群体生活 2.遵守基本的行为规范 3.具有初步的归属感
科学	（一）科学探究	1.亲近自然，喜欢探究 2.具有初步的探究能力 3.在探究中认识周围事物和现象
	（二）数学认知	1.初步感知生活中数学的有用和有趣 2.感知和理解数、量及数量关系 3.感知形状与空间关系
艺术	（一）感受与欣赏	1.喜欢自然界与生活中美的事物 2.喜欢欣赏多种多样的艺术形式和作品
	（二）表现与创造	1.喜欢进行艺术活动并大胆表现 2.具有初步的艺术表现与创造能力

（二）幼儿园教师评价

包括**师德修养、专业理念、专业知识、专业能力**等方面。具体可参照《幼儿园教师专业标准》（试行）实施评价。（表11-2）

表11-2　幼儿园教师专业标准（试行）

维度	领域
专业理念与师德	（一）职业理解与认识
	（二）对幼儿的态度与行为
	（三）幼儿保育和教育的态度与行为
	（四）个人修养与行为
专业知识	（五）幼儿发展知识
	（六）幼儿保育和教育知识
	（七）通识性知识

维度	领域
专业能力	（八）环境的创设与利用
	（九）一日生活的组织与保育
	（十）游戏活动的支持与引导
	（十一）教育活动的计划与实施
	（十二）激励与评价
	（十三）沟通与合作
	（十四）反思与发展

（三）幼儿园课程评价

包括课程方案、课程内容、课程实施、实施效果等方面的评价。

（四）幼儿园教育活动评价

包括教育教学工作计划、活动方案、活动过程、活动效果等方面的评价。

（五）幼儿园保育活动评价

包括儿童生长发育状况、保育制度的制定和实施、保育设施及保育人员的配置和分工等方面的评价。

2022年2月，教育部印发《幼儿园保育教育质量评估指南》，《指南》坚持以促进幼儿身心健康发展为导向，聚焦幼儿园保育教育过程质量，评估内容主要包括**办园方向、保育与安全、教育过程、环境创设、教师队伍**等5个方面，共15项关键指标和48个考查要点，构建了幼儿园保教质量评估指标体系，勾画了有质量的幼儿园保教的基本样态，对推动学前教育高质量发展，早日实现学前教育普惠优质的目标具有重要引导作用。（表11-3）

表 11-3 幼儿园保育教育质量评估指标

重点内容	关键指标	考察要点
A1.办园方向	B1.党建工作	1.健全党组织对幼儿园工作领导的制度机制，以政治建设为统领，加强幼儿园领导班子建设，推进党的工作与保育教育工作紧密融合。 2.落实幼儿园党的组织和党的工作全覆盖，加强教师思想政治工作，落实党风廉政建设责任制和意识形态工作责任制，坚持党建带团建，充分发挥工会，共青团等群团组织的作用。 3.坚持社会主义办园方向，积极研究制定幼儿园发展规划和年度工作计划

续表

重点内容	关键指标	考察要点
A1.办园方向	B2.品德启蒙	1.全面贯彻党的教育方针,落实立德树人根本任务,坚持保育教育结合,将培育和践行社会主义核心价值观融入保育教育全过程,注重从小做起、从点滴做起,为培养德智体美劳全面发展的社会主义建设者和接班人奠基。 2.注重幼儿良好品德和行为习惯养成,潜移默化贯穿于一日生活和各项活动,创设温暖、关爱、平等的集体生活氛围,建立积极和谐的同伴关系;帮助幼儿学会生活,养成自己的事情自己做的习惯,培育幼儿爱父母长辈、爱老师同伴、爱集体、爱家乡、爱党爱国的情感
	B3.科学理念	1.遵循幼儿身心发展规律和学前教育规律,尊重幼儿个体差异,坚持以游戏为基本活动,珍视生活和游戏的独特教育价值。 2.充分尊重和保护幼儿的好奇心和探究兴趣,相信每一个幼儿都是积极主动、有能力的学习者,最大限度地支持和满足幼儿通过直接感知、实际操作和亲身体验获取经验的需要。不提前教授小学阶段的课程内容,不搞不切实际的特色课程
A2.保育与安全	B4.卫生保健	1.膳食营养、卫生消毒、疾病预防、健康检查等工作制度和岗位职责健全,并认真抓好落实。 2.科学制定带量食谱,确保幼儿膳食营养均衡,引导幼儿养成良好饮食习惯。 3.教职工具有传染病防控常识,认真落实传染病报告制度,具备快速应对和防控处置能力。 4.按资质要求配备专(兼)职卫生保健人员,认真做好幼儿膳食指导、晨午检和健康观察、疾病预防、幼儿生长发育监测等工作
	B5.生活照料	1.帮助幼儿建立合理生活常规,引导幼儿根据需要自主饮水、盥洗、如厕、增减衣物等,养成良好的生活卫生习惯。 2.指导幼儿进行餐前准备、餐后清洁、图画书与玩具整理等自我服务,引导幼儿养成劳动习惯,增强环保意识、集体责任感。 3.制定并实施与幼儿身体发展相适应的体格锻炼计划,保证每天户外活动时间不少于2小时,体育活动时间不少于1小时。 4.重视有特殊需要的幼儿,尽可能创造条件让幼儿参与班级的各项活动,同时给予必要的照料。根据需要及时与家长沟通,帮助幼儿获得专业的康复指导与治疗

续表

重点内容	关键指标	考察要点
A2.保育与安全	B6.安全防护	1.认真落实幼儿园各项安全管理制度和措施,每学期开学前分析研判潜在的安全风险,有针对性地完善安全管理措施。 2.保教人员具有安全保护意识,做好环境、设施设备、玩具材料等方面的日常检查维护,及时消除安全隐患。发生意外时,优先保护幼儿的安全。 3.幼儿园切实把安全教育融入幼儿一日生活,帮助幼儿学习判断环境、设施设备和玩具材料可能出现的安全风险,增强安全防范意识,提高自我保护能力
A3.教育过程	B7.活动组织	1.认真按照《幼儿园教育指导纲要》《3—6岁儿童学习与发展指南》要求,结合本园、班实际,每学期、每周制定科学合理的班级保教计划。 2.一日活动安排相对稳定合理,并能根据幼儿的年龄特点、个体差异和活动需要做出灵活调整,避免活动安排频繁转换、幼儿消极等待。 3.以游戏为基本活动,确保幼儿每天有充分的自主游戏时间,因地制宜为幼儿创设游戏环境,提供丰富适宜的游戏材料,支持幼儿探究、试错、重复等行为,与幼儿一起分享游戏经验。 4.发现和支持幼儿有意义的学习,采用小组或集体的形式讨论幼儿感兴趣的话题,鼓励幼儿表达自己的观点,提出问题、分析解决问题,拓展提升幼儿日常生活和游戏中的经验。 5.关注幼儿学习与发展的整体性,注重健康、语言、社会、科学、艺术等各领域有机整合,促进幼儿智力和非智力因素协调发展,寓教育于生活和游戏中。 6.关注幼儿发展的连续性,注重幼小科学衔接。大班下学期采取多种形式,有针对性地帮助幼儿做好身心、生活、社会和学习等多方面的准备,建立对小学的积极期待和向往,促进幼儿顺利过渡
	B8.师幼互动	1.教师保持积极乐观愉快的情绪状态,以亲切和蔼、支持性的态度和行为与幼儿互动,平等对待每一名幼儿。幼儿在一日活动中是自信、从容的,能放心大胆地表达真实情绪和不同观点。 2.支持幼儿自主选择游戏材料、同伴和玩法,支持幼儿参与一日生活中与自己有关的决策。 3.认真观察幼儿在各类活动中的行为表现并做必要记录,根据一段时间的持续观察,对幼儿的发展情况和需要做出客观全面的分析,提供有针对性的支持。不急于介入或干扰幼儿的活动。 4.重视幼儿通过绘画、讲述等方式对自己经历过的游戏、阅读图画书、观察等活动进行表达表征,教师能一对一倾听并真实记录幼儿的想法和体验

续表

重点内容	关键指标	考察要点
A3.教育过程	B8.师幼互动	5.善于发现各种偶发的教育契机,能抓住活动中幼儿感兴趣或有意义的问题和情境,能识别幼儿以新的方式主动学习,及时给予有效支持。 6.尊重并回应幼儿的想法与问题,通过开放性提问、推测、讨论等方式,支持和拓展每一个幼儿的学习。 7.理解幼儿在健康、语言、社会、科学、艺术等各领域的学习方式,尊重幼儿发展的个体差异,发现每个幼儿的优势和长处,促进幼儿在原有水平上的发展。不片面追求某一领域、某一方面的学习和发展
	B9.家园共育	1.幼儿园与家长建立平等互信关系,教师及时与家长分享幼儿的成长和进步,了解幼儿在家庭中的表现,认真倾听家长的意见建议。 2.家长有机会体验幼儿园的生活,参与幼儿园管理,引导家长理解教师工作对幼儿成长的价值,尊重教师的专业性,积极参与并支持幼儿园的工作,成为幼儿园的合作伙伴。 3.幼儿园通过家长会、家长开放日等多种途径,向家长宣传科学育儿理念和知识,为家长提供分享交流育儿经验的机会,帮助家长解决育儿困惑。 4.幼儿园与家庭、社区密切合作,积极构建协同育人机制,充分利用自然、社会和文化资源,共同创设良好的育人环境
A4.环境创设	B10.空间设施	1.幼儿园规模与班额符合国家和地方相关规定,合理规划并灵活调整室内外空间布局,最大限度地满足幼儿游戏活动的需要。除综合活动室外,不追求设置专门的功能室,避免奢华浪费和形式主义。 2.各类设施设备安全、环保,符合幼儿的年龄特点,方便幼儿使用和取放,满足幼儿逐步增长的独立活动需要。提供必要的遮阳遮雨设施设备,确保特殊天气条件下幼儿必要的户外活动能正常开展
	B11.玩具材料	1.玩具材料种类丰富,数量充足,以低结构材料为主,能够保证多名幼儿同时游戏的需要。尽可能减少幼儿使用电子设备。 2.幼儿园配备的图画书应符合幼儿年龄特点和认知水平,注重体现中华优秀传统文化和现代生活特色,富有教育意义。人均数量不少于 10 册,每班复本量不超过 5 册,并根据需要及时调整更新。幼儿园不得使用幼儿教材和境外课程,防止存在意识形态和宗教等渗透的图画书进入幼儿园

重点内容	关键指标	考察要点
A5.教师队伍	B12.师德师风	1.教职工有坚定的政治信仰,按照"四有"好教师标准履行幼儿园教师职业道德规范,爱岗敬业,关爱幼儿,严格自律,没有歧视、侮辱、体罚或变相体罚等有损幼儿身心健康的行为。 2.关心教职工思想状况,加强人文关怀,帮助解决教职工思想问题与实际困难,促进教职工身心健康
	B13.人员配备	1.幼儿园教职工按国家和地方相关要求配备到位,并做到持证上岗,无岗位空缺和无证上岗情况。 2.幼儿园教师符合专业标准要求,保育员受过幼儿保育职业培训,保教人员熟知学前儿童身心发展规律,具有较强的保育教育实践能力。园长应具有五年以上幼儿园教师或者幼儿园管理工作经历,具有较强的专业领导力
	B14.专业发展	1.园长能与教职工共同研究制订符合教职工自身特点的专业发展规划,提供发展空间,支持他们有计划地达成专业发展目标。 2.制订合理的教研制度并有效落实,教研工作聚焦解决保育教育实践中的困惑和问题,注重激发教师积极主动反思,提高教师实践能力,增强教师专业自信。 3.园长能深入班级了解一日活动和师幼互动过程,共同研究保育教育实践问题,形成协同学习、相互支持的良好氛围
	B15.激励机制	1.树立正确激励导向,突出日常保育教育实践成效,克服唯课题、唯论文等倾向,注重通过表彰奖励、薪酬待遇、职称评定、岗位晋升、专业支持等多种方式,激励教师爱岗敬业、潜心育人。 2.善于倾听、理解教职工的所思所做,发现和肯定每一名教职工的闪光点和成长进步,教职工能够感受到来自园长和同事的关心与支持,有归属感和幸福感

二、幼儿园教育评价的类型

(一)按评价的范围划分

1.**整体评价**。整体评价也称为宏观评价,是全局性、全面性、大范围的评价,主要以幼儿园教育全局问题或宏观决策方面的问题为对象开展的评价。如对学前教育三年行动计划实施评价、幼儿园保育教育质量评估等。

2.**局部评价**。局部评价也称为中观评价,指以幼儿园教育某一个方面或以幼儿园内部工作为对象实施的评价。如对某幼儿园的办学条件、师资队伍、保育工作等方面进行的评价。

3.微观评价。微观评价也称为单纯评价,指以幼儿园某个单项活动或幼儿发展的某个方面为对象实施的评价。如对幼儿的社会性发展、语言发展的评价,对幼儿游戏活动、集体教学活动的评价等。

(二)按评价的参考体系划分

1.**相对评价**。在评价中选取一个或几个对象作为基准,将评价对象与基准进行比较的评价方法,是一种操作性强且应用广泛的评价。如示范性幼儿园、优秀教师、优质教育活动的评选等都是相对评价的应用。

2.**绝对评价**。绝对评价是以某个既定标准为基准,评价对象与既定标准进行比较,判断其达标程度的评价方法,是一种横向评价。如幼儿园定级分类、幼儿五大领域发育评定等都是绝对评价的应用。

3.**个体差异评价**。个体差异评价是被评价对象的现在同过去的比较,或对其某几个侧面进行比较,以判断其发展和变化的评价,是一种纵向评价。如新教师成长、某个儿童的认知发展等方面,都是个体差异评价的应用。

▲【国赛链接】

(2019年)以评价对象自身的状况作为参照标准,对其在不同时期的进步程度进行评定。这种评价属于(　　)。

A.绝对评价　　　　　　　　　　　　B.相对评价

C.总结性评价　　　　　　　　　　　D.个体内差异评价

答案:D。【解析】题中为评价对象自身状况与不同时期进步程度进行比较,以判断其发展和变化的评价,是个体差异评价。

(三)按评价的主体划分

1.**自我评价**。自我评价是评价者自己对自己工作现实或评价价值做出的判断。如教师在教学活动结束后,对教学设计、教学内容、教学方法、教学资源等方面开展的评价。自我评价可以在任何时候进行,是评价者自我反思和经验提升的过程,具有较强的主观性。

2.**他人评价**。他人评价是指除被评对象以外的任何人或组织对评价对象进行的评价。如幼儿园园长对教师开展评价、家长对教师开展评价、幼儿园教师对学生开展评价等。他人评价相对来说更加客观,但评价程序较多。

(四)按评价的功能划分

1.**诊断性评价**。诊断性评价是在教育活动之前进行预测性评价或"事实评价",目的在于了解对象的基础情况,并有效地发现问题,为制订教学计划或某些实际问题做准备,是一种"事前评价"。

2.**形成性评价**。形成性评价是在某项教育计划或方案实施的过程中进行的评价,目的在于及时了解教育动态过程的成效,以便及时地做出反馈性调节,获取改进工作的依据,提高教育过程质量,是一种**"事中评价"**。

3.**终结性评价**。终结性评价是在某项教学计划、某个阶段教育活动后,对其最终结果进行的评价,目的在于以预先设定的教育目标为基准,判断教育计划或方案达到目标的程度,即对达成目标的程度做出总结性评价,是一种**"事后评价"**。

▲【国赛链接】

(2021年)在幼儿入园时对幼儿现有发展水平进行评价,目的是弄清幼儿已有的知识基础和身心发展水平及存在的问题,这样的评价叫作(　　)。

A.诊断性评价　　　　　　　　　B.形成性评价

C.终结性评价　　　　　　　　　D.问题性评价

答案:A。【解析】在幼儿入园时开展的评价是一种教育活动之前的预测性评价或"事实评价",目的在于了解对象的基础情况,并有效地发现问题,为制订教学计划或某些实际问题做准备,是一种"事前评价",为诊断性评价。

▲【真题链接】

(2019年下半年保教知识与能力)教学过程中,王老师随时观察和评价幼儿的行为表现,并以此为依据调整指导策略。该老师采用的评价方式是(　　)。

A.诊断性评价　　　　　　　　　B.标准化评价

C.终结性评价　　　　　　　　　D.形成性评价

答案:D。【解析】按照评价的目的与评价进行的时间不同,幼儿园教育评价可分为诊断性评价、形成性评价和终结性评价。形成性评价是在教育过程中持续地进行,目的在于及时了解教育动态过程的成效,以便及时地作出反馈性调节,获取改进工作的依据,提高教育过程质量,是一种"事中评价"。王老师随时观察和评价幼儿的行为表现,并以此为依据调整指导策略。这是在教育活动进行的过程中所作的评价,体现的是形成性评价。

(五)按收集与处理资料方式划分

1.**定量评价**。定量评价是指对评价对象以量的属性或是用数量的方式进行评价,做出定量结果的价值判断。如用量表对学前儿童社会性发展、语言发展进行评价,用数量对儿童身高、体重、运动水平等进行评价。

2.**定性评价**。定性评价是指对评价对象以质的属性语言、字符描述等进行评价,做出定性结论的价值判断。如对学前儿童进行优良中差的等级评定,对幼儿进行评语等描述性评定。

三、幼儿园教育评价的一般过程

(一)评价准备阶段

1.明确评价目的。开展幼儿教育评价,首先要明确评价目的,即解决为什么评的问题。明确实施评价的真正含义,以及期望获得的信息和所要解答的问题。

2.制定评价方案。幼儿教育评价方案是评价的设计蓝图,是开展评价工作的依据,解决评什么的问题。只有制定合理的评价方案才能确保幼儿园教育评价有步骤、有计划地实施。评价方案主要包括指导思想、评价原则、评价方式、评价标准、评价对象、评价程序、评价结果使用、组织实施等要素。

3.建立评价组织。幼儿园教育评价组织是实施幼儿园教育评价的关键,明确了评价工作由谁来评的问题。幼儿园教育评价组织机构按照评价需求,组建形成幼儿评价团队,对评价团队开展统一培训,规范评价纪律,明确评价分工。

(二)评价实施阶段

1.自我评价阶段。自我评价是幼儿园教育评价对象根据评价指标要求开展自我评价的过程。通过自评,能够促进评价者更加深刻理解评价内涵、评价标准和评价指标体系,全面审视、总结自己工作,增强评价的主动性与积极性。

2.评价组织评价阶段。评价组织评价是评价组织组建评价团队按照评价要求对评价者实施评价的过程。评价团队多为相关行业领域的专家组建,具有一定的评价经验和较高的专业素养,其具有较强的权威性,能够更加客观、科学地开展评价,发现问题并提出合理建议,有助于被评价者工作的改进与提高。

(三)评价反馈阶段

幼儿园教育评价的反馈就是将评价结论、评价报告传递给被评价者以及评价管理部门等上级部门。评价反馈能够为评价管理部门作出正确、科学的决策提供参考依据,也能帮助被评价者了解自身情况,为下一步改进工作提供依据。被评价者将根据评价反馈内容制定整改方案,开展整改工作。

◇【本章思考与练习】

一、单项选择题(识记)

1.幼儿园教育工作评价试行以教师自评为主,( )及有关管理人员、其他教师和( )等参与评价的制度。

    A.园长,家长   B.园长,儿童

    C.家长,儿童   D.社区,家长

2.《深化新时代教育评价改革总体方案》强调,要重点评价幼儿园(　　)、规范办园、安全卫生、队伍建设、克服小学化倾向等情况。

　　A.家园合作　　　　　　B.卫生保健　　　　　C.科学保教　　　　D.环境创设

3.教育督导机构对幼儿园开展幼儿园保育教育质量评估,形成的评估结论作为幼儿园表彰奖励、政策支持、资源配置、园长考核以及民办园年检、普惠性民办园认定扶持等方面工作的重要依据。这体现了评价的(　　)功能。

　　A.导向　　　　　　　　B.诊断　　　　　　　C.鉴定　　　　　　D.调控

4.幼儿园教师测试儿童的平衡能力,并及时根据评价结论对体育活动进行了完善和调整,体现了评价的(　　)功能。

　　A.导向　　　　　　　　B.诊断　　　　　　　C.鉴定　　　　　　D.调控

5.教师根据幼儿绘画的作品来评价幼儿发展的方法属于(　　)。

　　A.作品分析法　　　　　　　　　　B.档案袋评价法

　　C.观察法　　　　　　　　　　　　D.实验法

6.对照《幼儿园教师专业标准》,以下不属于教师专业知识标准的是(　　)。

　　A.幼儿发展知识　　　　　　　　　B.幼儿保育和教育知识

　　C.游戏活动的计划与实施　　　　　D.通识性知识

7.张老师能够将幼儿一日生活安排得稳定合理,并能够根据幼儿的个体差异、活动特点进行调整,体现了张老师(　　)方面的专业标准。

　　A.专业理念与师德　　　　　　　　B.专业知识

　　C.专业能力　　　　　　　　　　　D.终身学习

8.以下不属于幼儿园保育教育质量评估的内容是(　　)。

　　A.办园方向　　　　　B.保育与安全　　　　C.教育过程　　　　D.办园经费

9.对幼儿园游戏活动的开展进行评价,属于(　　)。

　　A.整体评价　　　　　B.中观评价　　　　　C.局部评价　　　　D.微观评价

10.由幼儿园教育评价组织对幼儿园实施评价,属于(　　)。

　　A.整体评价　　　　　B.个体差异评价　　　C.他人评价　　　　D.自我评价

11.在学期开学时,李老师对幼儿的语言发展水平进行评价,了解幼儿语言发展基础,老师采用的评价方式是(　　)。

　　A.诊断性评价　　　B.标准化评价　　　C.终结性评价　　　D.形成性评价

12.在中班学期末,王老师对幼儿开展了体测,了解幼儿通过一学期学习,各项体育素质达标的情况,王老师采用的评价方式是(　　)。

　　A.诊断性评价　　　B.标准化评价　　　C.终结性评价　　　D.形成性评价

二、简答题(简单运用)

　　1.什么是幼儿园教育评价?

　　2.幼儿园教育评价的内容包含哪些方面?

　　3.按照评价的功能划分,幼儿园教育评价方法分为哪几类?

三、论述题(综合运用)

为什么要开展幼儿园教育评价,幼儿园教育评价的功能有哪些?

四、活动设计题(综合运用)

运用所学知识,设计一个幼儿园教学活动评价的方案。

参考文献

1.图书类

［1］傅建明.学前教育原理［M］.上海:华东师范大学出版社,2017.

［2］周劫,党劲.幼儿教育学学习指要［M］.重庆:重庆大学出版社,2019.

［3］梁志燊.学前教育学［M］.北京:高等教育出版社,2016.

［4］桂景宣.学前教育概论［M］.北京:高等教育出版社,2007.

［5］陈幸军.幼儿教育学［M］.3 版.北京:人民教育出版社,2010.

［6］朱宗顺,陈文华.学前教育学［M］.北京:北京师范大学出版社,2011.

［7］王萍,万超.学前教育学［M］.长春:东北师范大学出版社,2014.

［8］柳阳辉.学前教育学教程［M］.上海:复旦大学出版社,2015.

2.法规文件类

［1］幼儿园教育指导纲要(试行),教育部,教基〔2001〕20 号文件.

［2］3—6 岁儿童学习与发展指南,教育部,教基二〔2012〕4 号文件.

［3］幼儿园教师专业标准(试行),教育部,教师〔2012〕1 号文件.

［4］幼儿园工作规程,教育部,中华人民共和国教育部令第 39 号文件.

［5］幼儿园保育教育质量评估指南,教育部,教基〔2022〕1 号文件.

3.其他学习资源

(1)陕西师范大学"学前教育原理"国家级精品课程

(2)河南师范大学"学前教育原理"国家级精品课程

(3)中国学前教育研究会

(4)微信公众号:幼师口袋、Preschool

参考答案